성경속의 우리말 語原을 찾아서

박기환 지음

해피 & 북스

성경속의 우리말 語原을 찾아서

박기환 지음

추 천 서

박기환 목사님이 『성경속의 우리말 어원을 찾아서...』라는 완제본을 들고 연구실을 찾아왔을 때에만 해도 그 구체적인 내용을 몰랐었습니다. 그러나 읽어갈수록 귀한 책이라는 것을 알게 되었습니다. 그래서 적극적으로 출판을 추천하게 되었습니다. 농촌 교회에 시무하시면서 이렇게 열심히 공부하시는 목회자를 만난다는 것은 한국 교회의 발전을 위해 고무적인 일입니다.

우리는 한국교회의 위기를 올바로 극복하기 위한 다각적인 논의를 하고 있습니다. 기복신앙과 교회의 비신학화가 근본 원인이라고 말하고 있습니다. 목회자에 대한 사회적 인식이 바뀌어졌음을 느낍니다. 책임감을 통감하면서도 우리가 안타까움 속에만 있을 수 없는 것은 박기환 목사님 같은 목회자들이 계시기 때문입니다. 또한 박기환 목사님이 섬기는 하나님이 살아계시기 때문입니다.

설교자가 우리말에 대한 사랑과 발전에 관심 가져야 한다는 것을 이 책을 통해 알게 되었습니다. 루터의 독일어 번역이 기독교 역사를 바꾸었을 뿐만 아니라 독일어의 발전에 기여했듯이, 설교자는 삼위일체 하나님을 선포하면서도 한국어의 발전에 기여해야한다는 책임감을 통감하게 되었습니다.

박기환 목사님은 이 책을 쓰게 된 동기와 목적을 '성경 속에 나오는 우리나라 말의 어원을 올바로 밝혀 성경을 올바로 이해하기 위함'이라고 밝히고 있습니다. 헬라어인 Logos를 우리말로 말씀으로 옮기는데, 말이라 옮기지 않고 말씀이라 옮긴 것은 존칭하기 위함이라고 알고 있었습니다. 그러나 이 책을 통해 15세기까지 말씀은 원래 말과 같이 존칭의 뜻이 없었다는 것을 알게 되었습니다. 이 책의 가치는 신학만이 아니라 국어학에서 평가될 것이라 사려됩니다. 분명 저자는 '하나님'에 대한 이해 차이를 신학적으로 설명하려는 것이 아니라 국어학의 입장에서 풀이하고 있습니다. "만약 하나님의 하나가 하늘을 뜻하는 말이 아니고 수를 뜻하는 말이었다면 처음부터 'ᄒᆞ나님'이었을 것이지 '하ᄂᆞ님'으로 되지는 않았을 것이다." 우리를 행복하게 하는 많은 것들 중에서 우리는 박기환 목사님의 이 책을 통해서 느낄 수 있을 것입니다.

무등산 아래에서

호남신학대학교 교수 정기철

책머리에

언어는 한 순간에 이루어진 것이 아니다. 언어는 역사의 흐름 속에 자의성(恣意性)과 사회성이 있어서 언어의 출발(語原)을 밝히기가 어렵다. 그렇다고 되는대로 놓아둘 수는 없다 .

요즈음 누리꾼들이 만들어 내는 신조어는 기성세대 뿐 아니라, 통신문명과 조금 멀리 있는 사람이라면 이해 할 수 없는 용어가 도를 넘고 있다. 문법파괴는 물론이고 상징용어와 기호 등으로 웬만해서는 의사소통이 어려운 지경에 이르렀다. 다행히 일부언론에서 우리말 순화에 나서고 있고, 국어사랑에 대한 몸부림을 해주어서 국어를 사랑하는 이들에게 그나마 웃음을 안겨 주고 있다. 하지만 우리에게 국어보다 영어가 소중하게 느끼게 되는 것은 무엇일까? 정치권의 정책 때문인지 국민의 필요때문인지 몰라도 영어에 대한 관심이 국어보다 훨씬 많다. 책상 위에는 국어사전보다 영어사전이 더 많은 시간을 차지하고 있는 것이 우리의 현실이다. 이젠 책상 위에 국어사전을 놓아보자. 우리말이 쉽다는 이유로 홀대 했지만, 결코 쉽지 않는 것이 우리말이다. 국어 시험100점 받는 것이 수학 · 영어 100점 받는 것보다 어려웠던 사람이 많을 것이다. 필자 또한 여기에 속한다.

우리말의 문제는 사용되고 있는 단어만의 문제가 아니다. 괴발개발 쓴 글씨체는 물론이고, 어법에 맞지 않는 글은 독자로 하여금 인상을 찌푸리게 한다. 글은 의사전달 매개체로써 불특정 다수를 대상으로 하기 때문에 더욱 문장 표현에 정확성을 기해야 한다. 면접(面接)이야 글자 그대로 얼굴을 대하고 말로 소통하지만, 깊이 있는 생각은 말보다 글로 표현하는 것이 효과가 큰 경우가 있다. 연애편지를 생각해보라. 얼마나 많은 수고와 수정을 거쳐서 우표를 붙이는가? 이런 소중한 생각을 전달하기 위해 우리는 글이라는 매개체를 사용하게 되는데, 이를 위해 맞춤법이나 표준어 규정을 무시하면서 쓸 수는 없다. 하지만 여기서는 맞춤법이나 표준어규정 중심으로 논하지 않을 것이다. 여기에 관한 내용은 사전이나 여러 책에 이미 고시 되어 있기 때문이다. 단지 성경 속에 나오는 단어의 어원- 우리말에 한정-을 밝혀 조금이나마 성경이해에 도움을 주고자 한다. 성경을 사랑하는 사람들은 지금껏 히브리어와 헬라어에 대한 어원을 소중하게 생각해왔다. 그러나 국어어원을 알고 나면 성경을 이해하는데 조금이나마 도움이 될 것이라고 생각되어 펜을 들게 되었다.

여기에선 개역개정판 성경을 사용했으며, 참고할 성경 구절은 세 구절 이하로 한정했다. 참고한 책이 대부분 사전류이고, 이 책의 내용이 단어에 대한 풀이이므로 단어마다 일일이 참고 각주를 달지 못하고, 필요한 부분은 참고문헌에서 재인용했음을 미리 밝혀둔다.

2009. 새해를 맞으며

저자 박기환

일러두기

1, 이 책은 성경속의 우리말만을 대상으로 하였다.

2, 단어의 뜻풀이는 이해를 돕기 위해 한자 혹은 한자와 우리말을 병기(倂記)했다.

3, 단어 설명은 성경 본문을 먼저 제시하였다. 다음으로 국어학적인 어원을 설명했으며, 우리 문헌만으로는 설명이 부족한 경우 알타이계통 언어를 제시하여 비교하였다. 마지막으로 용례 몇 가지 제시했다.

4, 용례는 어원이 같다고 여겨지는 가장 오래된 문헌을 위주로 했다.

5, 출전 이름은 『 』로 하고 단어 이해를 돕기 위해 異形態는 ( )에 넣었다.

6, 용례의 출전은 가장 먼저 기록할 때만 한자로 적고, 다음부터는 우리글로 적었다.

7, 단어가 의미하는 현재 사전적인 정의는 기록하지 않았다.

용례의 출전은 다음과 같다.

『歌曲源流』. 1876년 (고종 13년)

『家禮諺解』. 1632년 (인조 10년)

『敬信錄諺解』. 1880년 (고종 17년)

『鷄林類事』. 12세기 (송나라 孫穆)

『癸丑日記』. 연대미상 (광해군)

『月印千江之曲』. 1449년 (세종 31년)

『救急簡易方』. 1489년 (성종 20년)

『救急方諺解』. 1466년 (세조 12년)

『救荒撮要』. 1554년 (명종 9년)

『金剛經諺解』. 1464년 (세조 10년)

『南明集諺解』. 1482년 (성종 13년)

『內訓』. 1475년 (성종 6년)

『老乞大諺解』. 1670년 (현종 11년)

『楞嚴經諺解』. 1462년 (세조 8년)

『東國新續三綱行實圖』. 1617년 (광해군 9년)

『東言考略』. 正祖年間 (寫本)

『杜詩諺解』. 1481년 (성종 12년, 활자본 初), 1632년 (인조 10년, 목판본 重)

『蒙山和尙法語略錄諺解』. 1517년 (중종 12년)

『朴通事諺解』. 1765년 (영조 41년,初), 1677년 (숙종 3년,重)

『方藥合編』. 1884년 (고종 21년)

『法華經諺解』. 1463년 (세조 9년)

『三綱行實圖』. 1481년 (성종 12년)

『三譯總解』. 1703년 (숙종 29년,初), 1777년 (정조 1년,重)

『釋譜詳節』. 1447년 (세종 29년)

『禪宗永嘉集諺解』. 1464년 (세조 10년)

『小學諺解』. 1586년 (선조 19년)

『續三綱行實圖』. 1514년 (중종 9년)

『松江歌辭』. 1747년 (영조 23년)

『新刊增補三略直解』. 1805년 (순조 5년)

『新增類合』. 1576년 (선조 9년)

『樂學軌範』. 1493년 (성종 24년)

『語錄解』. 1657년 (효종 8년)

『譯語類解』. 1690년 (숙종 16년), 1755년 (영조 51년,補)

『龍飛御天歌』. 1445년 (세종 27년)

『圓覺經諺解』. 1465년 (세조 11년)

『月印釋譜』. 1459년 (세조 5년)

『註解胎山集要』. 1608년 (선조 41년)

『捷解新語』. 1676년 (숙종 2년)

『靑丘永言』. 1728년 (영조 4년)

『七大萬法』. 1569년 (선조 2년)

『太平廣記諺解』. 연대미상

『閑中錄』. 연대미상(순조 ?)

『海東歌謠』. 1763년 (영조 39년)

『訓蒙字會』. 1527년 (중종 22년)

『訓民正音諺解』. 연대미상 (석보상절에 수록)

『訓民正音解例』. 1446년 (세종 28년)

차 례

ㅇ/164

ㅈ/201

ㅊ/222

ㄱ

가깝다

성읍은 도망하기에 가깝고 작기도 하오니 나를 그 곳으로 도망하게 하소서 이는 작은 성읍이 아니니이까 내 생명이 보존되리이다(창 19:20)

내 공의가 가깝고 내 구원이 나갔은즉 내 팔이 만민을 심판하리니 섬들이 나를 앙망하여 내 팔에 의지하리라(사 51:5)

베다니는 예루살렘에서 가깝기가 한 오 리쯤 되매(요 11:18)

가깝다의 옛말은 '갓갑다'인데 '갓'은 고대어에서 눈(目)을 뜻한다. 눈깔에서 깔의 고어는 '갈(갇)'으로 가깝다의 '갓'과 동원어가 된다. 가깝고 멀다는 것은 시각을 통해 이루어진다.

近은 갓가볼씨라 『釋譜詳節』

가난

백성 중에서 가난한 자에게 돈을 꾸어 주면 너는 그에게 채권자 같이 하지 말며 이자를 받지 말 것이며(출 22:25)

네 형제는 가난하게 되므로 그가 너와 함께 있는 거류민이나 동거인 또는 거류민의 가족의 후손에게 팔리면(레 25:47)

하나님이 세상에서 가난한 자를 택하사 믿음에 부요하게 하시고 또 자기를 사랑하는 자들에게 약속하신 나라를 상속으로 받게 하지 아니하셨느냐(약 2:5)

가난은 한자어 '艱難(간난)'이 노력경제의 법칙에 의해 '가난'으로 발음하게 되었다. 이 말은 '괴롭다 고생스럽다'는 뜻이므로 차용해 쓰기가 쉬웠다. 간난의 발음은'kannan'인데 겹쳐진 'ㄴ,ㄴ'발음이 동음축약 현상으로 '가난'으로 변한 것이다. 지금의 국어사전에는 '家難'으로 실린 것도 있지만, 어원을 알면 잘못된 표기임을 알 수 있다.

艱難ᄒᆞᆫ 사ᄅᆞᆷ 보아든 『釋譜詳節』

가락

팔찌와 귀고리와 가락지와 목걸이와 여러 가지 금품을 가져다가 사람마다 여호와께 금 예물을 드렸으며(출 35:22)

손과 발에 가락이 여섯씩 모두 스물넷이 있는데 그도 키가 큰 자의(대상 20:6)

회당에 금 가락지를 끼고 아름다운 옷을 입은 사람이 들어오고 또 남루한 옷을 입은 가난한 사람이 들어올 때에(약 2:2)

가락은 '가르다'의 어근 '갈'에 접미사 '악'이 붙어 이루어진 말이다. '갈악→가락'의 과정을 거쳤다. '악'은 뜨락(뜰+악)과 같은 조어형으로 명사를 만드는 접미사다. 가락의 'ㄹ'소리가 'ㄷ' 으로 되어 '가닥'이 되기도 했다. '가닥'이나 '가락'은 '가르다'라는 동사에 그 어원을 둔 말이다.

가루

속히 고운 가루 세 스아를 가져다가 반죽하여 떡을 만들라 하고(창 18:6)

드리려거든 고운 가루에 기름을 섞어 만든 무교병이나 기름을 바른 무교전병을 드릴 것이요(레 2:4)

익은 곡식 가루가 거룩한즉 떡덩이도 그러하고 뿌리가 거룩한즉 가지도 그러하니라(롬 11:16)

가루의 옛말은 'ᄀᆞᄅᆞ'이다. 가루는 갈다의 옛말 'ᄀᆞᆯ다'에서 온 말인데, 'ᄀᆞᆯ→ᄀᆞᄅᆞ→가로→가루'의 과정을 거쳤다. 갈다의 어근 '갈'에 접미사 '우'가 붙은 것으로 '간 것'이란 뜻이다.

디허 ᄀᆞᄅᆞ ᄆᆡᆼᄀᆞ라 『救荒撮要』

가르치다

행할 일을 가르치리라(출 4:15)

내가 너희에게 가르치는 규례와 법도를 듣고 준행하라 그리하면 너희가 살 것이요 너희 조상의 하나님 여호와께서 너희에게 주시는 땅에 들어가서 그것을 얻게 되리라(신 4:1)

성전에 들어가 가르치실새 대제사장들과 백성의 장로들이 나아와 이르되 네가 무슨 권위로 이런 일을 하느냐 또 누가 이 권위를 주었느냐(마 21:23)

가르치다의 어근 '갈'은 말(語)의 뜻을 지닌다. 가르치는 것은 주로 말에 의해 이루어진다.

說法을 ᄀᆞᄅᆞ치ᅀᆞ오니라 『法華經』

가리키다(指)

한 나무를 가리키시니 그가 물에 던지니 물이 달게 되었더라 거기서 여호와께서 그들을 위하여 법도와 율례를 정하시고 그들을 시험하실새(출 15:25)

우리가 그를 가리키며 전에 이르기를 우리가 그의 그늘 아래에서 이방인들 중에 살겠다 하던 자로다(애 4:20)

돌릴 것을 가리키심이러라 이 말씀을 하시고 베드로에게 이르시되 나를 따르라 하시니(요 21:19)

현대인들 중 어떤 이들은 '가르치다'와 '가리키다'를 구별하지 못하고 사용하는 일이 있다. 옛말 때문일까(?)

右手左手로 天地 ᄀᆞᄅᆞ치샤 『月印千江之曲』,
ᄀᆞ라칠 訓『訓蒙字會』

15세기엔 가르치다와 가리키다를 모두 'ᄀᆞᄅᆞ치다'로 썼다. 가리킬 '指'자에는 손 수(手)변이 있다. 가리키는 것은 손으로 하는 행위이기 때문이다. 반면 가르칠 '訓'자는 말씀 언(言)변이 있다. 구별해서 써야 할 일이다. 가락지의 '갈'이 손의 뜻임을 보여주기도 한다.

가마

연기가 옹기 가마의 연기같이 치솟음을 보았더라(창 19:28)

찧기도 하고 가마에 삶기도 하여 과자를 만들었으니 그 맛이 기름 섞은 과자 맛 같았더라(민 11:8)

대답하되 끓는 가마를 보나이다 그 윗면이 북에서부터 기울어졌나이다 하니(렘 1:13)

가마는 질그릇 따위를 구워 만드는 굴을 말하는데, 이곳은 그을음 때문에 항시 검은 상태로 있게 마련이다. 가마는 '검다'의 변종 '감다'에 어원을 두고 있는데 '검은 것'이란 뜻을 지닌다. 가마솥의 '솥'은 '쇠(鐵)'에 그 어원을 둔다. 결국 가마솥은 색깔과 재료가 합해져 붙여진 이름이다. 가마솥으로 밥을 지으면 누룽지가 생기게 마련인데 누룽지의 옛말은 '누룽티'이다. 티가 구개음화 현상에 의해 티→치→지로 변한 것이다.

가마우지

올빼미와 가마우지와 부엉이와(레 11:17)

가마우지의 '가마'는 '검다'의 뜻을 가지고 있다. '우지'는 오리의 옛말(오디)이다. 그러므로 가마우지는 '검은오리'란 뜻이다. 가마괴(烏)는 '검은 새'란 뜻이며, 가물치의 가물도 검정을 뜻한다.

고기 본 가마오지 『靑丘永言』

가볍다

무거운 멍에를 가볍게 하소서 그리하시면 우리가 왕을 섬기겠나이다(왕상 12:4)

무거운 멍에를 가볍게 하소서 그리하시면 우리가 왕을 섬기겠나이다(대하 10:4)

또 배를 가볍게 하려고 그 가운데 물건들을 바다에 던지니라 그러나 요나는 배 밑층에 내려가서 누워 깊이 잠이 든지라(욘 1:5)

가볍다의 옛말은 '가비압다'이다. 옛 사람들은 물건의 輕重을 손으로 들어보고 느꼈을 것이다. 가비의 '가'는 '갇→갈→가'의 변화로 '가락지, 골무, 가리키다'의 '갈, 골'과 함께 손의 뜻을 지닌다. 비는 'ㅸ이'가 준말로 '불→불이→ㅸ이→비'의 과정을 거쳤는데 조어형 볻(불)은 팔이다.

입시울 가비야ᄫᆞᆫ 소리 『訓民正音諺解』

가운데

이르시되 물 가운데에 궁창이 있어 물과 물로 나뉘라 하시고(창 1:6)

내가 수풀 가운데에 있는 포도나무를 불에 던질 땔감이 되게 한 것 같이 내가 예루살렘 주민도 그같이 할지라(겔 15:6)

레위의 아들들 가운데 제사장의 직분을 받은 자들은 율법을 따라 아브라함의 허리에서 난 자라도 자기 형제인 백성에게서 십분의 일을 취하라(히 7:5)

가운데는 '가ᄫᆞ(中)+ᄃᆡ(처소)→가ᄫᆞᄃᆡ→가ᄫᆞᆫᄃᆡ→가ᄫᆞᆫᄃᆡ→가온ᄃᆡ'의 과정을 거쳤다. 곡식을 될 때 절반을 '가웃'이라 한다. 예를 들어 한 말 반을 '한 말 가웃'이라 말한다. 여기 나오는 '가웃'은 半과中의 뜻을 지니고 있다. 가웃(가옷)은 '가봇'이 변한 말인데 지금도 경상도에선 가운데를 '가분데'라 부르고 있다

가ᄫᆞᆫᄃᆡ 쉬우믈 爲ᄒᆞ야 『月印釋譜』

가을

게으른 자는 가을에 밭 갈지 아니하나니 그러므로 거둘 때에는 구걸할지라도 얻지 못하리라(잠 20:4)

일광 같고 가을 더위에 운무 같도다(사 18:4)

열매 없는 가을 나무요(유 1:12)

가을이란 말의 원래 의미는 '농작물을 거둬들이는 일'을 뜻하였다. 지

금도 호남지역에선 추수를 '가을'했다 또는 '가실'했다고 표현한다. 이로부터 '가을'은 농작물을 거두어들이는 때를 의미하는 뜻도 함께 가지게 되었다. 가을을 함경도에선 '가슬' 경상도에선 '가실'이라 한다. '가살→가술→가올→가을'의 과정을 거쳤는데, 열매나 농작물을 나타내는 '가살'에서 기원한 것이다.

가장

들짐승 중에 가장 간교하니라 뱀이 여자에게 물어 이르되 하나님이 참으로 너희에게 동산 모든 나무의 열매를 먹지 말라 하시더냐(창 3:1)

것 중에서 가장 좋은 것으로 길갈에서 당신의 하나님 여호와께 제사하려고 양과 소를 끌어 왔나이다 하는지라(삼상 15:21)

아는 지식이 가장 고상하기 때문이라 내가 그를 위하여 모든 것을 잃어버리고 배설물로 여김은 그리스도를 얻고(빌 3:8)

가장의 어근은 'ᄀᆞᆽ'으로서 ᄀᆞᆽ(邊)과 어근이 같다. 'ᄀᆞᆽ'이 처음에는 가(邊)의 뜻이었는데 지금은 가장(最)의 뜻을 지니게 되었다. 'ᄀᆞᆽ+앙→ᄀᆞ장'이 되었다.

ᄀᆞ장 모딘 님그미라 『金剛經諺解』

가죽

물 한 가죽부대를 가져다가 하갈의 어깨에 메워 주고 그 아이를 데리고 가게 하니 하갈이 나가서 브엘세바 광야에서 방황하더니(창 21:14)

그 고기와 가죽은 진영 밖에서 불사르니라(레 9:11)

책은 특별히 가죽 종이에 쓴 것을 가져오라(딤후 4:13)

가죽은 '갗+욱'으로 이루어진 단어다. '갗'은 '겉'을 의미하는 '갓'이 변한 것이다.(갗 저고리, 갖신) '갓→갇→갗'으로 변하면서 접미사 '욱'이 붙었다.

가책

듣고 양심에 가책을 느껴 어른으로 시작하여 젊은이까지 하나씩 하나씩 나가고 오직 예수와 그 가운데 섰는 여자만 남았더라(요 8:9)

가책의 어원은 불교에서 쓰는 용어로 '스님에게 행해지는 벌'을 의미한다. 呵責을 받은 비구는 비구로서 행할 수 있는 모든 권리를 가책이 풀어질 때가지 박탈당했다.

갈대

그를 위하여 갈대 상자를 가져다가 역청과 나무 진을 칠하고 아기를 거기 담아 나일 강 가 갈대 사이에 두고(출 2:3)

잎 아래에나 갈대 그늘에서나 늪 속에 엎드리니(욥 40:21)

포도주에 적시어 갈대에 꿰어 마시게 하거늘(마 27:48)

갈대의 '대'는 긴 물건을 의미 한다. '막대'의 '대'도 같은 의미다. '갈대'는 '가늘다'는 뜻을 가진 '갈'과 '대'가 이루어진 합성어로 '가는 대'라는 의미가 있다. 갈가마귀, 갈거미, 갈범, 갈풀 등의 '갈'은 모두 작다는 의미를 갖는다.

갈대에 해당하는 영어 'reed'는 '흔들리다'는 뜻인데, 서양에서는 갈대를 '믿을 수 없는 사람'을 상징하는 말로 쓰인다. "여자의 마음은 생각하는 갈대와 같다"는 그 연장선에서 생긴 말이다.

갈래

쳐 일곱 갈래로 나누어 신을 신고 건너가게 하실 것이라(사 11:15)

성이 세 갈래로 갈라지고 만국의 성들도 무너지니 큰 성 바벨론이 하나님 앞에 기억하신바 되어 그의 맹렬한 진노의 포도주 잔을 받으매(계 16:19)

갈래는 '가르다'는 동사에서 온 말이다. 가르다의 어간 '갈'에 접미사 '애'가 붙어 '갈래'가 되었다, '갈'에 '앵'이라는 접미사가 붙으면 '가랭이', '악'이 붙으면 '가락'등으로 파생되었다. 가르다의 어원은 'ᄀᆞᄅᆞ'이다.

'ᄀᆞᄅᆞ→가ᄅᆞ→갈애→갈래'의 과정을 거쳤다.

갈매기

타조와 타흐마스와 갈매기와 새매 종류와(레 11:16)

타조와 타흐마스와 갈매기와 새매 종류와(신 14:15)

갈매기의 옛말은 'ᄀᆞᆯ며긔'이다. 'ᄀᆞᆯ'은 물의 뜻을 가지고 있다. 'ᄀᆞᄅᆞᆷ'의 어근 'ᄀᆞᆯ'과 같다. 왜가리, 곳고리(꾀꼬리), 말똥가리 가마괴(까마귀)등에서 보면, 구리, 고리, 가리는 새를 뜻하는 말이다. '매기'는 '매새'인데 물에 있는 매새가 '갈매기'의 뜻이다.

'긔'는 '기'로 변했는데 빼꾸기, 뜸부기, 기러기 등과 같은 것으로 새의 뜻을 지닌다.

ᄀᆞᆯ며긔 도ᄅᆞ오ᄆᆞᆫ 오직 녯 모시로다 『杜詩諺解』

감람나무

그 입에 감람나무 새 잎사귀가 있는지라 이에 노아가 땅에 물이 줄어든 줄을 알았으며(창 8:11)

삼으려 하여 감람나무에게 이르되 너는 우리 위에 왕이 되라 하매(삿 9:8)

네가 원 돌감람나무에서 찍힘을 받고 본성을 거슬러 좋은 감람나무에 접붙임을 받았으니 원 가지인 이 사람들이야 얼마나 더 자기 감람나무에으랴(롬 11:24)

감람(橄欖)은 올리브를 한자로 옮긴 말이다. 원산지는 동북지중해지역과 남부 중앙아시아지역으로 영어 'olive'에서 온 말이다. 고대 그리스에서는 개선장군들에게 감람나무 가지를 안겨주었는데, 그것을 받은 장군은 4년 동안 전장에 나가지 않고 평화를 즐기게 되어있어서 감람나무는 '평화'를 의미하는 상징물로 쓰였다.

감추다

감추어진 일은 우리 하나님 여호와께 속하였거니와 나타난 일은 영원히 우리와 우리 자손에게 속하였나니 이는 우리에게 이 율법의 모든 말씀을 행하게 하심이니라(신 29:29)

가지고 가서 감추고 다시 와서 다른 장막에 들어가 거기서도 가지고 가서 감추니라(왕하 7:8)

그가 어둠에 감추인 것들을 드러내고 마음의 뜻을 나타내시리니 그 때에 각 사람에게 하나님으로부터 칭찬이 있으리라(고전 4:5)

감추다의 옛 말은 'ᄀᆞ초다, 간초다'이다. 'ᄀᆞ초다→ᄀᆞᆷ초다→ᄀᆞᆷ추다→감추다'과정을 거쳤다. 옛말 ᄀᆞ초다는 '갖추다(備)'는 뜻도 지녔다. ᄀᆞ초다의 어근 'ᄀᆞᆮ'은 눈깔의 '갈(간)'과 동원어로 눈의 뜻을 지닌다.

한 모딘 이롤 숨겨 ᄀᆞᆫ촐씨 『법화경』: (隱)
돌고 만난거술 ᄀᆞ초고 『小學諺解』: (備)

값

그 밭 값을 당신에게 주리니 당신은 내게서 받으시오 내가 나의 죽은 자를 거기 장사하겠노라(창 23:13)

너는 값을 정하고 제사장은 그를 위하여 희년까지 계산하고 그는 네가 값을 정한 돈을 그 날에 여호와께 드려 성물로 삼을지며(레 27:23)

누구에게서든지 음식을 값없이 먹지 않고 오직 수고하고 애써 주야로 일함은 너희 아무에게도 폐를 끼치지 아니하려 함이니(살후 3:8)

값의 옛말은 '갑'이다. '값'이라는 말은 갚다의 옛말 '갑다'의 어근 '갑'에 'ㅅ'이 붙은 말이다. 'ㅅ'은 돌(돐), 목(몫)과 같이 일부 명사들 뒤에 습관적으로 붙는 특수한 소리다. 중세시기엔 거센소리가 평음으로 발음되었으므로 '갚다'는 말은 '갑다'로 발음되었다.

빋 갑게 ᄒᆞ시니 『三綱行實圖』

강

강이 에덴에서 흘러 나와 동산을 적시고 거기서부터 갈라져 네 근원이 (창 2:10)

말대로 요단 강에 일곱 번 몸을 잠그니 그의 살이 어린 아이의 살 같이 회복되어 깨끗하게 되었더라(왕하 5:14)

문 밖 강가에 나가 거기 앉아서 모인 여자들에게 말하는데(행 16:13)

강의 옛말은 '가람(ᄀᆞᄅᆞᆷ)'이다. ᄀᆞᄅᆞᆷ은 'ᄀᆞᆯ+암'으로 이루어진 말인데, 'ᄀᆞᆯ'은 갈래라는 뜻이며, '옴'은 접미사이다. 가람은 '갈라진 것'이란 뜻으로 물줄기의 갈래를 의미하였다. 즉 강은 물이 갈라져 흐르는 것을 의미한다. 강 보다 작은 지류인 '수, 천'도 있다.

ᄀᆞᄅᆞ미 ᄇᆡ 업거늘 『龍飛御天歌』

같다

하나님을 누구와 같다 하겠으며 무슨 형상을 그에게 비기겠느냐(사 40:18)

어린 아이와 같다가 장성한 사람이 되어서는 어린 아이의 일을 (고전 13:11)

천년이 하루 같다는 이 한 가지를 잊지 말라(벧후 3:8)

같을 '여(如)'자는 부모와 남편 그리고 자식의 뜻을 자기(女) 뜻과 같이한다는 의미로 형성된 글자이다. 같다는 의미의 '同, 如'자에는 입구(口)자가 들어 있는데, 의견의 기본은 말(語)이 되기 때문이다. 같다는 뜻의 일본어는 'gotosi'인데 어근 'got'은 말의 뜻을 지니는 국어 '갇'과 동원어가 된다.

비치 黃金 ᄀᆞᆮᄂᆞ니라 『두시언해』

개

이르시되 누구든지 개가 핥는 것 같이 혀로 물을 핥는 자들을 너는 따로 세우고 또 누구든지 무릎을 꿇고 마시는 자들도 그와 같이 하라 하시더니(삿 7:5)

네가 나를 개로 여기고 막대기를 가지고 내게 나아왔느냐 하고 그의 신들의 이름으로 다윗을 저주하고(삼상 17:43)

주여 옳소이다마는 개들도 제 주인의 상에서 떨어지는 부스러기를 먹나이다 하니(마 15:27)

개의 옛말은 '가히'이다. '가히→가이→개'로 변하였다. 개는 짖는 소리 '강강'에서 유래된 말이다. 강아지는 '가히야지→가야지→강아지'의 과정을 거쳤다. 멍멍이는 '멍멍'하고 짖는다 하여 붙여진 이름이다.

· 狗는 가히라 『월인석보』

개구리

개구리가 나일 강에서 무수히 생기고 올라와서 네 궁과 네 침실과 네 침상 위와 네 신하의 집과 네 백성과 네 화덕과 네 떡 반죽 그릇에 들어갈 것이며(출 8:3)

물게 하시고 개구리를 보내어 해하게 하셨으며(시 78:45)

내가 보매 개구리 같은 세 더러운 영이 용의 입과 짐승의 입과 거짓 선지자의 입에서 나오니(계 16:13)

개구리에 대해선 두 가지 설이 있다

첫째 개구리는 '개굴개굴' 운다하여 '개굴+이'가 되었다. 머굴머굴 운다하여 '머구리'란 말로도 씌였다.

둘째 개구리는 개(水)+구리(虫)의 합성어이다. 구리는 말똥구리, 쇠똥구리에 해당하는 말로서 벌레의 뜻을 지닌다.

개고리 腹疾ᄒᆞ여 죽는 날 밤에 金두텁 화란 『청구영언』

개미

게으른 자여 개미에게 가서 그가 하는 것을 보고 지혜를 얻으라(잠 6:6)

개미는 두령도 없고 감독자도 없고 통치자도 없으되(잠 6:7)

여름에 준비하는 개미와(잠 30:25)

'개미'의 옛말은 '가야미, 개야미, 개얌이'다. '개야미 →개아미→개미'의 과정을 거쳤다. '귀또라미', 'ᄆᆡ아미'에서 보듯 '아미'는 벌레의 뜻을 지닌다. 15세기에는 다람쥐가 'ᄃᆞ라미'였다.

줄 혀 ᄃᆞᆫ니ᄂᆞᆫ 가야미ᄂᆞᆫ 이운 ᄇᆡ 남ᄀᆡ 오ᄅᆞ놋다 『두시언해』

개울

내 형제들은 개울과 같이 변덕스럽고 그들은 개울의 물살 같이(욥 6:15)

그 뒤에 개울과 시냇물이 흐를 것이며(사 30:25)

개울의 옛말은 '개골'이다. 개는 '강이나 내, 밀물이 드나드는 곳'이란 의미로 '개버들, 개바닥'과 같이 지금도 쓰이고 있다. 골은 골짜기, 골목이라고 할 때 쓰는 말이다. 개골에서 'ㄱ'이 탈락하면서 '개올'로 되었다. 개올은 '아오→아우, 마로→마루, 하로→하루'와 같이 뒤 모음 '오'가 '우'로 되는 현상에 의해 '개울'이 되었다.

개올에 셧난 버들 『청구영언』

개천

와서 먹는 개천의 물 구유에 세워 양 떼를 향하게 하매 그 떼가 물을 먹으러 올 때에 새끼를 배니(창 30:38)

주께서 나를 개천에 빠지게 하시리니 내 옷이라도 나를 싫어하리이다(욥 9:31)

그 모든 개천을 채우리로다(겔 32:6)

개천의 '개'는 물가란 뜻의 '浦'를 의미한다. '개땅, 개펄, 갯물 개울'의 '개'이다. '천'은 알천(알짜 물건), 피천(적은 돈)에 쓰인 말이다. '開川'이 아니란 뜻이다.

거꾸러지다

때에 그들이 거꾸러지리라 여호와의 말씀이니라(렘 6:15)

그를 잡으면 거꾸러져 거품을 흘리며 이를 갈며 그리고 파리해지는지라 내가 선생님의 제자들에게 내쫓아 달라 하였으나 그들이 능히 하지 못하더이다(막 9:18)

되지 아니하며 거꾸러뜨림을 당하여도 망하지 아니하고(고후 4:9)

거꾸러지다는 '것(折)+굴어(典)+디다(落)'로 구성된 단어이다. 꺽다의 옛말은 '것그다'이다. 지다의 옛말은 '디다'이다. 거꾸러지다의 본래 뜻은 '꺽어져 굴러 떨어지다'는 뜻인데, 지금은 '곤두박질하여 넘어지다, 허물어지거나 망하다'는 뜻으로 변하였다.

내 ᄐᆞᆫ ᄆᆞ리 ᄡᅧ 正히 것거 디ᄂᆞ다 『두시언해』

거느리다

삼백십팔 명을 거느리고 단까지 쫓아가서(창 14:14)

맞으려고 백성을 거느리고 진에서 나오매 그들이 산 기슭에 서 있는데(출 19:17)

군인들과 백부장들을 거느리고 달려 내려가니 그들이 천부장과 군인들을 보고 바울 치기를 그치는지라(행 21:32)

거느릴 령(領)자를 분석해보면, '명령 令+머리 頁'로 구성되어 있다. 명령을 내는 것은 우두머리(頁)가 하는 일이다. 대가리의 '가리'도 머리의 뜻을 지니는데 거느리다의 '걷'과 가리(대가리)의 어근 '갇'은 어원이 같다.

모도 거느리고져커든 『楞嚴經諺解』

거문고

이제 내게로 거문고 탈 자를 불러오소서 하니라 거문고 타는 자가 거문고를 탈 때에 여호와의 손이 엘리사 위에 있더니(왕하 3:15)

혹 피리나 거문고와 같이 생명 없는 것이 소리를 낼 때에 그 음의 분별을 나타내지 아니하면 피리 부는 것인지 거문고 타는 것인지 어찌 알게 되리요(고전 14:7)

또 거문고 타는 자와 풍류하는 자와 퉁소 부는 자와 나팔 부는 자들의 소리가 결코 다시 네 안에서 들리지 아니하고 어떠한 세공업자든지 결코 다시 네 안에서 보이지 아니하고 또 맷돌 소리가 결코 다시 네 안에서 들리지 아니하고(계 18:22)

거문고는 '거문'과 '고'의 합성어이다. 여기서 '거믄'의 어원은 만주어까지 올라간다. 고구려 초기에는 만주까지 그 영역을 넓혔고 그 때 만주어 영향을 받았을 개연성이 높다. 만주어에 음악의 뜻을 지니는 'khumum'이 있다. 고구려에만 거믄고가 있었던 것이 아니란 뜻이다. 거문고의 옛말은 '거믄고'이다. 만주어의 'khumum'과 거믄고의 '거믄'이 同義語일 가능성이 있다고 볼 수 있다 (추측이 현재 어원의 한계).

거믄고 노던 저근 보디 몯거니와 『두시언해』

거미

알을 품으며 거미줄을 짜나니 그 알을 먹는 자는 죽을 것이요 그 알이 밟힌즉 터져서 독사가 나올 것이니라(사 59:5)

의지하는 것이 거미줄 같은즉(욥 8:14)

거미의 옛말은 '거믜'이다. 거미에 대한 어원은 두 가지다. 첫째 '거믜'는 검다의 '거므이'가 준 형태다. 색깔이 검다는데서 유래하였다.

둘째, 거미는 그물을 치는 벌레다. 끈의 조어형은 '긑'이다. 그네의 '그'

와 동원어가 된다. 거미는 '끈벌레, 그물벌레'의 뜻을 지닌다는 설이 있다.

거믜주리 지즈로 갇디 아니ᄒᆞ얫도다 『두시언해』

거울

수종드는 여인들의 거울로 만들었더라(출 38:8)

우리가 지금은 거울로 보는 것 같이 희미하나 그 때에는 얼굴과 얼굴을 대하여 볼 것이요 지금은 내가 부분적으로 아나 그 때에는 주께서 나를 아신 것 같이 내가 온전히 알리라(고전 13:12)

벗은 얼굴로 거울을 보는 것 같이 주의 영광을 보매 그와 같은 형상으로 변화하여 영광에서 영광에 이르니 곧 주의 영으로 말미암음이니라(고후 3:18)

거울이란 말은 '거꾸로'라는 뜻을 담고 있는 '거구루'에 어원을 두고 있다. 거울이 없던 시절엔 우물이나 시냇물을 거울로 삼았다. 그런데 얼굴을 비춰보면 거꾸로 보일 때가 있었다. 이로부터 거꾸로 보이는 것을 '거구루/거우루'라고 하였다. 거꾸로의 옛말이 '거구루'였다. 오늘날은 거꾸로라는 뜻이 없어지고 '얼굴 같은 것을 비춰본다'는 뜻을 가진 거울이 되었다. 옛날에는 물을 거울로 삼았지만 사회가 변하면서 거북이등, 차돌, 구리 등을 거울로 이용하게 되었다. 귀감(龜鑑)이라는 말의 의미도 여기서 파생되었다. 이 말은 본래 거북이 거울이란 뜻으로, 거울로 삼아 본받을만한 것을 의미한다. '거구루→거우루→거울'의 과정을 거쳤다.

거우루로 ᄂᆞᄎᆞᆯ 비취오 『圓覺經諺解』

거지

아들인 맹인 거지 바디매오가 길 가에 앉았다가(막 10:46)

이름하는 한 거지가 헌데 투성이로 그의 대문 앞에 버려진 채(눅 16:20)

이에 그 거지가 죽어 천사들에게 받들려 아브라함의 품에 들어가고 부자도 죽어 장사되매(눅 16:22)

거지는 '거'와 '지'의 합성어이다. '지(치)'는 사람을 나타낸다. 이치,저치가 여기에 해당한다. 양아치 동냥치, 장사치도 같은 형태다.

『훈몽자회』엔 거러치를 '乞人'이라 했다. 거러의 어근은 '걸'이다. 경상도에선 거지를 '걸뱅이'라고도 한다. 거지는 '걸지'에서 변한 말이고 '지'는 사람의 뜻을 지니고 있다.

거짓

내 손자에게 거짓되이 행하지 아니하기를 이제 여기서 하나님을 가리켜 내게 맹세하라 내가 네게 후대한 대로 너도 나와 네가 머무는 이 땅에서 행하여 보이라(창 21:23)

보소서 여호와께서 거짓말하는 영을 왕의 이 모든 선지자들의 입에 넣으셨고 또 여호와께서 왕에게 대하여 재앙을 말씀하셨나이다 하니(대하 18:22)

깨끗하게 하여 거짓이 없이 형제를 사랑하기에 이르렀으니 마음으로 뜨겁게 서로 사랑하라(벧전 1:22)

거짓의 15세기 표현은 '거즛'이다. 어근은 '걷'이고 '읏'은 접미사다. 평북지방에선 거짓말을 '겉소리'라 칭한다. '겉'은 '안'(內)의 반대어이다. '겆소리'는 속의 소리가 아닌 '겉소리'란 뜻을 가지고 있다.

거즛 有를 허르샤 『법화경』

거품

여호와의 손에 잔이 있어 술 거품이 일어나는도다 속에 섞은 것이 가득한 그 잔을 하나님이 쏟아 내시나니 실로 그 찌꺼기까지도 땅의 모든 악인이 기울여 마시리로다(시 75:8)

잡으면 거꾸러져 거품을 흘리며 이를 갈며 그리고 파리해지는지라 내가 선생님의 제자들에게 내쫓아 달라 하였으나 그들이 능히 하지 못하더이다(막 9:18)

경련을 일으켜 거품을 흘리게 하며 몹시 상하게 하고야 겨우 떠나가나이다(눅 9:39)

거품의 옛말은 '더품'이다. 더품은 '덮(다)+으+ㅁ'으로 구성 되었다. 더품은 '덮은 것'이란 뜻을 지닌다. 거품은 더품의 'ㄷ'이 'ㄱ'으로 바뀐 형태다. 더품은 디새→기와, 딤치→김치와 같이 자음 'ㄷ'이 'ㄱ'으로 변하는 현상에 의해 '거품'이 되었다.

ᄭᅮᆷ속도 믌더품 그리메 ᄀᆞᆮᄒᆞ며 『금강경언해』

검다(黑)

있는 것과 검은 것을 가려내며 또 염소 중에 점 있는 것과 아롱진 것을 가려내리니 이 같은 것이 내 품삯이 되리이다(창 30:32)

마노와 가공할 검은 보석과 채석과 다른 모든 보석과 옥돌이 매우 많으며(대상 29:2)

내가 보니 검은 말이 나오는데 그 탄 자가 손에 저울을 가졌더라(계 6:5)

검다는 말은 '검디영'에서 온 말이다. '검디영'이란 아궁이에 불을 때면 솥 밑에 그을린 까만 것을 말한다. 옛날엔 이것을 응고 시켜 먹을 만들기도 했다. 검정은 이 '검디영'에서 온 말이다. 눈을 감는다의 '감다'도 '검다'에서 온 말이고, 기억이 흐려져 '가물가물'하다의 가물가물도 검다에서 온 말이다.

검다는 검은 곰에서 왔다는 설도 있다.

겨드랑이

옷을 당신의 겨드랑이에 대고 줄을 그 아래에 대시오 예레미야가 그대로 하매(렘 38:12)

겨드랑이의 옛말은 '곁'이다. '곁'은 가까운 곳을 의미하는 '곁'과 같은 말인데, 여기에 작다는 뜻의 '랑이'가 어울려 '겨드랑이'가 되었다. '곁+으+랑이'로 구성된 말이다. '으'는 말을 이어주는 '이음모음'일 뿐이다. 겨드랑이는 '사람의 곁'이란 뜻으로 오목한 작은 곳을 말한다.

견 아래 짬 나며 『월인석보』

겨를

눈 붙일 겨를도 없이 지냈나이다(창 31:40)

모이므로 식사할 겨를도 없는지라(막 3:20)

음식 먹을 겨를도 없음이라(막 6:31)

겨를은 '한가하다'란 뜻을 가지고 있는 '겨르롭다'에서 나온 말이다. '롭다'는 '그럴만하다'란 뜻이다. '겨르롭다'에 어원을 둔 겨를은 '한가한 시간'을 뜻하는 말이다.

ᄒᆞ오ᅀᅡ 겨르로ᄫᅵ이셔 『석보상절』

겨울

더위와 여름과 겨울과 낮과 밤이 쉬지 아니하리라(창 8:22)

다 그것으로 겨울을 지내리라 하셨음이라(사 18:6)

그 항구가 겨울을 지내기에 불편하므로 거기서 떠나 아무쪼록 뵈닉스에 가서 겨울을 지내자 하는 자가 더 많으니 뵈닉스는 그레데 항구라 한쪽은 서남을, 한쪽은 서북을 향하였더라(행 27:12)

우리말 '있다'의 존칭어 '계시다'를 분석해 보면, '겨+시(존칭어)'가 결합된 말이다. 여기 '겨'는 '在'를 의미한다. 여자를 나타내는 겨집은 在家의 뜻을 지니는데, 겨울의 '겨'도 같은 의미이다. 겨다→겨다→겨슬(在家할)의 과정을 거쳤는데, 겨울은 집에 머물러 있을 계절이라는 의미이다.

계집

그의 신복의 계집종의 눈앞에서 몸을 드러내셨도다 하니(삼하 6:20)

그가 이르되 계집종의 집에 기름 한 그릇 외에는 아무것도 없나이다 하니(왕하

4:2)

사람이여 당신의 계집종을 속이지 마옵소서 하니라(왕하 4:16)

계집의 옛말은 '겨집'이다. 조선 초기까지 겨집은 낮춤말이 아닌 平語였다. 겨집은 겨다(在)+집(家)로 형성되었다. 또 다른 설로 계집은 '겨(族)+집(家)'의 가능성을 주장하지만 확실하지는 않다. 그렇지만 어원적 의미는 '집에 있는 여자'의 뜻을 가지고 있다. 15세기엔 '겨집'이 아내의 뜻으로 쓰였다.

남진 겨지비 ᄃᆞ외요니 『두시언해』

고달프다

다른 민족들은 고달프게 하시고 우리 조상들은 번성하게 하셨나이다(시 44:2)

고달프다는 두 단어의 합성어이다. 아프다의 옛말 '알ᄑᆞ다'에 '고단하다'가 결합된 말이다. 몸이 지쳐서 피로하여 느른하다는 '고단하다'와 질병을 앓아 괴롭다는 '아프다(알ᄑᆞ다)'가 겹쳐진 말이므로 '고단하고 아프다'는 뜻이 된다.

앓다+ᄇᆞ다→알ᄑᆞ다→아프다

고단하다+알ᄑᆞ다 →고달ᄑᆞ다→고달프다

고랑

씌우는 나무 고랑에서 풀어 주매 예레미야가 그에게 이르되 여호와께서 네 이름을 바스훌이라 아니하시고 마골밋사빕이라 하시느니라(렘 20:3)

갈아 그 고랑을 길게 지었도다(시 129:3)

여러 번 고랑과 쇠사슬에 매였어도 쇠사슬을 끊고 고랑을 깨뜨렸음이러라 그리하여 아무도 그를 제어할 힘이 없는지라(막 5:4)

고랑은 구덩이의 옛말 '굴헝'이 변한 말이다. '구덩이'는 '굳+엉'인데 우리 국어에서 'ㄷ- ㄹ' 로 교체되는 일은 자주 일어난다. 그 예로 '굳→굴'은 'ㅜ' 모음이 'ㅗ'로 바뀌어 '골'이 된 경우이다. '고랑'은 굴처럼 패인 곳을 의미한다.

고생

돌아올 때까지 고생의 떡과 고생의 물을 먹이라 하였다 하라(왕상 22:27)

환난의 떡과 고생의 물을 주시나 네 스승은 다시 숨기지 아니하시리니 네 눈이 네 스승을 볼 것이며(사 30:20)

너희에게 임할 고생으로 말미암아 울고 통곡하라(약 5:1)

고생은 '고상'이라는 옛말이 있었음에도 이제는 본말이 된 뜻한 느낌이다. 『염불보권문』에는 '후에 지옥에 들어가 고상을 받는다(後入地獄而受大苦)'는 내용이 있다. 지금도 일부 어른들은 '고상'이란 말을 쓰고 있다. 고상을 대신 한자 '苦生'으로 바꿔 쓰려는 노력으로 '고생'이 정착되어 버린 것이다.

고슴도치

또 그것이 고슴도치의 굴혈과 물 웅덩이가 되게 하고 또 멸망의 빗자루로 청소하리라 나 만군의 여호와의 말이니라 하시니라(사 14:23)

당아새와 고슴도치가 그 땅을 차지하며 부엉이와 까마귀가 거기에 살 것이라 여호와께서 그 위에 혼란의 줄과 공허의 추를 드리우실 것인즉(사 34:11)

것이며 당아와 고슴도치가 그 기둥 꼭대기에 깃들이고 그것들이 창에서 울 것이며 문턱이 적막하리니 백향목으로 지은 것이 벗겨졌음이라(습 2:14)

고슴도치는 '가시+돋+이'로 이루어졌다. '고솜'이란 '가시'의 옛말 '가싀'가 변한 말이다. '가싀+ㅁ(접미사)→가숨→가슴→고슴'으로 변하였다. '도치'는 '돋'+접미사'이'가 붙어서 되었는데 구개음화에 의해 '돋이'가 '도치'로 변하여 '가시가 돋친 것'이란 의미가 되었다.

머리터럭과 고솜도틔 가출 돋게 논호아 『救急方諺解』
쇼와 뭘래 머리치워 고솜돋돋더니라 『두시언해』

고을

그 사면 고을들로 크게 두려워하게 하셨으므로 야곱의 아들들을 추격하는 자가 없었더라(창 35:5)

왕이 하닷에셀의 고을 베다와 베로대에서 매우 많은 놋을 빼앗으니라(삼하 8:8)

많이 행하신 고을들이 회개하지 아니하므로 그 때에 책망하시되(마 11:20)

고을은 사람이 모여 사는 곳을 의미한다. 고을의 옛말은 'ᄀᆞ볼'이다. 'ᄀᆞ'는 ᄀᆞᆯ→ᄀᆞᆯ→ᄀᆞ'의 변천과정을 거쳤는데, '땅'을 의미하는 단어에 속한다. 골(谷), 길(路)등이 같은 'ᄀᆞ'의 변형태다. '볼'의 원형은 '벌'인데 역시 '땅'의 의미를 가지고 있는 단어다. 밭(田), 벼랑(厓)등이 같은 '벌'의 변형태다. 사람이 모여 사는 땅을 '고을'이라 한다.

ᄀᆞ올 안햇 노폰 소니 『두시언해』

고자

말하지 말며 고자도 말하기를 나는 마른 나무라 하지 말라(사 56:3)

태로부터 된 고자도 있고 사람이 만든 고자도 있고 천국을 위하여 스스로 된 고자도 있도다 이 말을 받을 만한 자는 받을지어다(마 19:12)

고자의 한자말'鼓子'는 틀린 글자이다. '고자'의 옛말은 '고쟈'이다. 중국에선 우리말 '고자'를 '안저'라 한다. 참고로 고녀(鼓女): 생식기가 불완전한 여자란 뜻의 '고녀'는 우리가 만든 한자말이다.

고치다

쫓아내며 병을 고치다가 제 삼 일에는 완전하여지리라 하라(눅 13:32)

고치다의 어원은 '곧+히+다'이다. '곧게 하다'라는 의미를 가지고 있다. 고치다의 옛말은 '고티다'이다. '곧히다→고티다→고치다'로 변천되었다. 오늘날 '수리하다'는 뜻까지 포함하게 되었다.

田制를 고티시니 『용비어천가』

곤두박질

후에 몸이 곤두박질하여 배가 터져 창자가 다 흘러나온지라(행 1:18)

곤두박질은 '곤두+박(다)+질'로 구성되었다. '곤두'는 '곧다'의 의미를 가지고 있는 '곧우'가 변한 것이다. '박질'은 '달음박질'에서도 쓰이는데 꽂히다'의 뜻을 가진 '박다'의 어근 '박'에 접미사 '질'이 첨가되어 이룬 말이다. 그러니까 '곤두박질'은 '거꾸로 내리 박히는 일'이란 의미다.

골방

다락마다 돌아가며 골방들을 만들었으니(왕상 6:5)

곳간과 다락과 골방과 속죄소의 설계도를 그의 아들 솔로몬에게 주고(대상 28:11)

들리고 너희가 골방에서 귀에 대고 말한 것이 지붕 위에서 전파되리라(눅 12:3)

골방은 '골'과 '방'의 합성어이다. '골'은 광(庫)이고 '방'은 방(房)이다. '고방→고왕→광'의 변천과정을 거쳤다.

곰

때에 사자나 곰이 와서 양 떼에서 새끼를 물어가면(삼상 17:34)

우리가 곰 같이 부르짖으며 비둘기 같이 슬피 울며 정의를 바라나 없고 구원을 바라나 우리에게서 멀도다(사 59:11)

그 발은 곰의 발 같고 그 입은 사자의 입 같은데 용이 자기의 능력과 보좌와 큰 권세를 그에게 주었더라(계 13:2)

곰의 옛말은 '거머(검)'이다. 우리나라 곰은 모두 검은 색 곰이었으므로 색깔(검정)에서 '곰'으로 정착되었다. 삼국유사에 나오는 단군신화에는 시조산 '아사달'을 한자로 '금미달(今彌達)'이라 하였는데, 금미달은 우리말 '거머다라'에 대한 한자음이다. 거머다라(검달)는 '곰산'이란 뜻이다.

곰팡이

다 마르고 곰팡이가 난 떡을 준비하고(수 9:5)

이제 말랐고 곰팡이가 났으며(수 9:12)

곰팡이는 '곰+팡이'로 구성되었다. '곰'은 '골→골옴→고옴→곰'의 과정을 거쳤다. 여기서 '골'은 '기름'을 뜻한다. '팡이'는 '벌레'의 뜻을 지니는 '받→발→방이→팡이'의 과정을 거쳤는데, 굼벵이, 달팽이도 벌레의 벌(벋)에서 출발한 말이다.

공양

것을 보고 공양하지 아니하더이까(마 25:44)

공양의 사전적인[1] 의미는 ① 웃어른이 평안하도록 보살펴 잘 받드는 일② 절에서 부처님 앞에 음식을 올림③ 중이 음식을 먹는 일이라고 나온다. 한자로는 이바지 할 공(供)자, 기를 양(養)자인데 불교에서 기인한 용어라 할 수 있다. 이로 인해 '供養米'라는 말도 나오게 되었는데, 이 말은 절에서 부처에게 공양하는데 쓰는 쌀을 의미한다.

1) 국어국문학회, 『새로나온 국어대사전』, 민중서관, 2000

공주

출가하지 아니한 공주는 이런 옷으로 단장하는 법이라(삼하 13:18)

그러나 그 공주의 힘이 쇠하고 그 왕은 서지도 못하며 권세가 없어질 뿐 아니라 그 공주와 그를 데리고 온 자와 그를 낳은 자와 그 때에 도와 주던 자가 다 버림을 당하리라(단 11:6)

장성하여 바로의 공주의 아들이라 칭함 받기를 거절하고(히 11:24)

공주는 '왕의 정실 왕후가 낳은 딸'을 의미한다. 이말은 중국의 秦, 漢 때 황제가 딸을 삼공(大司馬, 大司空, 大司徒)에게 맡긴데서 유래한다. 우리나라에선 공주란 말이 삼국시대부터 쓰였다. 고구려의 낙랑공주, 평강공주, 신라의 선화공주 등이 그 증거다.

옹주(翁主)는 왕의 후궁이 낳은 딸을 부르는 호칭이다. 조선조 중엽에는 공주와 옹주의 구별이 뚜렷하지 않았지만, 성종 때 『經國大典』에 의해 법적으로 공주와 옹주를 확실하게 구별하였다.

관리

모든 장로와 관리들을 내 앞에 모으라 내가 이 말씀을 그들의 귀에 들려주고 그들에게 하늘과 땅을 증거로 삼으리라(신 31:28)

사흘 후에 관리들이 진중으로 두루 다니며(수 3:2)

누가 너를 관리와 재판장으로 우리 위에 세웠느냐(행 7:27)

관리(官吏)는 관직에 있는 사람을 가리키지만, 원래 관리는 '관(官)'과 '리(吏)'로 구별된 말이다. 관(官)은 조정에서 치르는 과거를 통해 급제한 사람이고, 리(吏)는 관이 타지방에서 행정을 처리할 때 현지 사정에 어두움으로 보완책으로 현지 출신 '吏'를 두었다. 그러나 백성의 눈에는 이들이 한통속으로 보여 관리는 곧 벼슬아치를 뜻하게 되었다.

괴롭다

짐을 지워 괴롭게 하여 그들에게 바로를 위하여 국고성 비돔과 라암셋을 건축하게 하니라(출 1:11)

너희는 스스로 괴롭게 하고 아무 일도 하지 말되 본토인이든지 너희 중에 거류하는 거류민이든지 그리하라(레 16:29)

이르되 나를 괴롭게 하지 말라 문이 이미 닫혔고 아이들이 나와 함께 침실에 누웠으니 일어나 네게 줄 수가 없노라 하겠느냐(눅 11:7)

괴롭다의 옛말은 '고롭다'이다. 어근 '고'는 한자어 '苦'다 '고되다'의 '고'도 '苦'가 된다. '고롭다→괴롭다'로 변한 말이다.

고로온졀을 사ᄅᆞ미 밋디 몯홀러라 『東國新續三綱行實圖』

구렁

사이에 큰 구렁텅이가 놓여 있어 여기서 너희에게 건너가고자 하되 갈 수 없고 거기서 우리에게 건너올 수도 없게 하였느니라(눅 16:26)

구렁의 옛말은 '굴헝'이다. '구렁'은 '굴헝'에서 'ㅎ' 이 빠진 '구덩'과 같은 뜻의 말이다. '구덩'과 '구렁'은 '굴'이란 말에 어원을 두고 있다. 굴의 모음을 'ㅗ'로 바꾸면 '골'이된다. 밭고랑의 '고랑', 고을(邑)이 같은 어원에서 출발한 단어다.

'굴헝→굴엉→구렁'의 과정을 거쳤다.

구름

내 무지개를 구름 속에 두었나니 이것이 나와 세상 사이의 언약의 증거니라(창 9:13)

구름이 성막 위에 머무는 날이 오랠 때에는 이스라엘 자손이 여호와의 명령을 지켜 행진하지 아니하였으며(민 9:19)

사람들이 인자가 구름을 타고 능력과 큰 영광으로 오는 것을 보리라(눅 21:27)

구름은 '검은'(黑)이란 뜻이다. 검은 빛을 뜻하는 옛말 '거러'의 변종 '구루'에 'ㅁ'이 붙어서, 하늘이 검어 날이 흐려지게 된 원인을 '구름'이라 했다. 15세기 표현은 '구룸'이다. 구름의 어근 '굴'은 ㄱ룸(江), 냇갈의 '갈'과 함께 물의 뜻을 지닌다.

구룸과 곶 비도 『월인천강지곡』

구유

물동이의 물을 구유에 붓고 다시 길으려고 우물로 달려가서 모든 낙타를 위하여 긷는지라(창 24:20)

물을 길어 구유에 채우고 그들의 아버지의 양 떼에게 먹이려 하는데(출 2:16)

강보에 싸여 구유에 뉘어 있는 아기를 보리니 이것이 너희에게 표적이니라 하더니(눅 2:12)

구유의 옛말은 '구우'이다. '구'는 어근이고 '우'는 접미사다. 한 그루(株), 두 그루의 그루는 나무를 세는 단위다. '그루'의 어근은 '글'이고 '긑'이 祖語形이다. 기둥(柱)의 뜻을 가지고 있는 '긷'도 나무의 뜻을 가지고 있다. '구유'는 나무로 된 짐승의 그릇이다.

귀뚜라미

베짱이 종류와 귀뚜라미 종류와 팥중이 종류는 너희가 먹으려니와(레 11:22)

귀뚜라미의 옛말은 '귀돌이, 귓도라미'다. '귀'는 귀(耳)이며 '도라미'는 돌다의 '돌'에 '아미'가 붙은 형태다. 귀뚜라미는 '귀로 도는 것'이란 말이다. 또 다른 설은 '귀돌귀돌'우는 소리에서 붙은 이름이다는 주장도 있다.

'귀뚜라미'는 '귀뚤+아미'로 귀뚤귀뚤하는 작은 것이란 의미다.

굴

그 속의 굴도 내가 당신에게 드리되 내가 내 동족 앞에서 당신에게 드리오니 당신의 죽은 자를 장사하소서(창 23:11)

그들이 숨었던 굴 안에 던지고 굴 어귀를 큰 돌로 막았더니 오늘까지 그대로 있더라(수 10:27)

이르시되 여우도 굴이 있고 공중의 새도 집이 있으되 인자는 머리 둘 곳이 없도다 하시고(눅 9:58)

굴은 사전에 나오는 한자 '窟'을 없애도 된다. 왜냐하면 우리말 '굴'은 긴소리고, 한자말 '窟'은 짧은 소리다. 뜻이 같은 부분이 있다고 해서 하나의 말은 아니다. 한자가 있기 전 우리민족은 '굴'에서 살아왔다. 중국 최초(?)의 옥편 자전 『설문해자』가 주후 100년에 만들어 졌으니, '굴'이라는 말이 '窟'이라는 글자를 차용했다고 볼 수 있다.

그늘

와서 내 그늘에 피하라 그리하지 아니하면 불이 가시나무에서 나와서 레바논의 백향목을 사를 것이니라 하였느니라(삿 9:15)

그 그늘이 산들을 가리고 그 가지는 하나님의 백향목 같으며(시 80:10)

사망의 땅과 그늘에 앉은 자들에게 빛이 비치었도다 하였느니라(마 4:16)

그늘의 옛말은 '그리메'다. 옛말 'ᄀᆞᄂᆞᆯ(陰)'을 분석해보면 'ᄀᆞ+ᄂᆞᆯ'로서 'ᄀᆞ'는 태양의 뜻을 나타내는 '갈'과 동원어이고, 'ᄂᆞᆯ'은 '날(日)과 동원어다. 날(日)은 곧 태양을 의미한다. 그러니까 그늘은 태양이란 원뜻에서 그 의미가 크게 변화된 것이다.

ᄃᆞᆳ그림제(影) 眞實ㅅ ᄃᆞᆯ 아니로미 ᄀᆞᆮᄒᆞ니라 『월인석보』

글

그 돌판의 글은 하나님이 손으로 기록하신 것이요 너희의 총회 날에 여호와께서 산상 불 가운데서 너희에게 이르신 모든 말씀이니라(신 9:10)

이스라엘 왕에게 글을 보내리라 하더라 나아만이 곧 떠날새 은 십 달란트와 금 육천 개와 의복 열 벌을 가지고 가서(왕하 5:5)

선지자 이사야의 글을 드리거늘 책을 펴서 이렇게 기록된 데를 찾으시니 (눅 4:17)

글은 '긋다'의 '긋'이라는 말에서 유래되었다. '긋'은 '귿'으로도 표기 되었는데 'ㄷ-ㄹ' 교체 법칙은 우리 국어에 흔한 현상이다. 그 예로 '묻고-물으니'와 같은 현상이다. 글이란 '금을 그어서 쓴 것'이란 뜻이 된다.

기둥

돌을 가져다가 기둥으로 세우고 그 위에 기름을 붓고(창 28:18)

있는 상수리나무 기둥 곁에서 아비멜렉을 왕으로 삼으니라(삿 9:6)

또 기둥 같이 여기는 야고보와 게바와 요한도 내게 주신 은혜를 알므로 나와 바나바에게 친교의 악수를 하였으니 우리는 이방인에게로, 그들은 할례자에게로 가게 하려 함이라(갈 2:9)

기둥의 옛말은 '긷'이다. 여기에 접미사 '웅'이 결합해 '긷+웅→기둥'이 되었다. '기둥'의 '긷'은 '길'의 어근이 변한 것이며, '웅'은 '지붕'의 '웅'과 같은 것으로 동사를 명사로 만들어주는 접미사다. 기둥은 원래 긴 것이란 뜻이었는데, 지금은 무엇을 지탱해주는 긴 물건이란 뜻으로 그 의미가 바뀌었다.

柱 는 기디라 『월인석보』

기별

다윗이 요압에게 기별하여 헷 사람 우리아를 내게 보내라 하매 요압이 우리아를 다윗에게로 보내니(삼하 11:6)

오는 좋은 기별은 목마른 사람에게 냉수와 같으니라(잠 25:25)

자 편에 기별하는 것은 자기의 발을 베어 버림과 해를 받음과 같으니라(잠 26:6)

奇別(기별)이란 한자의 기본뜻과 단어의 의미는 '딴 곳에 있는 사람에게 소식을 전한다'는 뜻이다. 이 말은 조선시대 문화를 살펴보면 기별의 의미를 엿 볼 수 있다. 조선시대 춘추관에서는 지금의 관보라 할 수 있는 신문이 있었는데 '인사관계, 결재사항, 새로운 소식'등을 담아 각 관청에 통보하게 하였다. 세조 때부터는 이일을 '승정원'에서 하게 된다. 이것을 당시에는 '조보, 기별, 기별지'라 하였다. 이러한 일을 맡아하는 사람을 '기별서리'라 하였고, 이 신문(?)을 각 관청에 돌리는 사람을 '기별군사'라 하였다. 지금 쓰고 있는 '기별'이란 말은 조선정부의 관보에서 유래된 것이다.

기쁘다

레아가 이르되 기쁘도다 모든 딸들이 나를 기쁜 자라 하리로다 하고 그의 이름을 아셀이라 하였더라(창 30:13)

백성을 후대하여 기쁘게 하고 선한 말을 하시면 그들이 영원히 왕의 종이 되리이다 하니(대하 10:7)

순종하되 사람을 기쁘게 하는 자와 같이 눈가림만 하지 말고 오직 주를 두려워하여 성실한 마음으로 하라(골 3:22)

기쁘다의 어원은 '깃다'이다. 즐거워하다는 뜻의 '깃다'에 접미사 '브, 그'가 붙어 '깃브다, 깃그다'가 되어 '기쁘다, 기껍다'로 변하였다. 그러므로 기껍다와 기쁘다는 그 어원이 같은 말이다.

노ᄂᆞᆫ 사ᄅᆞ미 그추믈 깃노니 『두시언해』

기와

지붕에 올라가 기와를 벗기고 병자를 침상째 무리 가운데로 예수 앞에 달아 내리니(눅 5:19)

기와의 옛말은 '디새'이다. '디새'는 구운 것이란 뜻이다. 옛날에 기와나 질그릇을 만드는 일을 '딧다(짓다)'고 하였고, 기와 만드는 사람을 '디위'라 하였다. '딜그릇'이 '질그릇'으로 변한 것과 같은 현상이다. '디ᇫ+애→디새→디애→기애→기와'의 과정을 거쳤다.

瓦: 디새 와 『훈몽자회』
푸른 쥐 녯 디샛 서리예 숨ᄂᆞ다 『두시언해』

기지개

누우며 침상에서 기지개 켜며 양 떼에서 어린 양과 우리에서 송아지를 잡아서 먹고(암 6:4)

앞서 사로잡히리니 기지개 켜는 자의 떠드는 소리가 그치리라(암 6:7)

기지개는 '기지'와 '개'로 나누게 된다. 기지의 어근은 '긷'인데 의미는 '사람' 즉 신장의 뜻을 가진다. 한 길, 두 길 할 때 '길'은 사람의 키(신장)을 의미한다. 기지개는 사람의 키를 펴는 것이다. '개'는 접미사 구실을 한다.

깃

치나 학의 깃털과 날개 같겠느냐(욥 39:13)

입히고 그 깃을 황금으로 입힌 비둘기 같도다(시 68:13)

그 그늘에 깃들일 만큼 되느니라(막 4:32)

깃은 본래 '집'이란 말과 같은 어원에서 유래된 새의 보금자리를 말한다. 옛말 '짓'이 '깃'과 '집'으로 갈라졌다. 'ㅈ' 이 구개음화 법칙에 의해 'ㄱ'으로 바뀐 경우이다. 지름이 '기름'으로 바뀐 경우와 같다.

앗이 깃에 잇더니 『삼강행실도』

깃발

이름으로 우리의 깃발을 세우리니 여호와께서 네 모든 기도를 이루어 주시기를 원하노라(시 20:5)

같이 맑고 깃발을 세운 군대 같이 당당한 여자가 누구인가(아 6:10)

땅에 깃발을 세우며 나라들 가운데에 나팔을 불어서 나라들을 동원시켜 그를 치며 아라랏과 민니와 아스그나스 나라를 불러 모아 그를 치며 사무관을 세우고 그를 치되 극성스런 메뚜기 같이 그 말들을 몰아오게 하라(렘 51:27)

깃발은 '기(旗)+발'로 되어있다. 옛말은 '긧발'이다. 긧발의 '긔'는 한자어 '旗'이며 여기에 고유어 '발'이 결합되었는데 '발'역시 '旗'의 의미를 가진다. '한자어(旗)+고유어 (발)'의 합성어인 셈이다.

까닭

그를 사랑하는 까닭에 칠 년을 며칠 같이 여겼더라(창 29:20)

만일 미워하는 까닭에 밀쳐 죽이거나 기회를 엿보아 무엇을 던져 죽이거나(민 35:20)

근심하게 한 까닭이 아니요 도리어 너희가 근심함으로 회개함에 이른 까닭이라 너희가 하나님의 뜻대로 근심하게 된 것은 우리에게서 아무 해도 받지 않게 하려 함이라(고후 7:9)

까닭의 옛말은 '가달'이다. 가달은 '가+달'의 합성어로서 '가'는 말의 뜻을 지닌다 (ᄀᆞᄅᆞ다:曰). ᄶᅡ다롭다의 'ᄶᅡ다'는 까닭의 '가달'과 동원어가 된다. '가탈'은 일이 수월하게 되지 않도록 방해하는 조건이나 이유란 뜻이다.

ᄶᅡ다론 정ᄉᆞ롤 만다라 『新刊增補三略直解』

까마귀

까마귀를 내놓으매 까마귀가 물이 땅에서 마르기까지 날아 왕래하였더라(창 8:7)

눈은 골짜기의 까마귀에게 쪼이고 독수리 새끼에게 먹히리라(잠 30:17)

까마귀를 생각하라 심지도 아니하고 거두지도 아니하며 골방도 없고 창고도 없으되 하나님이 기르시나니 너희는 새보다 얼마나 더 귀하냐(눅 12:24)

까마귀의 어원은 '가막'이다. 구성은 '감(다)+악'으로 되어있는데, '감다'와 '검다'는 같은 뜻이다. '악'은 명사를 만드는 접미사이다. '가막+이(접미사)'가 붙어 '가마괴'가 만들어졌다. '가막이→가마괴→가마귀 →까마귀' 과정을 거쳤다.

져비ᄂᆞᆫ 잢대예 가마괼조차 ᄂᆞ니ᄂᆞ다 『두시언해』
烏: 가마괴 오 『훈몽자회』

꽃

싹이 나서 꽃이 피고 포도송이가 익었고(창 40:10)

종려와 핀 꽃을 아로새기고 금으로 입히되 곧 그룹들과 종려에 금으로 입혔더라(왕상 6:32)

영광은 풀의 꽃과 같으니 풀은 마르고 꽃은 떨어지되(벧전 1:24)

꽃의 옛 말은 '곶'이다. '꽃'은 '가시'의 어원과 같은데 '가시'는 여자를 의미한다.

'가시나'는 '꽃들'이라는 뜻이다. 꽃(花)은 草+化 즉 풀이 변한 것이다.

곶 됴코 여름 하ᄂᆞ니 『용비어천가』
花 : 곳 화 『훈몽자회』
곳 여의ᄂᆞᆫ 버릐 입거우제 오ᄅᆞ놋다 『두시언해』

꾀

가만히 너를 꾀어 이르기를 너와 네 조상들이 알지 못하던 다른 신들(신 13:6)

이르되 삼손을 꾀어서 무엇으로 말미암아 그 큰 힘이 생기는지 그리고 우리가 어떻게 하면 능히 그를 결박하여 굴복하게 할 수 있을는지 알아보라 그리하면 우리가 각각 은 천백 개씩을 네게 주리라 하니(삿 16:5)

죽일까 하고 꾀하니 이는 무리가 다 그의 교훈을 놀랍게 여기므로 그를 두려워 함일러라(막 11:18)

꾀의 표현은 주로 말에 의해 이루어진다. 옛말 '꾀'는 '고이'가 줄어든 말이다. 잠꼬대의 '꼬대' 어근 '곧'이 말이란 뜻이다. 일본어에는 'koto'가 말(語)을 의미한다. 꾀다는 꾀쓰다, 꼬시다 등으로 파생된다.

비록 꾀로운 쟝군이라도 『三譯總解』

꿈

하나님이 꿈에 또 그에게 이르시되 네가 온전한 마음으로 이렇게 한 줄을 나도 알았으므로 너를 막아 내게 범죄하지 아니하게 하였나니 여인에게 가까이 하지 못하게 함이 이 때문이니라(창 20:6)

깨어 보니 꿈이더라 이에 예루살렘에 이르러 여호와의 언약궤 앞에 서서 번제와 감사의 제물을 드리고 모든 신하들을 위하여 잔치하였더라(왕상 3:15)

가기를 무서워하더니 꿈에 지시하심을 받아 갈릴리 지방으로 떠나가(마 2:22)

꿈의 옛말은 '꿈'이다. '꿈을 꾼다고 할 때 '꾼다'는 눈에 보인다는 뜻이다. 눈이 가물가물하다의 '가물가물' 어근 '감'도 '눈'의 뜻을 지니고 있다. '감'의 변천과정은 이렇다. 눈갈(깔)의 '갈→갈암→가암→감'

꿈의 어원은 눈(眼)의 뜻을 지니고 있다.

꾸므로 뵈아시니 『용비어천가』

끈

도장과 그 끈과 당신의 손에 있는 지팡이로 하라 유다가 그것들을 그에게 주고 그에게로 들어갔더니 그가 유다로 말미암아 임신하였더라(창 38:18)

청색 끈으로 흉패 고리와 에봇 고리에 꿰어 흉패로 정교하게 짠 에봇 띠 위에 붙여서 에봇에서 벗어지지 않게 하였으니 여호와께서 모세에게 명령하신 대로 하였더라(출 39:21)

만들고 청색 끈을 그 귀의 술에 더하라(민 15:38)

끈의 옛말은 '긴'이다. '긴'은 '길다'는 의미가 명사로 굳어진 것인데, '끈'으로 변한 것이다. 그러니까 '긴 것'이란 뜻이다.

구스리 바회예 디신돌 긴 힛뜬 그츠리잇가 『西京別曲』

끝

땅 이 끝에서 저 끝까지의 백성을 성읍들에 옮겼으나(창 47:21)

흉패 두 끝에 달았으니 곧 그 에봇을 마주한 안쪽 가장자리에 달았으며(출 39:19)

그러나 끝까지 견디는 자는 구원을 얻으리라(마 24:13)

끝의 옛말은 '귿'이다. '귿'의 어원은 '가'의 뜻을 가진 'ㅿ'이다. 15세기엔 '끝'을 '귿'이라 했다. '귿→끝'은 시·공간의 마지막이란 뜻이다.

시름도 그디 업다 『松江歌辭』
功德이 ㅿ 업그리이다 『월인석보』

ㄴ

나귀

일찍이 일어나 나귀에 안장을 지우고 두 종과 그의 아들 이삭을 데리고 번제에 쓸 나무를 쪼개어 가지고 떠나 하나님이 자기에게 일러 주신 곳으로 가더니(창 22:3)

이르되 나귀의 턱뼈로 한 더미, 두 더미를 쌓았음이여 나귀의 턱뼈로 내가 천 명을 죽였도다 하니라(삿 15:16)

너의 왕이 나귀 새끼를 타고 오신다 함과 같더라(요 12:15)

나귀의 옛말은 '라귀'다. 여기에 '당'을 붙여 '당나귀'라는 이름도 있는데, 唐나라를 통해 들여왔다고 해서 '당나귀'라 불린다.

人間에 나고도 쇠어나 ᄆᆞ리어나 약대어나 라귀어나 ᄃᆞ외야 『석보상절』

나그네

아뢰되 내 나그네 길의 세월이 백삼십 년이니이다 내 나이가 얼마 못 되니 우리 조상의 나그네 길의 연조에 미치지 못하나 짧고 험악한 세월을 (창 47:9)

너희는 나그네를 사랑하라 전에 너희도 애굽 땅에서 나그네 되었음 (신 10:19)

나그네 되었을 때에 영접하지 아니하였고 헐벗었을 때에 옷 입히지 아니하였고 병들었을 때와 옥에 갇혔을 때에 돌보지 아니하였느니라 하시니(마 25:43)

나그네의 옛말은 '나ᄀᆞᆫ'이다. 이 말은 '나ᄀᆞᆫ+이'로 형성되었는데, '나간사람'이란 의미다. 지금은 語義가 확대되어 집을 나간 사람과 함께 다른 곳에서 집을 찾아온 사람도 가리킨다.

아춤의 집의 나그늬 왓거놀 『朴通事諺解』

나누다

빛과 어둠을 나누사(창 1:4)

기업의 땅 나누기를 마치고 자기들 중에서 눈의 아들 여호수아에게 기업을 주었으니(수 19:49)

많이 하고 나누어 주기를 좋아하며 너그러운 자가 되게 하라(딤전 6:18)

나누다의 옛말은 '눈호다'이다. 눈호다의 어근은 '난'으로서 조어형은 '낟'이다. 나르다(옮기다)의 어근은 '날'인데 그 조어형 역시 '낟'으로 손(手)의 뜻을 지닌다.

받도 제여곰 눈호며 『월인석보』

나루

요단 강 나루를 장악하여 한 사람도 건너지 못하게 하였고(삿 3:28)

내가 광야 나루터에서 기다리리라 하니라(삼하 15:28)

딸들은 아르논 나루에서 떠다니는 새 같고 보금자리에서 흩어진 새 새끼 같을 것이라(사 16:2)

나루의 어원은 '└ㄹ'이다. '나르다'의 옛말 '놀으다'도 어원이 '└ㄹ'이다. '나루'는 '놀으다'의 어근 '놀'에 접미사 '우'가 붙어 '놀+우→나루'로 변형되어 '나르는 곳'이란 뜻이 되었다.

正月ㅅ 나릿 므른 아으 『樂學軌範』

나무

열매 맺는 나무를 내라 하시니 그대로 되어(창 1:11)

포도나무가 그들에게 이르되 하나님과 사람을 기쁘게 하는 내 포도주를 내가 어찌 버리고 가서 나무들 위에 우쭐대리요 한지라(삿 9:13)

기록된 바 나무에 달린 자마다 저주 아래에 있는 자라 하였음이라(갈 3:13)

나무의 옛말은 '나모'이다. 나모의 어근은 '남'이다. '낟→날→날암→나암→남'의 과정을 거쳤다. 널(板)도 같은 동원어다. 강원도에선 나무로 지은 집을 '너와집, 너새집'이라고 부른다. '너'는 널(板)에서 'ㄹ'탈락현상이다.

나모 아래 안즈사 『월인천강지곡』

나쁘다

수 없게 나쁘니이다 하니(렘 24:3)

눈이 나쁘면 온 몸이 어두울 것이니 그러므로 네게 있는 빛이 어두우면 그 어둠이 얼마나 더하겠느냐(마 6:23)

것이요 만일 나쁘면 네 몸도 어두우리라(눅 11:34)

나쁘다의 옛말은 '낫브다'인데, 높지 않다는 뜻의 '낫다'에 '브'가 붙어 '낫브다'가 되고 나쁘다로 변하였다. 나쁘다의 원래 뜻은 '높지 않다'인데, 지금은 '좋지 않다'는 뜻으로 쓰인다.

좀이 낫브디 아니ᄒ리라 『박통사언해』

나이

데라는 나이가 이백오 세가 되어 하란에서 죽었더라(창 11:32)

때에 엘리의 나이가 구십팔 세라 그의 눈이 어두워서 보지 못하더라(삼상 4:15)

일어나서 걸으니 나이가 열두 살이라 사람들이 곧 크게 놀라고(막 5:42)

나이의 옛말은 '나리'다. '날이→나이'로 변했다. 나리의 어근은 '날'로서 '해'란 뜻이다. 몽고어 'nara'는 해의 뜻이다. 국어의 날(日)과 동원어이다.

나중

받지 아니하여도 나중 표적의 표징은 믿으리라(출 4:8)

왕 여호사밧이 나중에 이스라엘 왕 아하시야와 교제하였는데 아하시야는 심히 악을 행하는 자였더라(대하 20:35)

된 자로서 나중 되고 나중 된 자로서 먼저 될 자가 많으니라(마 19:30)

나중은 한자어 '내종(乃終)'에서 온 말이다. 내종의 옛말은 '내죵'이었는데 '나중'으로 변화하였다. 나중이 한자어의 영향을 받기는 했지만 우리말의 영향도 받았다. 나중의 옛말은 저녁을 뜻하는 '나죄(나조)'인데, 이 말이 한자어와 결합하면서 생겨났다.

해가 있는 동안을 '낮'이라 하고, 그 보다 시간이 흐른 때를 '나조(夕)'라 한다. 시간상 뒤(後)라는 뜻이다. 대비어 '아즉(朝)'은 '아직'의 옛말인데 태양이 뜨기 전을 의미한다. 나중은 한자 造語 '乃終'이 '나죄'에 영향을 끼쳐 '나종'으로 다시 '나중'으로 정착된 말이다.

내죵: 처엄 업스시며 내죵 업스샤(無始無終) 『법화경언해』
ᄇᆞᄅᆞᇝ 믌겨리 아촘 나조히 업도다 『두시언해』

나팔

위에 있고 나팔 소리가 매우 크게 들리니 진중에 있는 모든 백성이 다 떨더라(출 19:16)

나팔 두 개를 불 때에는 온 회중이 회막 문 앞에 모여서 네게로 나아올 것이요(민 10:3)

여섯째 천사가 나팔을 불매 내가 들으니 하나님 앞 금 제단 네 뿔에서 한 음성이 나서(계 9:13)

나팔은 금속으로 만든 관악기의 일종이다. '나발'은 놋쇠로 만든 대롱 모양의 관악기다. 또 지껄이거나 떠들어 대는 입의 속된 말이다. '나팔'이나 '나발'모두 그 어원은 '나발(喇叭)'로 같다.

나흘

딸을 위하여 나흘씩 애곡하더라(삿 11:40)

죽은 지가 나흘이 되었으매 벌써 냄새가 나나이다(요 11:39)

이르되 내가 나흘 전 이맘때까지 내 집에서 제 구 시 기도를 하는데 갑자기 한 사람이 빛난 옷을 입고 내 앞에 서서(행 10:30)

수사 '넷'은 여러 가지로 변용된다. 네, 넉, 너말, 넉자루 등에서 보듯이 나흘의 '나'도 그중 하나다. '넷'이 '나'로 변한 예는 '나릅(마소의 네 살)'이 있다. 나흘의 '흘'은 '해'의 옛말 '희'가 어원이다. '나흘'은 '네 날'을 의미한다.

낚시

나일 강에 낚시를 던지는 자마다 슬퍼하며 물 위에 그물을 치는 자는 피곤할 것이며(사 19:8)

그가 낚시로 모두 낚으며 그물로 잡으며 투망으로 모으고 그리고는 기뻐하고 즐거워하여(합 1:15)

바다에 가서 낚시를 던져 먼저 오르는 고기를 가져 입을 열면 돈 한 세겔을 얻을 것이니 가져다가 나와 너를 위하여 주라 하시니라(마 17:27)

낚시의 옛말은 '낛시'다. '낛'은 '낚시'에서만 그 흔적을 찾을 수 있다. 낚시의 '시'는 '어떠한 것'이란 의미다. 낚시는 말 그대로 고기를 낚는 것이란 뜻이다.

낛 드리워 『박통사언해』
낛대롤 자뱃ᄂᆞ니 『두시언해』

난가리

가시나무에 댕겨 난가리나 거두지 못한 곡식이나 밭을 태우면 불 놓은 자가 반드시 배상할지니라(출 22:6)

낟가리의 '낟'은 곡식을 의미하며 '낟알, 나락'과 같은 것이다. '가리'는 곡식과 같은 것을 단을 쌓아 더미를 짓는다는 뜻이다. 그러므로 낟가리는 '곡식을 가린 것'이란 뜻이다.

낟 爲穀 『훈민정음혜례』

날

이는 첫째 날이니라(창 1:5)

나를 보내던 날과 같이 오늘도 내가 여전히 강건하니 내 힘이 그 때나 지금이나 같아서 싸움에나 출입에 감당할 수 있으니(수 14:11)

편지로나 주의 날이 이르렀다고 해서 쉽게 마음이 흔들리거나 두려워하거나 하지 말아야 한다는 것이라(살후 2:2)

날은 '해(日)'에서 분화했는데 '낟'이 날의 祖語形이다. '낟'에서 날(日), 낮(晝), 나조(夕)가 파생되었다.

날개

어떻게 독수리 날개로 너희를 업어 내게로 인도하였음을 너희가 보았느니라(출 19:4)

그룹의 이쪽 날개도 다섯 규빗이요 저쪽 날개도 다섯 규빗이니 이쪽 날개 끝으로부터 저쪽 날개 끝까지 십 규빗이며(왕상 6:24)

제 새끼를 날개 아래에 모음 같이 내가 너희의 자녀를 모으려 한 일이 몇 번이냐 그러나 너희가 원하지 아니하였도다(눅 13:34)

날개의 옛말은 'ᄂᆞᆯ애'이다. 'ᄂᆞᆯ+'애'(접미사)로 구성 되었다. '날'과 '애' 사이에 'ㄱ'이 첨가되었다. ᄂᆞᆯ애의 'ᄂᆞᆯ'은 ᄂᆞᆯ다(날다)의 어근이고 '애'는 접미사이다. 나는 화살을 'ᄂᆞᆯ살'이라고 한다.

香 무든 ᄂᆞᆯ애로 님의 오ᄉᆡ 올므리라 『思美人曲』
箭는 ᄂᆞᆯ사리라『월인석보』

날짐승

소리를 전하고 날짐승이 그 일을 전파할 것임이니라(전 10:20)

동쪽에서 사나운 날짐승을 부르며 먼 나라에서 나의 뜻을 이룰 사람을 부를 것이라 내가 말하였은즉 반드시 이룰 것이요 계획하였은즉 반드시 시행하리라(사 46:11)

날짐승의 옛말은 'ᄂᆞᆶ즁ᄉᆡᆼ'이다. 'ᄂᆞᆶ'은 'ᄂᆞᆯ다'의 어근 'ᄂᆞᆯ'과 같은 말이다. 나는 화살을 'ᄂᆞᆯ살', 날개를 'ᄂᆞᆯ애'라 하였다. '즁ᄉᆡᆼ'은 '짐승'의 옛말이다. 그러니까 날짐승은 날개로 나는 짐승을 의미한다.

海東 六龍이 ᄂᆞᄅᆞ샤 『용비어천가』
뒤헤는 모딘 즁ᄉᆡᆼ『용비어천가』

날카롭다

원수가 되어 날카로운 눈초리로 나를 보시고(욥 16:9)

악을 꾀하여 날카로운 삭도 같이 간사를 행하는도다(시 52:2)

그 칼이 날카로움은 죽임을 위함이요 빛남은 번개 같이 되기 위함이니 우리가 즐거워하겠느냐 내 아들의 규가 모든 나무를 업신여기는도다(겔 21:10)

날카롭다의 옛말은 '날칼업다'이다. 날칼은 날이 선 칼이고 업은 접미사이다. 날칼업다는 모음조화현상에 의해 날카롭다로 바뀌었다.

남편

함께 있는 남편에게도 주매 그도 먹은지라(창 3:6)

또는 그 남편이 의심이 생겨서 자기의 아내를 의심할 때에 여인을 여호와 앞에 두고 제사장이 이 법대로 행할 것이라(민 5:30)

남편은 그 아내에 대한 의무를 다하고 아내도 그 남편에게 그렇게 할지라(고전

7:3)

남편의 옛말 '남진'이다. 그럼에도 불구하고 한자 좋아하는 습성때문에 '男便'으로 쓰고 있다. '부부'의 옛말은 '남진겨집'이다. '남편'을 분석해 본다.

'남'에는 사람, 사내란 뜻이 있다. 여기서 '남'은 '男'과 같은 뜻인데 '놈'으로 쓰이기도 한다. '편'도 우리말로서 '사람, 쪽'이란 뜻을 가지고 있다. 그러므로 '남편'은 '사내 사람' 혹은 '사내 쪽'이란 뜻이다. 남편도 여편네도 우리말이다.

내일

여호와께 간구하리니 내일이면 파리 떼가 바로와 바로의 신하와 바로의 백성을 떠나려니와 바로는 이 백성을 보내어 여호와께 제사를 드리는 일에 다시 거짓을 행하지 마소서 하고(출 8:29)

두려워하지 말라 내일 이맘때에 내가 그들을 이스라엘 앞에 넘겨 주어 몰살시키리니 너는 그들의 말 뒷발의 힘줄을 끊고 그들의 병거를 불사르라 하시니라(수 11:6)

오늘 있다가 내일 아궁이에 던져지는 들풀도 하나님이 이렇게 입히시거든 하물며 너희일까보냐 믿음이 작은 자들아(눅 12:28)

날과 관련된 우리말에는 어제, 오늘, 내일 모레가 있다. 그런데 여기서 '내일'(來日)은 한자어고 나머지는 고유어다. 그러나 고려어에 내일에 대응하는 고유어가 있었음이 밝혀졌다. 『계림유사』에는 "前日曰記載 昨日曰訖載 今日曰烏捺 明日曰轄載"로 나와 있다. 여기에 나오는 '訖載(할재)'가 실재로 어떤 발음이었는지는 알 수 없지만, 지금의 오늘에 해당하는 단어가 있었음은 분명하다.

냄새

벌레가 생기고 냄새가 난지라 모세가 그들에게 노하니라(출 16:20)

음식이요 향기로운 냄새라 모든 기름은 여호와의 것이니라(레 3:16)

사망에 이르는 냄새요 저 사람에게는 생명으로부터 생명에 이르는 냄새라 누가 이 일을 감당하리요(고후 2:16)

냄새의 형성구조는 이렇다. 닉(煙)+음(명사형어미)+새(명사형접미사)의 조어 구조를 이룬다. 요즈음 잘못 쓰고 있는 표현을 하나 지적하고 싶다. '매워'와 '내워'의 차이다. 매워는 미각에 적용되는 말이고 내워는 후각에 적용되는 말이다. 그러므로 고추가 매운 것은 옳지만, 연기가 매운 것은 아니다. 연기를 마실 땐 '냅다'란 표현을 쓰는 것이 맞다.

넓다

위하여 넓게 하셨으니 이 땅에서 우리가 번성하리로다 하였더라(창 26:22)

네 지경을 넓히신 후에 네 마음에 고기를 먹고자 하여 이르기를 내가 고기를 먹으리라 하면 네가 언제나 마음에 원하는 만큼 고기를 먹을 수 있으리니(신 12:20)

그 길이 넓어 그리로 들어가는 자가 많고(마 7:13)

넓다는 '널다'에서 변한 말이다. 고어에는 '너르다'도 있다. 한 때는 '넓다'와 '넙다'가 공존하였다. 어느 때는 '넙다'가 세력을 얻어 쓰이다 다시 '넓다'가 세력을 회복한 꼴이다. '널다→넓다,넙다→넓다'의 변화를 거쳤다.

엇게 넙다 흔 마리니 『석보상절』

네거리

높은 곳과 네거리에 서며(잠 8:2)

네거리에 서서 그 도망하는 자를 막지 않을 것이며 고난의 날에 그 남은 자를 원수에게 넘기지 않을 것이니라(옵 1:14)

네거리 길에 가서 사람을 만나는 대로 혼인 잔치에 청하여 오라 한대(마 22:9)

네거리는 '네(四)+거리'로 되어있다. '거리'는 갈림길이나 길거리의 뜻을 가지고 있다. '네'는 너이의 준말이다. '넏→널→너이→네'의 과정을 거쳤다. 지금도 전라도 방언에선 하나, 둘, 셋, 넷을 "하나, 둘, 서이, 너이"로 부르기도 한다.

거리롤 골외디 말며 『박통사언해』

넷

금 고리 넷을 부어 만들어 그 네 발에 달되 이쪽에 두 고리 저쪽에 두 고리를 달며(출 25:12)

같은 것 넷이 있는데 그 어깨는 받침 수레와 연결되었고(왕상 7:34)

그에게 딸 넷이 있으니 처녀로 예언하는 자라(행 21:9)

한자의 가장 오래된 문헌 '契文'[2]에는 넷을 '≡'로 써서 손가락 넷을 상형한 것으로 나와 있다. 그러다 '㓁'입 속에 혀를 표시하는 형태로 바뀌었고, 오늘날의 한자 '四'로 정착하였다.

四曰迺 『鷄林類事』

'四에 해당하는 소리를 고려에서는 '내'로 발음했다는 말이다. 넷이란 말은 넣다(入)의 어근 '넣'을 '넣이'라고 하면서 세었는데, 지금도 '서이, 너이'라고 쓰고 있다. 서이는 '사이'에서 온 말이고 너이는 '넣이'에서 온 말인데, 네이가 줄어서 한 음절 '넷'이 된 것이다.

---

2) B.C 1500년경 은나라 시대의 갑골문자

노래

자손이 이 노래로 여호와께 노래하니 일렀으되 내가 여호와를 찬송하리니 그는 높고 영화로우심이요 말과 그 탄 자를 바다에 던지셨음이로다(출 15:1)

때에 이스라엘이 노래하여 이르되 우물물아 솟아나라 너희는 그것을 노래하라 (민 21:17)

그들이 새 노래를 불러 이르되 두루마리를 가지시고 그 인봉을 떼기에 합당하시도다 일찍이 죽임을 당하사 각 족속과 방언과 백성과 나라 가운데에서 사람들을 피로 사서 하나님께 드리시고(계 5:9)

'노래'의 옛말은 노는 것이란 뜻의 '놀애'이다. '놀'은 어근이며 '애'는 명사를 만드는 접미사다. 노래는 원래 '노는 것'이란 뜻이었는데, 후에 입을 놀리는 것이란 뜻의 음악으로 변하였다. 광대나 배우를 옛날에는 '노ᄅᆞ바치'라 하였는데 이 뜻은 노래하며 노는 사람이라는 뜻이다.

歌: 놀애 가 『훈몽자회』
건달바의 아돌이 놀애를 불라 『월인석보』

노루

자를 막론하고 노루나 사슴을 먹는 것 같이 먹을 수 있거니와(신 12:22)

노루가 사냥꾼의 손에서 벗어나는 것 같이, 새가 그물 치는 자의 손에서 벗어나는 것 같이 스스로 구원하라(잠 6:5)

딸들아 내가 노루와 들사슴을 두고 너희에게 부탁한다 사랑하는 자가 원하기 전에는 흔들지 말고 깨우지 말지니라(아 3:5)

노루의 옛말은 '노로' 또는 '노ᄅᆞ'이다. 노로는 '놀+오'로 분석되며 '놀'은 '노랗다'의 의미를 지니고 있고 '오'는 접미사로 보는 어원설이 있는데 (김민수, 1997) 검증은 되지 않았다. 노루의 색깔이 노랗기 때문에 붙여진 이름으로 보고 있다.

노로 爲獐 「훈민정음용자례」
獐 노ᄅᆞ 쟝 『훈몽자회』

노비

양 떼와 노비가 있으므로 사람을 보내어 내 주께 알리고 내 주께 은혜 받기를 원하나이다 하라 하였더니(창 32:5)

그 외에 노비가 칠천삼백삼십칠 명이요 그들에게 노래하는 남녀가 이백사십오 명이 있었고(느 7:67)

백성이 각기 노비를 자유롭게 하고 다시는 종을 삼지 말라 함을 듣고 순복하여 놓았더니(렘 34:10)

노비는 '노(奴)+비(婢)'로 이루어진 단어다. 노(奴)는 남종을 의미하고 비(婢)는 여종을 의미한다. 그러므로 노비는 남자 여자 모두를 일컫는 말이다. 이와 같이 이루어진 단어가 많은데, 기린은 수놈을 가리키는 기(麒)와 암놈을 가리키는 린(麟)이고, 봉황은 수놈을 봉(鳳) 암놈을 황(凰)이라 한다.

놈

말씀이 이 놈을 옥에 가두고 내가 평안히 돌아올 때까지 고생의 떡과 고생의 물을 먹이라 하였다 하라(왕상 22:27)

말하기를 이 놈을 옥에 가두고 내가 평안히 돌아올 때까지 고난의 떡과 고난의 물을 먹게 하라 하셨나이다 하니(대하 18:26)

되고 미련한 놈이라 하는 자는 지옥 불에 들어가게 되리라(마 5:22)

어떤 대상을 욕으로 혹은 낮추어 부를 때 '놈'이라고 한다. 그런데 놈의 본래 형태는 지금의 남을 가리키는 'ᄂᆞᆷ'이었다. 욕을 의미하거나 낮추는 말이 아니었다. 'ᄂᆞᆷ'이 변하여 '놈'이었고 15~17세기 까지는 'ᄂᆞᆷ'이란 뜻이 '사람일반'을 나타내었다. 『훈민정음언해』에도 '뜨슬 펴지 못할 놈이 하니라(뜻을 펴지 못할 사람이 많으니라)'고 나온다. 이 말이 17세기 이후에 낮추는 말로 쓰이게 된 것이다. 그러나 지금도 고흥지방에서는 '놈'을 낮추는 말이 아닌 형태로 쓰고 있다. 가령 찬송가 216장을 부르고 나서 '그 옆에 놈(217장) 부릅시다'고 낮추는 말이 아닌 의미로 쓰고 있다.

누구

이르되 네가 누구의 딸이냐 청하건대 내게 말하라 네 아버지의 집에 우리가 유숙할 곳이 있느냐(창 24:23)

누구든지 내 이름으로 전하는 내 말을 듣지 아니하는 자는 내게 벌을 받을 것이요(신 18:19)

팔 자가 누구인지 아심이라 그러므로 다는 깨끗하지 아니하다 하시니라(요 13:11)

누구에서 '누'는 사람의 뜻을 지니는데 부정형의 뜻을 갖고 있다. 나(1인칭), 너(2인칭), 누(否定稱)에서 보는 바와 같다. '구'도 본래 사람의 뜻을 가지고 있다. 멍텅구리, 장난꾸러기의 어근은 '굴'인데 사람의 뜻이 있다. 누구는 사람의 뜻을 가지는 이음동의어(異音同義語)로서 합성어이다.

누룩

그 첫날에 누룩을 너희 집에서 제하라 무릇 첫날부터 일곱째 날까지 유교병을 먹는 자는 이스라엘에서 끊어지리라(출 12:15)

지경 가운데에 누룩이 보이지 않게 할 것이요 또 네가 첫날 해 질 때에 제사드린 고기를 밤을 지내 아침까지 두지 말 것이며(신 16:4)

삼가 바리새인들의 누룩과 헤롯의 누룩을 주의하라 하시니(막 8:15)

누룩의 어근은 '눌'이다. 누룩은 낟알로 만든 것이기에 곡식 낟알에서 어원을 찾을 수 있다. 만주어에서 黃酒를 'nurə'라 한다. 여진어 역시 술(酒)을 'nurə'라 한다. 누룩은 술에 있어서 없어서는 안 될 것이다.

누룩 서른 술위롤 『두시언해』

누이

두발가인의 누이는 나아마였더라(창 4:22)

원하건대 내 누이 다말이 와서 내가 보는 데에서 과자 두어 개를 만들어 그의 손으로 내게 먹여 주게 하옵소서 하니(삼하 13:6)

죽은 자의 누이 마르다가 이르되 주여 죽은 지가 나흘이 되었으매 벌써 냄새가 나나이다(요 11:39)

누이의 '누'는 사람을 의미한다. - 나(1인칭), 너(2인칭), 누(否定稱)- 누나의 '나'는 방언에 나오는 '갓나, 가시나'의 '나'로서 누나는 '누'와 '나'의 합성어로서 사람을 뜻하는 異音同義語이다.

눈썹

머리털과 수염과 눈썹을 다 밀고 그의 옷을 빨고 몸을 물에 씻을 것이라 그리하면 정하리라(레 14:9)

베지 말며 눈썹 사이 이마 위의 털을 밀지 말라(신 14:1)

위하여 목욕하며 눈썹을 그리며 스스로 단장하고(겔 23:40)

눈썹의 옛말은 '눈섭'이다. '섭'은 '옷섭'에서 보듯이 '기슭'이란 의미인데, 이후에 '섶'으로 바뀌었다. 그러므로 '눈썹'은 '눈기슭'이란 뜻이다. 12세기 책인 『계림유사』에 '眉曰疎步'라고 나오는데 '눈썹 미(眉)'를 '소보'라 하였다는 것을 알 수 있다. '소보'는 고유어인 우리말을 음이 비슷한 한자로 옮겨 적은 것이며 소보가 '섭'으로 변화한 것이다.

눈초리

되어 날카로운 눈초리로 나를 보시고(욥 16:9)

눈초리의 초리는 꼬리를 달리 표현 한 말이다. 눈초리란 눈의 끝이란 말이다.

초리는 꼬리의 옛말인 셈이다. 회초리, 제비초리가 여기에 해당한 말이다.

王ᄀᆞᄐᆞᆫ 龍의 초리섯돌며 『關東別曲』

눈치

아무도 보거나 눈치 채지 못하고 깨어 있는 사람도 없었으니 이는 여호와께서 그들에게 깊이 잠들게 하셨으므로 그들이 다 잠들어 있었기 때문이었더라 (삼상 26:12)

그들의 의도를 눈치챘다 함을 들으니라 하나님이 그들의 꾀를 폐하셨으므로 우리가 다 성에 돌아와서 각각 일하였는데(느 4:15)

눈치의 옛말은 '눈츼'이다. 요즘에는 '츼다'란 단어를 안 쓰지만 15,6세기까지는 많이 사용하였다. 치우쳐 닫다를 '츼닫다', 치우쳐 돌다를 '츼돌다'라 하였다. 눈치란 말은 '눈의 치우침, 눈을 치우쳐 올림'이란 의미를 가진다. 사람들은 무엇인가를 세밀하게 볼 때는 눈을 약간 가늘게 뜨고 눈꼬리를 치떠 올리는 버릇이 있다. 이런 연유로 눈치는 무엇을 잘 살펴서 잘 알아차리는 것을 의미하게 되었다.

문을 츼여 닷가면 『삼역총해』

님(주인)

태초에 하나님이 천지를 창조하시니라(창 1:1)

모사라, 전능하신 하나님이라, 영존하시는 아버지라, 평강의 왕이라 할 것임이라(사 9:6)

외에 더하면 하나님이 이 두루마리에 기록된 재앙들을 그에게 더하실 것이요 (계 22:18)

『훈몽자회』에는 님을 '님 쥬(主)'라고 나온다. '닏→닐→닐임→니임→님'의 과정을 거쳤다. 신라에서는 왕을 부를 때 '이사금(尼師今)'이라 했는대 '尼師'가 '닏'의 표기가 된다.

'닏'은 님(主)의 뜻을 지닌다.

ㄷ

다락

왕은 서늘한 다락방에 홀로 앉아 있는 중이라 에훗이 이르되 내가 하나님의 명령을 받들어 왕에게 아뢸 일이 있나이다 하매 왕이 그의 좌석에서 일어나니(삿 3:20)

아이를 안고 다락에서 방으로 내려가서 그의 어머니에게 주며 이르되 보라 네 아들이 살아났느니라(왕상 17:23)

그들이 유하는 다락방으로 올라가니 베드로, 요한, 야고보, 안드레와 빌립, 도마와 바돌로매, 마태와 및 알패오의 아들 야고보, 셀롯인 시몬, 야고보의 아들 유다가 다 거기 있어(행 1:13)

다락의 어근은 '달'이다. 나무의 뜻을 가지고 있다. 다락 '樓(루)'의 부수는 '木'이다. 사닥다리 역시 나무로 만든다. ᄃᆞ리의 어근 'ᄃᆞᆯ'도 역시 나무의 뜻을 가지고 있다. 다락의 사전적인 의미는 생략한다.

樓는 다라기라 『석보상절』
ᄃᆞ리 업건마른 『용비어천가』

다섯

되니 이는 다섯째 날이니라(창 1:23)

마리와 숫양 다섯 마리와 숫염소 다섯 마리와 일 년 된 어린 숫양 다섯 마리라 이는 스데울의 아들 엘리술의 헌물이었더라(민 7:35)

이르되 너도 다섯 고을을 차지하라 하고(눅 19:19)

다섯은 손가락 하나씩 꼬부려 가면서 수를 세어가다, 한 손의 가락이 모두 다 꼬부라져 주먹을 쥔 모양을 이루게 된다. 이 때 주먹을 쥐어 닫는다는 의미로 닫다의 어근 '닫(閉)'이 다섯의 어원이다.

『계림유사』 '五曰打戌 『계림유사』

다음

그의 자식들은 다음에 두고 라헬과 요셉은 뒤에 두고(창 33:2)

우두머리는 아히에셀이요 다음은 요아스이니 기브아 사람 스마아의 두 아들이요 또 아스마웻의 아들 여시엘과 벨렛과 또 브라가와 아나돗 사람 예후와(대상 12:3)

교사요 그 다음은 능력을 행하는 자요 그 다음은 병 고치는 은사와 서로 돕는 것과 다스리는 것과 각종 방언을 말하는 것이라(고전 12:28)

다음의 옛말은 '다숨'이다. 이 뜻은 '잇는다(繼)'는 의미를 가지고 있다. '다숨→다옴→다음' 과정을 거쳤다.

다숨아비(繼父), 다숨어미(繼母) 『삼강행실도』

달

해 둘째 달 곧 그 달 열이렛날이라 그 날에 큰 깊음의 샘들이 터지며 하늘의 창문들이 열려(창 7:11)

사마리아에서 여섯 달 동안 이스라엘을 다스리며(왕하 15:8)

석 달 후에 우리가 그 섬에서 겨울을 난 알렉산드리아 배를 타고 떠나니 그 배의 머리 장식은 디오스구로라(행 28:11)

우리나라는 중국의 영향을 받아 달에 대한 이름을 붙이지 않고 숫자를 붙여 1월,2월,3월...등으로 부르고 있다. 그러나 서양은 매달마다 고유한 이름을 가지고 있다. 1월은 January, 2월은 February ... 등 이러한 달 이름은 고대 로마역서에 기초를 둔다. 기원전 8세기에는 1년을 10개월로 나누었으나, 기원전 7세기부턴 12개월로 나누었다. 우리나라 달에 대한 어원은 아직 찾지 못하였다. 단지 '月'자가 상형문자이므로 달의 모양을 본 떠 만든 글자라는 점이다.

닭

없이 먹히겠느냐 닭의 알 흰자위가 맛이 있겠느냐(욥 6:6)

오늘 밤 닭 울기 전에 네가 세 번 나를 부인하리라(마 26:34)

네게 이르노니 닭 울기 전에 네가 세 번 나를 부인하리라(요 13:38)

우리 옛말에선 조류의 총칭이 '달'이었다. '돍'의 말음 'ㄱ'은 뒤에 첨가된 것이다. 경상도 방언은 아직도 닭을 '달'이라 부른다. 일본어 'tori'(鷄, 鳥)의 어근 'tor'은 우리말 '달'과 동원어라 할 수 있다. 까투리(갓두리), 종다리등에서 '두리. 다리(달)'는 '새'의 의미를 가지고 있다.

닷새

하루나 이틀이나 닷새나 열흘이나 스무 날만 먹을 뿐 아니라(민 11:19)

배로 떠나 닷새 만에 드로아에 있는 그들에게 가서 이레를 머무니라(행 20:6)

닷새 후에 대제사장 아나니아가 어떤 장로들과 한 변호사 더둘로와 함께 내려와서 총독 앞에서 바울을 고발하니라(행 24:1)

닷새의 '닷'은 다섯(五)에서 파생된 말이다. 수사 다섯은 '닷되, 너댓사람, 대여섯, 예닐곱'등 여러 가지 형태로 변한다. '새'는 사흘, 나흘의 '흘'과 같은 형태인데 옛말 '히'에서 나온 말이다. '닷히→닷시→닷새'의 과정을 거쳤다. 힘(力)을 심이라 하는 것도 같은 경우이다.

닻

하여 이물에서 닻을 내리는 체하고 거룻배를 바다에 내려놓거늘(행 27:30)

닻을 끊어 바다에 버리는 동시에 키를 풀어 늦추고 돛을 달고 바람에 맞추어

해안을 향하여 들어가다가(행 27:40)

것은 영혼의 닻 같아서 튼튼하고 견고하여 휘장 안에 들어 가나니(히 6:19)

닻의 옛말은 '닫' 혹은 '닷'이다. '닫'은 두 물체가 마주하다란 뜻을 가지고 있다. '닫→닷→닻'의 과정을 거쳤는데 닻은 '닿는 것'이란 뜻이다.

닷 드쟈 ᄇᆡ ᄯᅥ나가니 이제 가면 언제 오리 『청구영언』

대머리

빠지면 그는 대머리니 정하고(레 13:40)

띠를 대신하고 대머리가 숱한 머리털을 대신하고 굵은 베 옷이 화려한 옷을 대신하고 수치스러운 흔적이 아름다움을 대신할 것이며(사 3:24)

머리털을 깎아 대머리 같게 할지어다 네 머리가 크게 벗어지게 하기를 독수리 같게 할지어다 이는 그들이 사로잡혀 너를 떠났음이라(미 1:16)

대머리의 옛말은 '믠머리, 고ᄃᆡ머리'이다. 믠머리는 '믠+머리'인데 '믠'은 털이 빠진다는 뜻의 '믜'의 관형형이다. 머리는 '頭'를 뜻한다. 나무가 없는 산을 '믠산, 믠둥산'이라 하는데 여기서도 '믠'의 의미를 발견할 수 있다.

'고ᄃᆡ'는 17세기 『역어유해』 이후 자취를 감추다가, 19세기에 '민ᄃᆡ머리'가 나오는데 지금은 황해도 방언에 존재한다. 지금 사용하는 대머리는 '민머리+고ᄃᆡ머리'가 어우러져 '민'이 생략된 단어 대머리가 되었다.

더불어

여호와께서 아브람과 더불어 언약을 세워 이르시되 내가 이 땅을 애굽 강에서부터 그 큰 강 유브라데까지 네 자손에게 주노니(창 15:18)

온 이스라엘과 더불어 막게다에서 립나로 나아가서 립나와 싸우매(수 10:29)

다른 이와 더불어 다툼이 있는데 구태여 불의한 자들 앞에서 고발하고 성도 앞에서 하지 아니하느냐(고전 6:1)

더불어는 '함께하다, 같이하다'의 뜻을 가진 '더불다'의 어근 '더불'이 어원이다.

삿기롤 더브렛고 『두시언해』
다른 아히를 더블고 『太平廣記諺解』

더러

순종하지 아니하고 더러는 아침까지 두었더니 벌레가 생기고 냄새가 난지라 모세가 그들에게 노하니라(출 16:20)

더러는 가시떨기 위에 떨어지매 가시가 자라서 기운을 막았고(마 13:7)

요한이라 하고 더러는 엘리야, 더러는 선지자 중의 하나라 하나이다(막 8:28)

더러의 옛말은 'ᄃᆞ려'인데, 동반하다의 뜻을 가진 '데리다'의 옛말 'ᄃᆞ리다'의 접속형 'ᄃᆞ리어'가 시간이 흐르면서 변한 말이다. 지금은 말뜻이 많이 바뀌어 '데리다(동반하다)'의 의미에서 멀어져버렸다.

네 사람 ᄃᆞ리샤 『용비어천가』
날ᄃᆞ려 닐오ᄃᆡ 『삼강행실도』

덥다

자기 몸을 덥게도 하고 불을 피워 떡을 굽기도 하고 신상을 만들어 경배하며 우상을 만들고 그 앞에 엎드리기도 하는구나(사 44:15)

이 불은 덥게 할 숯불이 아니요 그 앞에 앉을 만한 불도 아니니라(사 47:14)

평안히 가라, 덥게 하라, 배부르게 하라 하며 그 몸에 쓸 것을 주지 아니하면 무슨 유익이 있으리요(약 2:16)

덥다의 어간은 '덥'이고 '덛→덜→덟→덥'의 과정을 거쳤다. '덛'은 태양의 뜻을 지닌다. '돌(週), 때(時), 덧'등은 태양의 뜻을 지닌다. 일본어 'teta(太陽)'의 어근 'tet'도 태양의 뜻을 지닌다.

四天王이 더본 鐵輪을 놀여 보내야 『석보상절』

도랑

두루 흐르고 도랑에도 물이 가득 찼더라(왕상 18:35)

태우고 또 도랑의 물을 핥은지라(왕상 18:38)

하며 네 도랑물을 거리로 흘러가게 하겠느냐(잠 5:16)

도랑의 옛말은 '돌'이다. 도랑은 강보다 작은 水路를 말하는데, '돌+앙(작은 것을 가리킴)'으로 '돌앙→도랑'의 과정을 거쳤다.

고기잡난 돌해 『두시언해』

도마뱀

쥐와 큰 도마뱀 종류와(레 11:29)

도마뱀붙이와 육지 악어와 도마뱀과 사막 도마뱀과 카멜레온이라(레 11:30)

왕궁에 있는 도마뱀이니라(잠 30:28)

도마뱀은 '도마+빅얌'으로 구성된다. '도마'는 네모진 나무토막을 가리키는데 현대어에도 그대로 남아있다. '빅얌'은 蛇를 뜻하는데 지금의 뱀이다. '도마뱀'은 꼬리 부분이 도막도막 끊어지는 뱀이어서 이런 이름을 갖게 되었다.

ㅂ얌 爲蛇 『훈민정음용자례』

도무지

여호와의 목소리를 도무지 순종하지 아니하였은즉(렘 42:21)

알리지 말며 도무지 울지 말지어다 내가 베들레아브라에서 티끌에(미 1:10)

숭배하는 자들을 도무지 사귀지 말라 하는 것이 아니니 만일 그리하려면 너희가 세상 밖으로 나가야 할 것이라(고전 5:10)

도무지의 옛말 '도모지(塗貌紙)'는 조선시대 사사로이 행해졌던 형벌이다. 물에 적신 한지를 죄인의 얼굴에 몇 겹으로 발라놓고, 그것이 말라 감에 따라 고통 속에서 숨을 못 쉬게 하여 죽이는 벌이다. 즉 '도무지'는 도저히 어떻게 해 볼 도리가 없다는 뜻이다.

도장(圖章)

이르되 당신의 도장과 그 끈과 당신의 손에 있는 지팡이로 하라 유다가 그것들을 그에게 주고 그에게로 들어갔더니 그가 유다로 말미암아 임신하였더라(창 38:18)

패를 만들어 도장을 새기는 법으로 그 위에 새기되 여호와께 성결 (출 28:36)

왕이 그의 도장과 귀족들의 도장으로 봉하였으니 이는 다니엘에 대한 조치를 고치지 못하게 하려 함이었더라(단 6:17)

도장의 기원은 편지를 보낼 때 타인이 보지 못하도록 기호나 도장을 찍음으로 표시해 둔 것에서 시작되었다. 중국에선 일반인이 쓰는 것을 인(印)이라 했고, 임금이 쓰는 것을 새(璽)라 하였다. 그것도 옥으로 만들어서 옥새라 하였고, 신하들은 동인(銅印)이라 불렀다. 우리나라에 도장이 쓰이게 된 것은 중국의 漢이 낙랑을 지배 했을 때부터이며, 신라는 국왕이 바뀔 때마다 국새를 손수 전했다 한다. 고려 때는 왕의 인장을 관장하는 '인부랑(印符郎)직이 있었다. 조선시대엔 관직에 따라 인장의 크기를 달리했다.

돈

이방 사람에게서 돈으로 산 자를 막론하고 난 지 팔 일 만에 할례를 받을 것이라(창 17:12)

이자를 위하여 돈을 꾸어 주지 말고 이익을 위하여 네 양식을 꾸어 (레 25:37)

군인들이 돈을 받고 가르친 대로 하였으니 이 말이 오늘날까지 유대인 가운데 두루 퍼지니라(마 28:15)

돈의 조어형은 '돋'이다. 돋(石)→돈(錢)의 과정을 거쳤다. 쇠붙이로 만든 엽전은 모두 돌에서 추출해 낸 것이다. 속설에선 돈은 돌고 돈다는(廻) '돌'에서 '돈'으로 변했다는 말이 있으나 어간이 그대로 명사가 되는 조어법은 국어에서 아직 발견되지 않는다. 錢에는 '金'변이 있다. 金은 광석(돌)에서 나온다.

五百銀 도ᄂᆞ로 다ᄉᆞᆺ 줄깃 蓮花ᄅᆞᆯ 사아 『석보상절』

돌아가시다

평안히 조상에게로 돌아가 장사될 것이요(창 15:15)

당신의 아버지가 돌아가시기 전에 명령하여 이르시기를(창 50:16)

다 흙으로 돌아가나니 다 한 곳으로 가거니와(전 3:20)

우리는 보통 사람이 죽을 때 '돌아가셨다'고 말하는데, 종교에 따라 그 귀착점은 다를 것이다. 기독교에서는 하나님이 불러서 되돌아가는 것이기 때문에 '召天당했다'고 말한다. 조금 넓게 표현하면 자연에서 왔다가 자연의 품안으로 돌아간다는 뜻이 되고, 불교의 윤회사상도 이 뜻을 포함한다. 또 윗사람의 죽음을 더 예의 있게 나타내기 위해 존칭선어말어미 '시'를 붙여 쓰는 것이 예사단어가 된 것이다.

돌쩌귀

문의 금 돌쩌귀와 성전 곧 외소 문의 금 돌쩌귀더라(왕상 7:50)

문짝이 돌쩌귀를 따라서 도는 것 같이 게으른 자는 침상에서 도느니라(잠 26:14)

돌쩌귀는 문을 여닫게 하고 고정시키는 두 짝의 쇠붙이를 말한다. '돌'은 문(門)을 뜻한다. 일본 신사에 있는 입구문을 'torii'라 하는데 어근 'tor'이 국어의 돌(門)과 동원어이다.

동무

칼로 자기의 동무들을 치므로 크게 혼란하였더라(삼상 14:20)

하나가 그 동무를 붙들어 일으키려니와 홀로 있어 넘어지고 붙들어 일으킬 자가 없는 자에게는 화가 있으리라(전 4:10)

말라 악한 동무들은 선한 행실을 더럽히나니(고전 15:33)

동무의 옛말은 '동모'이다. '동'은 인칭어다 쌍둥이, 복동이, 검둥이, 문둥이 등에서 보듯이 '동(둥)'은 인칭어가 된다. '모'도 사람의 뜻을 가진다. ᄆᆞ름 又 ᄆᆞ슴『華音啓蒙諺解』에서 ᄆᆞ름, ᄆᆞ슴의 어근은 '몰, 몯'으로서 사람의 뜻을 가진다. 동무는 인칭어의 합성이다. 우리말 동무는 정치적인 이유로 요즈음 死語가 되어가고 있다.

동산

동방의 에덴에 동산을 창설하시고 그 지으신 사람을 거기 두시니라(창 2:8)

아몬이 웃시야의 동산 자기 묘실에 장사되고 그의 아들 요시야가 대신하여 왕이 되니라(왕하 21:26)

그 곳에 동산이 있는데 제자들과 함께 들어가시니라(요 18:1)

동산의 '동'은 한자로 '東'을 쓰지만 꼭 동쪽에 한정된 말이 아니다. 18세기『고금석림』에 東山을 '동쪽산이 아닌 경우에도 이른다'고 나온다. 즉 풍치를 돋구기 위한 작은 산이란 뜻인데, 동녘 동(東)을 쓴 것은 대체로 동쪽에 정원이 많은 이유도 있었다.

대궐 주변에는 왕들이 정사를 보다 잠시 쉴 수 있도록 정원을 만들어 놓았다. 그런데 이런 동산은 아침에 해가 잘 비치는 동쪽에 만들었다. 그래서 東山이라 했지만 그 뜻이 확대된 단어로 쓰게 되었다. '꽃 동산'과 같은 말은 동쪽과 관계없는 말이다.

동서

보라 네 동서는 그의 백성과 그의 신들에게로 돌아가나니 너도 너의 동서를 따라 돌아가라 하니(룻 1:15)

결혼 한 며느리들의 관계를 나타내는 동서(同壻)는 틀린 말이다. '동세'로 고쳐 써야 한다. 옛말엔 '남진동셰, 겨집동셰'란 말이 쓰였다. 동셰란 말이 현대말 '동세'로 동세가 '동서'로 변하였다. 지금도 일부 지방에선 '동서'대신 '동세'를 쓰고 있다.

돼지

돼지는 굽이 갈라져 쪽발이로되 새김질을 못하므로 너희에게 부정하니 (레 11:7)

돼지 고기와 가증한 물건과 쥐를 먹는 자가 다 함께 망하리라 여호와의 말씀이니라(사 66:17)

사람에게서 나와 돼지에게로 들어가니 그 떼가 비탈로 내리달아 호수에 들어가 몰사하거늘(눅 8:33)

돼지란 말은 돼지가 내는 소리로 부터 유래되었다. 사람이 돼지를 부를 때도 '도도도' 하였다. 돼지의 옛말은 '돗(돝)'이다 여기에 '아지'를 붙이면 새끼가 된다. 송아지, 망아지, 강아지 등이 이렇게 된 말이다. 결국 돗아지가 축약되어 돼지가 되었다. 본래 새끼돼지를 일컫던 말이 돼지 전체를 가리키는 말로 어의가 확대되어 쓰이게 되었다. 송아지 망아지, 강아지에 대등한 말로 돼지새끼가 있다. 왜냐하면 돼지가 원래는 돝(돼지)새끼였으므로 돼아지는 표준어가 아니다. 사람 중에 가능성(희망)이 적은 사람을 가리켜서 '싸가지 없다'의 '싸가지'도 '싹'에 '아지'가 붙은 말이다. 싹이 없으니 결실이 없겠다는 의미다.

두 도티 ᄒᆞᆫ 사래 마ᄎᆞ니 『용비어천가』
돋 가히단니논 따『법화경언해』

돛

네 돛대 줄이 풀렸으니 돛대의 밑을 튼튼히 하지 못하였고 돛을 달지 못하였느니라 때가 되면 많은 재물을 탈취하여 나누리니 저는 자도 그 재물을 취할 것이며(사 33:23)

백향목을 가져다 돛대를 만들었도다(겔 27:5)

풀어 늦추고 돛을 달고 바람에 맞추어 해안을 향하여 들어가다가(행 27:40)

돛의 재료는 베(布) 또는 풀(草類)이다. 돛은 '돗,돋'으로 소급된다. 봄나물 종류의 '돋'이나 바다에서 나는 '톳'도 풀의 뜻을 지닌다. 돛은 풀로 만든 베(布)란 뜻이다.

ᄇᆞᄅᆞᇝ 빗돗ᄀᆞ란 『두시언해』

두더지

이러하니 곧 두더지와 쥐와 큰 도마뱀 종류와(레 11:29)

그 날에 두더지와 박쥐에게 던지고(사 2:20)

두더지의 옛말은 '두디쥐'이다. 어근 '둗'은 땅을 의미한다. 둗은 일본어 tsutsi(土)와 비교된다. '돌(石), 들(野), 딜(딜그릇의 딜)'은 모두 땅을 의미한다. 지는 쥐가 발음편이의 법칙에 의해 '지'로 된 것이다. 두더지는 '땅의 쥐'라는 뜻이다.

두루

종과 횡으로 두루 다녀 보라 내가 그것을 네게 주리라(창 13:17)

진중에 두루 다니며 그 백성에게 명령하여 이르기를 양식을 준비하라 사흘 안에 너희가 이 요단을 건너 너희의 하나님 여호와께서 너희에게 주사 차지하게 하시는 땅을 차지하기 위하여 들어갈 것임이니라 하라(수 1:11)

바다와 육지를 두루 다니다가 생기면 너희보다 배나 더 지옥 자식이 되게 하는도다(마 23:15)

두루는 한 곳이 아닌 여러 곳을 나타내거나 이것저것 여러 가지 것을 의미하는 말이다. 부사로서 '두루두루' 형태로 쓰이는 경우가 많다. 두루는 둥근 것을 의미하는 '도로, 두루, 두리'의 모습으로 쓰였다. 지금도 둥근상을 '두리반'이라 부르고 있다. 전라도 일부방언은 둥근 방석을 '도리방석'이라고 한다.

옷깃을 도로디 아니ᄒᆞ며 『소학언해』

두루마기

그들에게 흰 두루마기를 주시며 이르시되 아직 잠시 동안 쉬되 그들의 동무 종들과 형제들도 자기처럼 죽임을 당하여 그 수가 차기까지 하라 하시더라(계 6:11)

자기 두루마기를 빠는 자들은 복이 있으니 이는 그들이 생명나무에 나아가며 문들을 통하여 성에 들어갈 권세를 받으려 함이로다(계 22:14)

두루마기는 한자어로 '周衣(주의)'라 한다. 두루마기는 '두루+마기'의 합성어다. 두루는 '싸서 가리거나 휘감아 싸다'의 뜻이고, 마기는 '막다'의 뜻이다.

圍는 두룰씨오 『월인석보』

두루미

산비둘기와 제비와 두루미는 그들이 올 때를 지키거늘 내 백성은 여호와의 규례를 알지 못하도다(렘 8:7)

두루미는 '뚜름 뚜름'하고 우는 소리를 본 따서 '두루미'라 하였다. 지역에 따라 '학, 천학, 백학'이라고도 한다. 1527년 편찬된 『훈몽자회』는 '학'과 '두루미'가 다 나온다.

두루미는 '두루+미' 합성어이다. 두루의 어근 '둘(듣)'은 일본어 'tsuru'(鶴), tazu(鶴)의 어근 'tat'과 동원어이다. '미'는 매와 동원어이다. 올빼미의 '미'도 두루미의 '미'와 동원어다. '미'는 모든 조류의 뜻을 지니는 말이다.

鶴 학 학 『훈몽자회』, 鷺 두루미 ᄌᆞ 『훈몽자회』

둑

다투는 시작은 둑에서 물이 새는 것 같은즉 싸움이 일어나기 전에 시비를 그칠 것이니라(잠 17:14)

둘러 흐르며 둑의 물이 들의 모든 나무에까지 미치매(겔 31:4)

둑의 옛말은 '두듥'이다. 이 말은 원래 언덕과 같은 의미였는데, 논이나 밭 가운데 골을 타 두둑하게 된 곳을 의미하고, 물이 넘어가지 않도록 흙 같은 것으로 쌓아올린 곳을 말한다. 두둑은 밭두둑 같이 '두둑'이 되기도 하고, 둑을 쌓다 같이 '둑'이 되기도 하며, 논뚝과 같이 '뚝'이 되기도 하였다.

둘(二)

되니 이는 둘째 날이니라(창 1:8)

직임대로 수레 둘과 소 네 마리를 주었고(민 7:7)

그 밤에 둘이 한 자리에 누워 있으매 하나는 데려감을 얻고 하나는 버려둠을 당할 것이요(눅 17:34)

둘의 옛말은 '두블'과 '둘'이 있다. 신라의 향가에는 '둘'로, 고구려어에서는 '두블'로 나온다. '두'는 둘의 말음탈락형이다. '블'도 고어에선 '둘(二)'의 뜻을 지녔다. 한때는 '둘'과 '두블'이 같이 쓰이다가 '둘'이 세력을 얻어 둘이 쓰이게 됐다.

둡다(蓋)가 둘의 어원도 되는데, 검지로 엄지를 덮어 헤아리는 수를 나타내었다.

둘 아니며 세 아닐씨 ᄒᆞ나히라 ᄒᆞ고 『석보상절』

들(野)

사람도 없었으므로 들에는 초목이 아직 없었고 밭에는 채소가 나지 아니하였으며(창 2:5)

사나운 새와 들짐승에게 넘겨 먹게 하리니(겔 39:4)

맺기를 기다렸거늘 들포도를 맺음은 어찌 됨인고(사 5:4)

들의 옛말은 '드르'이다. 어근 '들'은 '뜰(庭), 드렁, 두덩' 등의 어근 '들'과 동원어로서 땅의 뜻을 지닌다. 이 말은 '드르, 들' 과 쌍형으로 쓰이다가 '드르'는 세력이 약화되어 소실되고 '들'이 쓰이게 되었다.

들보

내어 골방 들보들로 성전의 벽에 박히지 아니하게 하였으며(왕상 6:6)

성전과 그 들보와 문지방과 벽과 문짝에 입히고 벽에 그룹들을 아로새겼더라(대하 3:7)

집은 백향목 들보, 잣나무 서까래로구나(아 1:17)

들보는 '들+보'로서 합성어이다. 들은 대(竹), 다리(橋)의 조어형 '닫(달)'과 동원어로서 '나무'의 뜻을 가진다. 보는 '보'만으로 이미 들보의 뜻을 가지고 있으며 '봇→볼→보'의 과정을 거쳤다. 대들보의 대는 한자어 '大'이므로 大 들보가 된다.

딸

아들들이 사람의 딸들의 아름다움을 보고 자기들이 좋아하는 모든 여자를 아내로 삼는지라(창 6:2)

슬로브핫의 딸들이 여호와께서 모세에게 명령하신 대로 행하니라(민 36:10)

후에 바로의 딸이 그를 데려다가 자기 아들로 기르매(행 7:21)

딸의 옛말은 'ᄯᆞᆯ'이다. 한자어에는 사내(男)와 계집(女)의 구별은 있어도, 아들(子)과 딸(?)을 구별하는 한자는 없다. '子'는 강보에 싸인 아이를 나타낸다. ᄯᆞᆯ의 조어형은 'ᄃᆞᆯ(ᄃᆞᆮ)'인데 사람의 뜻을 지닌다. 키다리, 꾀도리 등의 '달, 돌'도 사람의 뜻을 지닌다. 일본어 hitorl(한 사람), hutori(두 사람)의 'tori, tari'도 사람의 뜻을 지닌다.

ᄯᆞᄅᆞᆯ 나게 ᄒᆞ며 『능엄경언해』

땀

때까지 얼굴에 땀을 흘려야 먹을 것을 먹으리니 네가 그것에서 취함을 입었음이라 너는 흙이니 흙으로 돌아갈 것이니라 하시니라(창3:19)

바지를 입고 땀이 나게 하는 것으로 허리를 동이지 말 것이며(겔 44:18)

간절히 기도하시니 땀이 땅에 떨어지는 핏방울 같이 되더라(눅 22:44)

땀은 'ᄯᆞᆷ→ᄃᆞᆮ→ᄃᆞᆯ→ᄃᆞᆯ옴→ᄃᆞ롬→ᄃᆞ옴→ᄃᆞᆷ→ᄯᆞᆷ'의 과정을 거쳤다. 'ᄃᆞᆮ, ᄃᆞᆯ'은 물의 뜻을 지닌다.

ᄯᆞᆷ(汗): ᄒᆞ마 피ᄯᆞ몰 내오 『두시언해』

땅

그 땅이 혼돈하고 공허하며 흑암이 깊음 위에 있고 하나님의 영은 수면 위에 운행하시니라(창 1:2)

조상들에게 맹세하신 땅에 이르렀나이다 할 것이요(신 26:3)

나와서 땅의 사방 백성 곧 곡과 마곡을 미혹하고 모아 싸움을 붙이리니 그 수가 바다의 모래 같으리라(계 20:8)

땅의 옛말은 'ᄯᅡ'이다. 땅을 천자음에선 '하늘천 따지(地)'라고 발음한다. 말음 'ㅇ'은 후대(17세기 이후)에 첨가 되었다. '음달, 양달'의 '달'이 땅이란 뜻이며 땅의 조어형은 '닫'이다. '닫→달→다→ᄯᅡ→ᄯᅡᆼ'의 과정을 거쳤다.

때

흙으로 돌아갈 때까지 얼굴에 땀을 흘려야 먹을 것을 먹으리니 네가 그것에서 취함을 입었음이라 너는 흙이니 흙으로 돌아갈 것이니라 하시니라(창 3:19)

그 때에 내가 너희에게 말하여 이르기를 나는 홀로 너희의 짐을 질 수 없도다(신 1:9)

청함을 받았을 때에 차라리 가서 끝자리에 앉으라 그러면 너를 청한 자가 와서 너더러 벗이여 올라 앉으라 하리니 그 때에야 함께 앉은 모든 사람 앞에서 영광이 있으리라(눅 14:10)

오랜 옛날엔 된소리가 없었다. 지금도 경상도에는 '쌀'을 '살'이라고 한다. 때의 옛말은 '대'이다. '대'는 '다이'가 변한 말이다. (예: 가이→개, 나리→내)

'다이'는 '다+이(접비사)'로 구성되었는데, '다'는 달에서 변한 말이다. 달이→다리→다이→대→때로 변천하였다. 우리 조상들은 시간을 '달'에 그 표준을 두고 있었음을 알 수 있다.

떡

내가 떡을 조금 가져오리니 당신들의 마음을 상쾌하게 하신 후에 지나가소서 당신들이 종에게 오셨음이니이다 그들이 이르되 네 말대로 그리하라(18:5)

청하건대 그들에게 떡덩이를 주라 나는 미디안의 왕들인 세바와 살문나의 뒤를 추격하고 있노라 하니(삿 8:5)

떡 일곱 개와 그 생선을 가지사 축사하시고 떼어 제자들에게 주시니 제자들이 무리에게 주매(마 15:36)

'떡'이란 말은 옛 동사 '찌다'(찌다)가 명사화 되어 된 말이다. '찌기→떼기→떠기→떡'으로 변화된 것으로 '찐 것'이란 의미가 있다. 사투리에 '떡'을 '떼기'라고 하는 것은 이 변화 과정을 보여주는 것이다.

똥

고기와 가죽과 똥을 진 밖에서 불사르라 이는 속죄제니라(출 29:14)

세겔이요 비둘기 똥 사분의 일 갑에 은 다섯 세겔이라 하니(왕하 6:25)

꾸짖을 것이요 똥 곧 너희 절기의 희생의 똥을 너희 얼굴에 바를 것이라 너희가 그것과 함께 제하여 버림을 당하리라(말 2:3)

똥의 옛말은 '똥'이다. 똥은 '동'으로 소급되며 '돋→돌→도→또→똥'의 과정을 거쳤다. 평안도 방언에는 똥을 '띠, 지'라고 한다. 지역에 따라 똥을 '지지'라고도 한다. 더럽다의 어근 '덜'도 똥의 '돌'과 동원어이다.

뚜껑

노아가 방주 뚜껑을 제치고 본즉 지면에서 물이 걷혔더니(창 8:13)

가져다가 그것의 뚜껑에 구멍을 뚫어 여호와의 전문 어귀 오른쪽 곧 제단 옆에 두매 여호와의 성전에 가져 오는 모든 은을 다 문을 지키는 제사장들이 그 궤에 넣더라(왕하 12:9)

예레미야가 뚜껑 씌운 웅덩이에 들어간 지 여러 날 만에(렘 37:16)

뚜껑은 덮다의 옛말 '둪다'가 변한 말이다. 덮는 것의 옛말은 '둡게'였다.

'둪게(둡게)→두께→두께이(두껑이)→두껑→뚜껑'의 과정을 거쳤다. 뚜껑과 비슷하면서 무엇을 막는 물건을 나타내는 '마개'는 '막+애→마개'로 이루어졌다.

다삿 가지 두푸믄 『월인석보』

뜰

너는 성막의 뜰을 만들지니 남쪽을 향하여 뜰 남쪽에 너비가 백 규빗의 세마포

휘장을 쳐서 그 한 쪽을 당하게 할지니(출 27:9)

뒤 다른 뜰에 있으니 그 양식이 동일하며 솔로몬이 또 그가 장가 든 바로의 딸을 위하여 집을 지었는데 이 주랑과 같더라(왕상 7:8)

사람들이 뜰 가운데 불을 피우고 함께 앉았는지라 베드로도 그 가운데 앉았더니(눅 22:55)

뜰의 고형은 '들'이다. 들은 땅이나 흙의 뜻을 지닌다. 달(양달, 음달), 돌(石), 들(野), 딜(土)과 동원어이다.

門과 ᄠᅳᆯ왜 ᄒᆞ야디놋다 『두시언해』

ㅁ

마늘

부추와 파와 마늘들을 먹은 것이 생각나거늘(민 11:5)

마늘의 옛말은 '마놀'이다. '마'는 감자와 같은 덩어리를 의미하며, '놀'은 예리하고 뾰쪽한 것을 의미한다. 그러므로 마늘의 원래 의미는 '뾰쪽한 덩어리'란 뜻이다. 마늘은 '가올→가을, 바놀→바늘'과 같은 현상에 의해 마늘이 되었다.

마당

개구리가 집과 마당과 밭에서부터 나와서 죽은지라(출 8:13)

성전 두 마당에 하늘의 일월 성신을 위하여 제단들을 쌓고(왕하 21:5)

성전 바깥 마당은 측량하지 말고 그냥 두라 이것은 이방인에게 주었은즉 그들이 거룩한 성을 마흔두 달 동안 짓밟으리라(계 11:2)

마당은 넓은 땅이란 뜻의 '맏'과 접미사 '앙'으로 구성되어 있다. '맏'은 마당의 옛말이다. 『아언각비』에서는 '장(場)'을 '마당'이라 하면서 '저자'는 '장', 곡식 터는 곳을 '마당'이라 하였다.

마톨 다오매 궁긔 개야밀 어엿비 너기고 『두시언해』

마리

새끼 두 마리를 내게로 가져오면 내가 그것으로 네 아버지를 위하여 그가 즐기시는 별미를 만들리니(창 27:9)

수송아지 한 마리와 숫양 한 마리와 일 년 된 어린 숫양 한 마리이며(민 7:39)

물고기 두 마리를 가지사 하늘을 우러러 축사하시고 떼어 제자들에게 주어 무리에게 나누어 주게 하시니(눅 9:16)

마리는 본래 '머리'를 뜻하였다. '마리나 머리'의 어원은 'ᄆᆞᄅᆞ'이다. 소나 돼지 한 마리 할 때 '마리'는 짐승의 머리를 의미한다.

'ᄆᆞᄅᆞ→ᄆᆞ리→마리,머리'의 과정을 거쳤다. 'ᄆᆞ리'는 15,16세기에 사람의 머리를 의미하였으나, 〈·〉음의 소멸로 이 단어가 '마리'와 '머리'로 분화되면서 두 개의 단어가 되었다.

마을

그낫과 그 마을들을 빼앗고 자기 이름을 따라서 노바라 불렀더라(민 32:42)

성읍들과 주변 마을들이니라(수 13:28)

손을 붙잡으시고 마을 밖으로 데리고 나가사 눈에 침을 뱉으시며 그에게 안수하시고 무엇이 보이느냐 물으시니(막 8:23)

마을의 옛말은 'ᄆᆞ샬'로서 어근은 '맛'이다. 충청도나 전라도, 경상도 방언엔 지금도 '마실, 마슬'이란 말이 사용되고 있다.

ᄆᆞ샬(里): ᄆᆞ샬ᄒᆞ로 나오놋다 『두시언해』

마음

가득함과 그의 마음으로 생각하는 모든 계획이 항상 악할 뿐임을 보시고(창 6:5)

예언을 듣고 마음을 강하게 하여 가증한 물건들을 유다와 베냐민 온 땅에서 없애고 또 에브라임 산지에서 빼앗은 성읍들에서도 없애고 또 여호와의 낭실 앞에 있는 여호와의 제단을 재건하고(대하 15:8)

후에도 네 마음대로 할 수가 없더냐 어찌하여 이 일을 네 마음에 두었느냐 사람에게 거짓말한 것이 아니요 하나님께로다(행 5:4)

마음은 본래 말의 뜻을 지니는 말로서 옛말은 '묻'이고 원래말은 'ᄆᆞᄉᆞᆷ'이다. 'ᄆᆞᄉᆞᆷ'은 묻다(問), 묻그리(占)의 古形이다. 만주어 'mudan'은 소리란 뜻이며 'mujin'은 '志'의 뜻을 가진다. 어근은 'mud'로서 우리말의 어근(묻)과 같다. 만주어 일본어는 우리말과 같은 계통언어로 비교대상이 된다. 'ᄆᆞᄉᆞᆷ→ᄆᆞᅀᆞᆷ→ᄆᆞᄋᆞᆷ→마음'의 과정을 거쳤다.

ᄆᆞᄉᆞᆷ: 病ᄒᆞ니ᄅᆞᆯ 보시고 ᄆᆞᅀᆞᄆᆞᆯ 내시니 『월인천강지곡』
주근 사ᄅᆞ미 ᄆᆞᅀᆞᆷ ᄧᅩᆨ 『구급방언해』

마지막

모든 진영의 마지막 진영이었더라 단 군대는 암미삿대의 아들 아히에셀이 이끌었고(민 10:25)

처음이요 나는 마지막이라 나 외에 다른 신이 없느니라(사 44:6)

마지막으로 말하노니 형제들아 기뻐하라 온전하게 되며 위로를 받으며 마음을 같이하며 평안할지어다 또 사랑과 평강의 하나님이 너희와 함께 계시리라 거룩하게 입맞춤으로 서로 문안하라(고후 13:11)

마지막은 순서의 맨 끝을 나타내는 말로서 '마ᄌᆞ+막'으로 이루어진 합성어이다. 마ᄌᆞ막→마즈막→마지막의 과정을 거쳤다.

글 지ᅀᅵᆯ ᄆᆞᄎᆞ니 『두시언해』의 'ᄆᆞᆾ다'는 끝내다의 뜻을 가진다. 마지막의 '막'은 막다른 골목, 막내의 '막'이다.

마ᄌᆞ막 정셩으로 『閑中錄』

마찬가지

속건제물은 속죄제물과 마찬가지로 제사장에게 돌릴지니 이는 지극히 거룩한 것이니라(레 14:13)

그의 형제와 마찬가지로 죽이지 아니하였더라(렘 41:8)

마찬가지는 똑바로를 뜻하는 '마치'와 하나의 관형형 '한'+'가지'가 결합된 단어다. 즉 '마치 한 가지' 가 줄어든 말이다.

마치 天官 ᄀᆞᆮ더니 『월인석보』

마침내

가려고 떠나서 마침내 가나안 땅에 들어갔더라(창 12:5)

성을 쳐서 마침내는 점령하고 거기 있는 백성을 죽이며 그 성을 헐고 소금을 뿌리니라(삿 9:45)

나가게 하니 마침내 사람들이 다 상륙하여 구조되니라(행 27:44)

마침내의 '마촘'은 마지막, 마침의 뜻을 가진다. '내'는 겨우내, 여름내의 '내'다. '내'는 시간을 나타내는데 '계속된다'는 뜻을 지니는 접사다. '내'는 '나이'가 줄어든 말이다. 이 말은 '마촘내→마침내'로 변화하였다. 마침내의 어근은 '맛'으로서 '끝'을 나타낸다

마촘내 고터디 아니호려니 『두시언해』
술 머굼 뭊고 뫁타 도라 갈디니라 『두시언해』

막내

사람의 아들들이라 막내 아들은 오늘 아버지와 함께 있고 또 하나는 없어졌나이다(창 42:13)

다만 여룹바알의 막내 아들 요담은 스스로 숨었으므로 남으니라(삿 9:5)

주민이 여호람의 막내 아들 아하시야에게 왕위를 계승하게 하였으니 이는 전에 아라비아 사람들과 함께 와서 진을 치던 부대가 그의 모든 형들을 죽였음이라

그러므로 유다 왕 여호람의 아들 아하시야가 왕이 되었더라(대하 22:1)

막내의 '막'은 막바지, 막판의 '막'으로서 '가장 나중'을 의미한다. 마지막의 '막'과 동원어이다. '내'는 '낳이(産)'가 본말인데, 막내의 옛말은 '막나이'다. 형제 중 맨 마지막으로 태어난 사람을 가리킨다.

만남(만나다)

광야에서 포도를 만남 같이 하였으며 너희 조상들을 보기를 무화과나무에서 처음 맺힌 첫 열매를 봄 같이 하였거늘 그들이 바알브올에 가서 부끄러운 우상에게 몸을 드림으로 저희가 사랑하는 우상 같이 가증하여졌도다(호 9:10)

만나다는 '맞다(迎)+나다(現)'로 구성된 말이다. '맞나다→만나다'의 과정을 거쳤다.

世尊올 맞나ᄉᆞᄫᆞ며 『월인천강지곡』
부텨를 맛나 잇ᄂᆞ니 『석보상절』

많다

헛되며 군대가 많다 하여도 능히 구하지 못하는도다(시 33:17)
것이 요한보다 많다 하는 말을 바리새인들이 들은 줄을 주께서 아신지라(요 4:1)

많다의 옛말은 '만ᄒᆞ다'이다. 어근 '만'은 순 우리말이 아닌 한자어 '萬'으로 추측하고 있다. '수많은'이라는 '수'는 한자어 '數'이지만 온통, 온세상의 '온'은 일백 '百'에 해당하는 고유어이다.

내지븨 이슗저긔 受苦ㅣ 만타라 『월인석보』

맏

그의 맏아들은 우스요 우스의 형제는 부스와 아람의 아버지 그므엘과(창 22:21)

쌓을 때에 맏아들 아비람을 잃었고 그 성문을 세울 때에 막내 아들 스급을 잃었으니 여호와께서 눈의 아들 여호수아를 통하여 하신 말씀과 같이 되었더라(왕상 16:34)

맏아들은 밭에 있다가 돌아와 집에 가까이 왔을 때에 풍악과 춤추는 소리를 듣고(눅 15:25)

첫 번째라는 뜻의 'ᄆᆞᆮ'은 '最, 上, 長' 등의 의미를 가지고 있다. 맏며느리, 맏형, 맏딸 등이 그 예이다. '맏'은 거의 인칭어로 쓰인다. 따라서 '맏'은 사람의 뜻을 지니는 말에서 전의되었다고 볼 수 있다.

내 아ᄃᆞ리 비록 ᄆᆞᆮ디라도 『월인석보』

말뚝

기구와 그 말뚝과 뜰의 포장 말뚝을 다 놋으로 할지니라(출 27:19)

손으로 장막 말뚝을 잡으며 오른손에 일꾼들의 방망이를 들고 시스라를 쳐서 그의 머리를 뚫되 곧 그의 관자놀이를 꿰뚫었도다(삿 5:26)

야엘이 장막 말뚝을 가지고 손에 방망이를 들고 그에게로 가만히 가서 말뚝을 그의 관자놀이에 박으매 말뚝이 꿰뚫고 땅에 박히니 그가 기절하여 죽으니라(삿 4:21)

말뚝의 '말'은 나무의 뜻을 가지고 있다. (말(橛): 나모 비혀 말 박고 『두시언해』) 뚝의 고어형은 '둑'이다. '둗→둘→둙→둑'의 과정을 거쳤다. 말뚝은 나무의 뜻을 지니는 이음동의어로 합성어이다.

말미암다

땅은 너로 말미암아 저주를 받고 너는 네 평생에 수고하여야 그 소산을 먹으리라(창 3:17)

이로 말미암아 우리의 조상들이 칼에 엎드러지며 우리의 자녀와 아내들이 사로잡혔느니라(대하 29:9)

영원하신 성령으로 말미암아 흠 없는 자기를 하나님께 드린 그리스도의 피가 어찌 너희 양심을 죽은 행실에서 깨끗하게 하고 살아 계신 하나님을 섬기게 하

지 못하겠느냐(히 9:14)

말미암다는 어떤 사물의 원인 또는 계기가 됨을 의미한다.

말ᄆᆡ(理由): 王끠 말ᄆᆡ 엳줍고 『석보상절』

말미암다의 고어형은 'ᄆᆞᆯᄆᆡᄉᆞᆷ다'인데, 'ᄆᆞᆯᄆᆡ+ᄉᆞᆷ다'의 합성어이다. 삼다는 만들다, 무엇이 되게 하다의 뜻을 가지고 있다.

사나희ᄂᆞᆫ 올ᄒᆞᆫ녁흐로 ᄆᆞᆯᄆᆡ암고 『소학언해』

말세

하나님이 말씀하시기를 말세에 내가 내 영을 모든 육체에 부어 주리니 너희의 자녀들은 예언할 것이요 너희의 젊은이들은 환상을 보고 너희의 늙은이들은 꿈을 꾸리라(행 2:17)

이것을 알라 말세에 고통하는 때가 이르러(딤후 3:1)

이것을 알지니 말세에 조롱하는 자들이 와서 자기의 정욕을 따라 행하며 조롱하여(벧후 3:3)

말세는 정치, 도덕, 풍속 등이 타락하여 끝판에 이른 세상을 의미하는데, 여기서는 불교에서 말하는 말세의 의미를 제시해본다.

불교에서는 부처님의 법이 퍼지는 때를 셋으로 구별한다. 하나는 부처의 가르침이 골고루 이루어지는 시기 이를 가리켜 정법시(正法時), 가르침은 있으나 깨달음이 없는 시기를 상법시(像法時), 수행도 깨달음도 없는 교만한 시기가 말법시(末法時)라 한다. 이 말법시를 말세라 한다.

말씀

하나님이 노아에게 말씀하여 이르시되(창 8:15)

여호와의 말씀이 너희는 올라가지 말라 너희 형제 이스라엘 자손과 싸우지 말고 각기 집으로 돌아가라 이 일이 나로 말미암아 난 것이라 하셨다 하라 하신지

라 그들이 여호와의 말씀을 듣고 그 말씀을 따라 돌아갔더라(왕상 12:24)

이르되 하나님의 말씀을 마땅히 먼저 너희에게 전할 것이로되 너희가 그것을 버리고 영생을 얻기에 합당하지 않은 자로 자처하기로 우리가 이방인에게로 향하노라(행 13:46)

말씀은 원래 말과 같이 존칭의 뜻이 없었다(15세기). 그런데 시간이 흐르면서 존칭의 뜻을 갖게 되었다. 말씀의 옛말은 '말솜'으로 '말'과 '솜'의 합성어이다. '솜'은 實辭로서 'ᄉᆞᆯ→ᄉᆞᆯ→ᄉᆞᆯ옴→솜'의 과정을 거쳤다.

世尊ㅅ 말ᄋᆞᆯ 듣잡고 도라보아 ᄒᆞ니 『월인천강지곡』
나랏 말ᄊᆞ미 中國에 달아 『훈민정음언해』

맛

같이 희고 맛은 꿀 섞은 과자 같았더라(출 16:31)

백성이 음식물을 맛보지 못하고(삼상 14:24)

만일 그 맛을 잃으면 무엇으로 짜게 하리요 후에는 아무 쓸 데 없어 다만 밖에 버려져 사람에게 밟힐 뿐이니라(마 5:13)

맛은 입안에서 느끼는 것이니 한자어는 그 부수에 '口, 舌'이 들어갈 것이다. 味(맛 미)를 분석해보자. 口(입 구)에 '未'자를 결합한 것이다. '未'는 과실을 의미한다. 맛은 입으로 과실을 맛본다에서 나온 말이다.

맛 미(味) 『훈몽자회』

망치

금장색을 격려하며 망치로 고르게 하는 자는 메질꾼을 격려하며 이르되 땜질이 잘 된다 하니 그가 못을 단단히 박아 우상을 흔들리지 아니하게 하는도다(사 41:7)

숯불로 일하며 망치를 가지고 그것을 만들며 그의 힘센 팔로 그 일을 하나 배가 고프면 기운이 없고 물을 마시지 아니하면 피로하니라(사 44:12)

온 세계의 망치가 어찌 그리 꺾여 부서졌는고 바벨론이 어찌 그리 나라들 가운데에 황무지가 되었는고(렘 50:23)

망치의 옛말은 '맛티'이다. 마치에서 'ㅇ'이 들어간 것이다. 옛 망치는 나무로 되어있을 것이다. 마치의 어근은 '맞'(맏)이다. 무엇인가 닿는 것을 의미한다. 떡치는 것을 '떡메'라 하는데 '메'는 '머이'가 줄어든 말로 '먿→멀→멀이→머이→메'의 과정을 거쳤다. '메'는 나무의 뜻을 가진다. 말뚝의 '말'도 나무의 뜻이다.

맨(最)

맨 윗광주리에 바로를 위하여 만든 각종 구운 음식이 있는데 새들이 내 머리의 광주리에서 그것을 먹더라(창 40:17)

가나안 땅의 맨 앞쪽 요단 언덕 가 이스라엘 자손에게 속한 쪽에 제단을 쌓았다 하는지라(수 22:11)

맨 나중에 만삭되지 못하여 난 자 같은 내게도 보이셨느니라(고전 15:8)

맨 먼저의 옛말은 '뭇몬져'이다. '뭇'은 '뭇 아들, 뭇 며느리'등에 널리 쓰이고 있다. 뭇(맏)은 첫 아이란 뜻의 '맏'과 가장이라는 뜻의 '맨'으로 의미가 분화된 것이다.

맨발

그가 가리고 맨발로 울며 가고 그와 함께 가는 모든 백성들도 각각 자기의 머리를 가리고 울며 올라가니라(삼하 15:30)

맨발의 '맨'은 없다, 비었다(空)의 뜻을 가지고 있다. 맨손. 맨살, 맨바닥 등이 모두 같은 의미다. 맹물도 '맨물'에서 변했다. '맨'은 어휘에 따라 '민'으로도 씌였다. 민둥산, 민낚시, 민머리 등에서 '민'의 의미를 볼 수 있다.

맵시

그의 발을 맵시 내지 아니하며 그의 수염을 깎지 아니하며 옷을 빨지 아니하였더라(삼하 19:24)

맵시의 어근이 되는 '매'는 모양(貌)의 뜻을 가진다. 옷매, 눈매, 몸매 등이 그 예이다. '시'는 씨(種)의 뜻을 지닌 'ㅄㅣ'로 여겨진다. 솜씨는 '솜+씨'로 나눠는데 솜은 '손'의 변형이고 씨는 'ㅄㅣ'로서 손씨→솜씨로 변한 것이다. 맵씨도 '매(貌)+씨(種)'로된 합성어로 '매씨→맵씨→맵시'의 과정을 거쳤다. 여기서 'ㅂ'은 사잇소리다. 모양이 나거나 보기 좋은 형태를 맵씨라 한다.

믜온 매를 아니코 됴흔테 하더니 『癸丑日記』

머리

후손은 네 머리를 상하게 할 것이요 너는 그의 발꿈치를 상하게 할 것이니라 하시고(창 3:15)

대제사장은 그의 머리를 풀지 말며 그의 옷을 찢지 말며(레 21:10)

또 머리를 쌌던 수건은 세마포와 함께 놓이지 않고 딴 곳에 쌌던 대로 놓여 있더라(요 20:7)

머리의 옛말은 '마리'다. 짐승을 셀 때는 지금도 한 마리, 두 마리와 같이 옛 형태를 가지고 있다.

일본어에서 머리는 ′atama′인데 ′ma′는 국어의 '마리'와 동원어다. ′ata′는 우두머리의 '우두'와 동원어다. 오늘날 쓰이는 맏아들, 맏며느리에서 보이는 '맏'도 먼저나 앞선 사람의 뜻으로 확대되어 쓰인 '머리(마리)'가 '마리→마디→맏'으로 변화된 형태다. 고구려 지명에 '마리단'이 있는데 이 말은 '꼭대기 마을, 윗마을'이란 뜻이다. 그러므로 신체의 일부분을 가리키는 '머리'는 '윗부분, 꼭대기부분'이란 뜻이다.

마리(首) 『두시언해』

頭曰麻帝 『계림유사』, 마리 (頭) 『월인천강지곡』

먼지

돌을 던지며 먼지를 날리더라(삼하 16:13)

가난한 자를 먼지 더미에서 일으키시며 궁핍한 자를 거름 더미에서 들어 세워(시 113:7)

너희 발에서 먼지를 떨어 버려 그들에게 증거를 삼으라 하시니(눅 9:5)

먼지의 옛말은 '몬ᄌᆡ'다. 이 말은 '몬'과 'ᄌᆡ'의 합성어이다. 물건을 뜻하는 일본어 'mono'와 우리말 물건을 뜻하는 '몬'과 일치한다. 'ᄌᆡ'는 '灰'를 의미한다. 즉 먼지는 '物灰'의 의미다.

몬(物件) 『東言考略』

ᄌᆡ(灰) 『훈몽자회』

메추라기

저녁에는 메추라기가 와서 진에 덮이고 아침에는 이슬이 진 주위에 있더니(출 16:13)

이는 산에서 메추라기를 사냥하는 자와 같이 이스라엘 왕이 한 벼룩을 수색하러 나오셨음이니이다(삼상 26:20)

그들이 구한즉 메추라기를 가져 오시고 또 하늘의 양식으로 그들을 만족하게 하셨도다(시 105:40)

메추라기는 꿩과의 작은 새인데 중세어로는 '모ᄎᆞ라기'였다. 뫼촐+이(접미사)로 분석 되지만 '뫼촐'의 어원은 알기 어렵다.

오시 눌ᄀᆞ니 모ᄎᆞ라기 ᄃᆞ론 ᄃᆞᆺ 호미 잇도다 『두시언해』

며느리

아내와 네 며느리들과 함께 그 방주로 들어가고(창 6:18)

자는 야곱의 며느리들 외에 육십육 명이니 이는 다 야곱의 몸에서 태어난 자이며(창 46:26)

어머니를 대적하며 며느리가 시어머니를 대적하리니 사람의 원수가 곧 자기의 집안 사람이리로다(미 7:6)

며느리의 옛말은 '며늘'이다. 며늘은 '며'와 '날'의 합성어다. '며'는 '머,먿'으로 소급되는데 사람의 뜻을 지닌다. '늘'은 '나,너, 누'와 동원어이다. 같은 사람이 시어머니 입장에서는 며느리, 남편 입장에서는 마누라가 된다. * 마누라의 원뜻은 '上典, 妻'로서 비칭이 아니다*

며늘(子婦): 며늘이 드외야 『월인천강지곡』

모두

돌아와서 그들 모두가 근심하고 심히 노하였으니 이는 세겜이 야곱의 딸을 강간하여 이스라엘에게 부끄러운 일 곧 행하지 못할 일을 행하였음이더라(창 34:7)

동거하는 자는 모두 살려 주라 이는 우리가 보낸 사자들을 그가 숨겨 주었음이니라(수 6:17)

너희를 권하노니 모두가 같은 말을 하고 너희 가운데 분쟁이 없이 같은 마음과 같은 뜻으로 온전히 합하라(고전 1:10)

모두의 옛말은 '모도'이다. 합치다는 뜻을 가진 '몯'에 접미사 '오'가 결합된 말이다. 모도는 모음조화 현상이 파괴되어 '모두'로 변화된 말로 '남김없이, 합쳐서'라는 의미를 지닌다.

므른 數百출해셔 모도 흐르놋다 『두시언해』

모든

번성하여 움직이는 모든 생물을 그 종류대로, 날개 있는 모든 새를 그 종류대로 창조하시니 하나님이 보시기에 좋았더라(창 1:21)

할 것이요 모든 백성은 아멘 할지니라(신 27:18)

빌립보에 사는 모든 성도와 또한 감독들과 집사들에게 편지하노니(빌 1:1)

모든은 '합치다'는 뜻의 '몯다'의 원형 '모든'에서 온 말이다. 모든은 모으다의 어근 '몯'에 'ᄋᆞᆫ'이 붙어 굳어진 말인데, '모든'이라는 관형사가 되었다.

모ᄃᆞᆫ 比丘尼ᄅᆞᆯ 禁止ᄒᆞ사 『老乞大諺解』

모래

수 없는 모래와 같이 많게 하리라 하셨나이다(창 32:12)

바닷가의 많은 모래 같이 당신께로 모으고 친히 전장에 나가시고(삼하 17:11)

비록 바다의 모래 같을지라도 남은 자만 구원을 받으리니(롬 9:27)

모래의 옛말은 '몰애'이다. '몰'은 '모으다'의 옛말 '몯다'의 'ㄷ' 이 'ㄹ'로 변한 것이다. '애'는 동사를 명사로 만들어 주는 접미사다. '노래(놀+애), 마개(막+애)'와 같은 쓰임이다.

모래(砂): 모래와 ᄒᆞᆰ 섯근 거슬 『家禮諺解』
삭삭기 세몰애 별해 구은밤 닷되를 심고이다 「정석가」

모습

오셨는데 그의 모습이 하나님의 사자의 용모 같아서 심히 두려우므로 어디서부터 온 것을 내가 묻지 못하였고 그도 자기 이름을 내게 이르지 아니하였으며(삿 13:6)

상하였고 그의 모습이 사람들보다 상하였으므로 많은 사람이 그에 대하여 놀랐거니와(사 52:14)

사람에게 여러 모습이 된 것은 아무쪼록 몇 사람이라도 구원하고자 (고전 9:22)

모습은 한자말(貌襲)이 아니라 '사람의 생김새'라는 우리말이다. 한자는 곧 유식이라는 잘못된 정신이 아직도 남아있는 듯하다.

모자라다

거둔 자도 모자라지 아니하였느니라(고후 8:15)

모자라다는 정해진 기준에 미치지 못한 것을 뜻한다. ᄌᆞ라다는 '生長, 족하다'의 뜻을 가지고 있다. 모자라다는 '몯ᄌᆞ라다'가 변한 말이다.

ᄌᆞ라거늘 홀연 ᄂᆞ출 맛보니 『七大萬法』
찻믈이 모ᄌᆞ랄써 『월인석보』

모퉁이

뒤 두 모퉁이 쪽을 위하여는 널판 두 개를 만들되(출 26:23)

예루살렘에서 성 모퉁이 문과 골짜기 문과 성굽이에 망대를 세워 견고하게 하고(대하 26:9)

버린 돌이 모퉁이의 머릿돌이 되었나니 이것은 주로 말미암아 된 것이요 우리 눈에 기이하도다 함을 읽어 본 일이 없느냐(마 21:42)

모퉁이는 '모+퉁이'로 구성된 합성어다. 모퉁이는 '둥이'가 원형이다. '모'는 角, 隅(모퉁이 우)의 뜻을 지닌다. 이 말은 'ㅎ둥이→모퉁이'로 변화하였다. '퉁이'는 우변(隅 辺)의 뜻을 지닌다.

隅는 모히라 『법화경언해』

목숨

안전하고 내 목숨이 그대로 말미암아 보존되리라 하니라(창 12:13)

말미암아 우리의 목숨을 잃을까 심히 두려워하여 이같이 하였나이다(수 9:24)

이르노니 너희 목숨을 위하여 무엇을 먹을까 몸을 위하여 무엇을 입을까 염려하지 말라(눅 12:22)

모든 생물은 숨을 쉬면서 생명을 유지해간다. 어떤 방법으로든 호흡기관을 통해 공기를 마심으로 몸의 기관이 유지된다는 뜻이다. 그래서 죽음을 나타내는 말로 '숨지다, 숨을 거두다, 숨 넘어 갔다'고 표현한다. 목숨이라는 말도 같은 이치에서 생겨난 말이다. 글자 그대로 목으로 들어오는 공기 즉 숨을 쉬느냐 그렇지 않느냐에 의해 삶과 죽음을 구별했다는 뜻이다. 지금은 법적인 죽음, 생물학적인 죽음, 사회학적인 죽음, 종교적인 죽음 등 바라보는 위치에 따라서 죽음에 대한 정의가 다르겠으나, 우리 조상들은 목숨이라는 단어로 보아 호흡(呼吸)을 기준으로 삶과 죽음을 구별했으리라 보여진다.

몹쓸

수 없는 몹쓸 무화과 같게 하겠고(렘 29:17)

몹쓸의 '몹'은 '못'이 변한 것이다. 짓이 '집'으로 변한 것과 같은 현상이다. 몹쓸은 '못쓸'이란 뜻이다. 몹쓸은 '못되고 고약한'이란 뜻으로 '못쓸' 보다는 사용빈도가 약하다. 그러나 못쓸 놈 보단 '몹쓸놈'이 쓰이고 있는 것으로 봐서 과도기라 봐도 좋겠다.

무늬

실로 그룹들을 무늬 놓아 짜서 지은 것이라(출 36:8)

푸르거나 붉은 무늬의 색점이 있어 벽보다 우묵하면(레 14:37)

내게 대하여는 무늬 있는 매가 아니냐 매들이 그것을 에워싸지 아니하느냐 너희는 가서 들짐승들을 모아다가 그것을 삼키게 하라(렘 12:9)

무늬는 한자어 '文, 紋'에서 왔다. '文'은 붓으로 사람의 몸에 그린 그림을 본 딴 글자다. '紋'은 무늬와 같이 획을 그어 쓴 글자가 물건의 겉면에 어떤 모양을 나타낸 것으로 그 의미가 확대 되었다.

비단 文 ᄀᆞᆯᄒᆞ샤미 『법화경언해』

무당

너는 무당을 살려두지 말라(출 22:18)

요술하는 자나 무당이나(신 18:10)

무당의 자식, 간음자와 음녀의 자식들아 너희는 가까이 오라(사 57:3)

무당의 어원에 대한 說은 두 가지가 있다. 하나는 한자어 '巫堂'에서 기인했다고 본다. 또 하나는 '묻(語)+앙(접미사)'으로 보는 견해다. 퉁구스어에서 'saman(巫)'의 어근은 'sam'이고 'an'은 접미사다. 'sam'은 말(語)의 뜻을 지닌다. 말씀의 '숨'역시 말(語)의 뜻이다.

묻그리(占) (『월인석보』)에서 보듯이 '묻'은 말의 뜻을 지닌다. '그리'도 말(語)의 뜻을 지닌다. 한자어 '巫'도 묻(語)과 동원어일 수 있다는 이야기다.

심방(巫): 巫는 겨집심방이요 祝는 男人심방이라 『능엄경언해』
어미 平生애 심방굿 즐길써 『월인석보』

제주도에서는 심방(巫)이 현재 사용되고 있다. 심방의 '방'은 앉은뱅이, 가난뱅이에서(방+이→뱅이) '뱅이'와 동원어로 사람의 뜻을 지닌다.

무덤

사람의 뼈나 무덤을 만졌으면 이레 동안 부정하리니(민 19:16)

돌아와 그의 무덤에 장사하니 백성들이 요시야의 아들 여호아하스를 데려다가 그에게 기름을 붓고 그의 아버지를 대신하여 왕으로 삼았더라(왕하 23:30)

마리아는 무덤 밖에 서서 울고 있더니 울면서 구부려 무덤 안을(요 20:11)

무덤은 어근 '묻+엄(접미사)'으로 구성 되었다. 무덤은 '묻은 것'이란 뜻이다. 이 무덤에는 여러 가지가 있다. 가장 격이 높은 임금의 무덤을 '능(陵)'이라한다. 총(塚)은 흙으로 봉토를 쌓은 다음 나무를 심은 무덤을 가리키고, 분(墳)은 흙으로 언덕처럼 쌓아올린 무덤이며 다음이 묘(墓)이다.

무릅쓰다

밤에 스불론은 죽음을 무릅쓰고 목숨을 아끼지 아니한 백성이요 납달리도 들의 높은 곳에서 그러하도다(삿 5:18)

는 추위를 무릅쓰고 눈 붙일 겨를도 없이 지냈나이다(창 31:40)

몸에 수치를 무릅쓰고 나갈지어다 사아난 주민은 나오지 못하고 벧에셀이 애곡하여 너희에게 의지할 곳이 없게 하리라(미 1:11)

무릅쓰다의 원래 뜻은 '어려운 일을 참고 견디어 낸다'이다. 옛말은 '무룹쓰다'로서 어간 '무룹'과 '쓰다'의 합성어이다. 원래 뜻 '무룹다'의 어원적 의미는 '뒤집어 쓰다' 인데 약간 변형되어 '어려운 일을 당하여도 견뎌낸다'의 뜻으로 바뀌었다.

바믈 무룹쓰고 ᄎᆞ자가니 『東國新續三綱行實圖』

무쇠

네 뿔을 무쇠 같게 하며 네 굽을 놋 같게 하리니 네가 여러 백성을 쳐서 깨뜨릴 것이라 네가 그들의 탈취물을 구별하여 여호와께 드리며 그들의 재물을 온 땅의 주께 돌리리라 하시더라(미 4:13)

무쇠란 말은 '무른쇠'란 뜻이다. 옛말은 '물쇠'로서 'ㄹ'탈락 현상으로 무쇠가 되었다. 무쇠의 반의어는 '강쇠'이다. 선철(무쇠)과 강쇠(강철)을 대비시켜보면 원래 무쇠란 우리의 느낌처럼 강한 철이 아니다.

무지개

무지개가 구름 사이에 있으리니 내가 보고 나 하나님과 모든 육체를 가진 땅의 모든 생물 사이의 영원한 언약을 기억하리라(창 9:16)

구름에 있는 무지개 같으니 이는 여호와의 영광의 형상의 모양이라 내가 보고 엎드려 말씀하시는 이의 음성을 들으니라(겔 1:28)

머리 위에 무지개가 있고 그 얼굴은 해 같고 그 발은 불기둥 같으며(계 10:1)

무지개라는 말은 '물+지개'로 이루어졌다. 이 뜻은 작은 물방울이 햇빛에 반사되어 문처럼 보이는 현상을 뜻한다. 옛말은 '므지게'이다.

무는 '무자위, 무좀'과 같이 '물'의 'ㄹ' 받침이 빠진 형태이다. '지개'는 '문'의 옛말 '지게'의'ㅔ'가 'ㅐ'로 변한 것이다. 무지개는 어근'묻'에 접미사 '이개'로 미루어졌다는 설도 있지만 근거가 약하다.

물

하나님이 이르시되 물 가운데에 궁창이 있어 물과 물로 나뉘라 하시고(창 1:6)

그들을 인도하여 물 가로 내려가라 거기서 내가 너를 위하여 그들을 시험하리라 내가 누구를 가리켜 네게 이르기를 이 사람이 너와 함께 가리라 하면 그는 너와 함께 갈 것이요 내가 누구를 가리켜 네게 이르기를 이 사람은 너와 함께 가지 말 것이니라 하면 그는 가지 말 것이니라 하신지라(삿 7:4)

자들이라 방주에서 물로 말미암아 구원을 얻은 자가 몇 명뿐이니 겨우 여덟 명이라(벧전 3:20)

물의 옛말은 '마'이다. 옛 지명 '매단홀(買旦忽): 수곡성 (水谷城), 매구리(買仇里): 해도(海島)와 같이 물, 시내, 바다를 가리키는 말을 한자로 '買'라 하였고 매의 우리말은 '마'였다. '장마비가 계속이다'는 뜻의 옛말은 마히 믜양이라 『청구영언』고 나온다. '마'의 모음이 '모/무'로 통용되면서 'ㄹ'음이 끼어들어 '무루→물'의 과정을 거쳤다.

뭇

뭇 백성이 우레와 번개와 나팔 소리와 산의 연기를 본지라 그들이 볼 때에 떨며 멀리 서서(출 20:18)

왕이 뭇 백성에게 명령하여 이르되 이 언약책에 기록된 대로 너희의 하나님 여호와를 위하여 유월절을 지키라 하매(왕하 23:21)

뭇 사람을 공경하며 형제를 사랑하며 하나님을 두려워하며 왕을 존대하라(벧전 2:17)

뭇은 '무리'가 추상화 되어 접두사가 된 것이다. 무리는 동물이나 사람의 떼를 뜻한다. 무리의 옛말은 '물'이다. 물의 'ㄹ'이 'ㄷ'으로 'ㄷ'이 'ㅅ'으로 바뀌어 '물→묻→뭇'으로 변하였다. 뭇은 '뭇사람, 뭇별, 뭇시선'등 여러 군데 쓰인다.

무를 조차 속절업시 시절을 지내면 『法語略錄』

미장이

또 미장이와 석수에게 주고 또 여호와의 성전 파손한 데를 수리할 재목과 다듬은 돌을 사게 하며 그 성전을 수리할 모든 물건을 위하여 쓰게 하였으되(왕하 12:12)

목수와 건축자와 미장이에게 주게 하고 또 재목과 다듬은 돌을 사서 그 성전을 수리하게 하라(왕하 22:6)

미장이는 한자어 '니장(泥匠)이'에서 미장이로 전환 되었다. '미'는 뭍(陸), 뭍다, 민(野)의 어근과 같다. 건축에서 벽이나 천장에 흙 따위를 바르는 사람을 가리킨다.

니장이 (泥水匠) 『석보상절』

및

나와 너희와 및 너희와 함께 하는 모든 생물 사이에 대대로 영원히 세우는 언약의 증거는 이것이니라(창 9:12)

너희의 아내와 및 네 진중에 있는 객과 너를 위하여 나무를 패는 자로부터 물 긷는 자까지 다 너희의 하나님 여호와 앞에 서 있는 것은(신 29:11)

선지자들과 성도들과 및 땅 위에서 죽임을 당한 모든 자의 피가 그 성 중에서 발견되었느니라 하더라(계 18:24)

및은 '손이 미치다, 영향이 미치다'의 '미치다'에서 유래한 것이다. '미치'가 줄어 '및'이 되었는데, 그 뜻은 '그리고, 또'라는 의미를 갖게 되었다.

ㅂ

바깥

그 휘장 바깥 북쪽에 상을 놓고 남쪽에 등잔대를 놓아 상과 마주하게 할지며(출 26:35)

왕의 부하들이 바깥 들에 진 치고 있거늘 내가 어찌 내 집으로 가서 먹고 마시고 내 처와 같이 자리이까 내가 이 일을 행하지 아니하기로 왕의 살아 계심과 왕의 혼의 살아 계심을 두고 맹세하나이다 하니라(삼하 11:11)

못하시고 오직 바깥 한적한 곳에 계셨으나 사방에서 사람들이 그에게로 나아오더라(막 1:45)

바깥은 '바+깥'의 합성어이다. '바'는 '밧(外)'이고 '깥'은 '결(傍)'이다. '밧겻→밧갓(같)→바깥'으로 변했다.

밧 외 『훈몽자회』
밧겨틔라 『語錄解』

바늘

말하노니 낙타가 바늘귀로 들어가는 것이 부자가 하나님의 나라에 들어가는 것보다 쉬우니라 하시니(마 19:24)

낙타가 바늘귀로 나가는 것이 부자가 하나님의 나라에 들어가는 것보다 쉬우니라 하시니(막 10:25)

낙타가 바늘귀로 들어가는 것이 부자가 하나님의 나라에 들어가는 것보다 쉬우니라 하시니(눅 18:25)

바늘은 '바'와 'ᄂᆞᆯ'의 합성어이다. 'ᄂᆞᆯ'은 칼날의 '날'뜻이다. 바ᄂᆞᆯ의 '바'

도 '날'의 뜻이다. 버히다 (割)『능엄경언해』 이 말은 '버이다→버히다→버이다→베다'의 변화인데 '벌'이 날(刀物)의 뜻이다. 바늘은 이음동의어로 합성어인 셈이다.

바다

모인 물을 바다라 부르시니 하나님이 보시기에 좋았더라(창 1:10)

종이 레바논에서 바다로 운반하겠고 내가 그것을 바다에서 뗏목으로 엮어 당신이 지정하는 곳으로 보내고 거기서 그것을 풀리니 당신은 받으시고 내 원을 이루어 나의 궁정을 위하여 음식물을 주소서 하고(왕상 5:9)

새와 벌레와 바다의 생물은 다 사람이 길들일 수 있고 길들여 왔거니와(약 3:7)

바다의 옛말은 '바롤'이다. '바롤'은 '파랗다'의 옛말 '바르다'가 명사화된 말이다. '바다'는 '물이 파랗다'는데서 온 말이다. '바롤→바르→바라→바다'의 과정을 거쳤다. 바다, 벌, 풀은 다 같은 어원에서 온 말이다.

내히 이러 바르래 가느니 『용비어천가』
바르래 살어리랏다 『青山別曲』

바닥

담고 성막 바닥의 티끌을 취하여 물에 넣고(민 5:17)

기둥은 은이요 바닥은 금이요 자리는 자색 깔개라 그 안에는 예루살렘 딸들의 사랑이 엮어져 있구나(아 3:10)

그 번제하는 바닥의 길이는 열두 척이요 너비도 열두 척이니 네모 반듯하고(겔 43:16)

바닥은 어근 '받+'악(접사)'으로 구성되는데 '받'은 곳(處所)을 의미한다. '받'은 '바'로 변했다. 바 소(所) 『훈몽자회』, 바위의 옛말은 '바회'인데 어근 '바'의 古語는 '받'이다.

바회(巖) 『용비어천가』

合掌ᄋᆞᆫ 손바당 마촐 씨라 『월인석보』

바람

기억하사 하나님이 바람을 땅 위에 불게 하시매 물이 줄어들었고(창 8:1)

그런즉 바람이 불어 하늘이 말끔하게 되었을 때 그 밝은 빛을 아무도 볼 수 없느니라(욥 37:21)

예수께서 깨어 바람을 꾸짖으시며 바다더러 이르시되 잠잠하라 고요하라 하시니 바람이 그치고 아주 잔잔하여지더라(막 4:39)

바람의 옛말은 'ᄇᆞᄅᆞᆷ'이다. 'ᄇᆞᄅᆞᆷ'은 두 가지 의미를 가지고 있었는데 '風'과 '壁'이다. 동음이의어인 셈이다. 시간이 지날수록 '風'의 세력이 ᄇᆞᄅᆞᆷ'壁'의 세력을 몰아내어 '風'으로 쓰이게 되었다. 하지만 '바람벽'이란 말이 호남방언에 존재하고 있다.

ᄇᆞ람: 츤 ᄇᆞᄅᆞᆷ 블어늘 『월인천강지곡』

동쪽 바람을 '샛바람'이라고 하는데, 이는 새벽이 되어 날이 밝아온다는 뜻으로 '새'는 東을 뜻한다. 서쪽 바람을 '하늬바람' 또는 '하늚바람'이라고 한다. 남쪽 바람을 '마파람'이라고 하는데, 마주 바라보이는 앞 쪽에서 부는 바람을 곧 '맞 바람'을 의미한다. 북쪽 바람을 '된바람'이라고 하는데 북을 '뒤'로 대용해 쓰던 관습 때문이다. 이 말은 '되게 부는 바람'이란 뜻이다.

바위

내가 바위 위에서 그들을 보며 작은 산에서 그들을 바라보니 이 백성은 홀로 살 것이라 그를 여러 민족 중의 하나로 여기지 않으리로다(민 23:9)

도망하여 림몬 바위에 이르러 거기에서 넉 달 동안을 지냈더라(삿 20:47)

걸림돌과 거치는 바위를 시온에 두노니 그를 믿는 자는 부끄러움을 당하지 아니하리라 함과 같으니라(롬 9:33)

바위의 옛말은 '바회'이다. 바회는 '바'와 '회'로 된 합성어다. '바'는 '받

→발→바'의 과정을 거쳤는데, 밭(田), 벌(原)과 동원어다. '회'는 '호이'가 줄어든 말로 '홀→홀→홀이→호이→회'의 변화인데, '흙(土)'의 옛말 '홀(土)'과 동원어다. 바회는 흙의 뜻을 지니는 이음동의어다. 바위는 흙이 굳어진 것이고 바위가 부서지면 흙이 된다.

박수

신접한 자와 박수를 믿지 말며 그들을 추종하여 스스로 더럽히지 말라 나는 너희 하나님 여호와이니라(레 19:31)

신접한 자와 박수를 신임하여 여호와 보시기에 악을 많이 행하여 여호와를 진노하게 하였으며(대하 33:6)

그를 세워 박수와 술객과 갈대아 술사와 점쟁이의 어른을 삼으셨으니(단 5:11)

박수'란 중부 이북 지방에서 남자 무당을 가리키는 말이다. 제정일치 시대엔 제사장인 무당이 바로 부족의 우두머리였다. 이 말은 '지혜로운 자' 또는 '스승'의 의미를 가지고 있다. 몽고어'박시(baksi)가 그 어원이다. 라마교의 라마승도 '박시'라고 부른다.

박쥐

종류와 오디새와 박쥐니라(레 11:19)

종류와 대승과 박쥐며(신 14:18)

날에 두더지와 박쥐에게 던지고(사 2:20)

박쥐의 옛말은 '볽쥐'라 불렀다. 눈이 밝다는 뜻으로 '밝'이 쓰인 것이다. 지금도 사투리에선 'ㄺ'을 왼쪽만 발음하는 곳에선 '빨쥐'라 부르고 오른 쪽만 발음하는 곳에선 '빡쥐'라 부른다. '볽쥐'는 (·) → (ㅏ) 로 변하면서 '볽쥐→밝쥐→박쥐'로 되었다. 박쥐가 초음파를 발사하여 방향을 읽는다는 것은 최근의 일이고, 그 이전엔 눈이 밝은 쥐로 이해되었다.

반지

자기의 인장 반지를 빼어 요셉의 손에 끼우고 그에게 세마포 옷을 입히고 금 사슬을 목에 걸고(창 41:42)

왕이 반지를 손에서 빼어 유다인의 대적 곧 아각 사람 함므다다의 아들 하만에게 주며(에 3:10)

하만에게서 거둔 반지를 빼어 모르드개에게 준지라 에스더가 모르드개에게 하만의 집을 관리하게 하니라(에 8:2)

반지의 한자어는 '斑指'인데 '斑'은 '班'과 통용되는 글자로서 나눈다는 뜻이 있다. 가락지가 한 쌍으로 된 것인데 반해, 반지는 한 개로 된 것을 의미한다. 가락지의 '가락'은 손가락, 발가락에서 보듯이 한 군데서 갈라져나간 것 즉 '갈래'를 의미한다. 여기에 손가락을 나타내는 한자어 '指'가 더해져 가락지가 된다.

발톱

나를 사자의 발톱과 곰의 발톱에서 건져내셨은즉 나를 이 블레셋 사람의 손에서도 건져내시리이다 사울이 다윗에게 이르되 가라 여호와께서 너와 함께 계시기를 원하노라(삼상 17:37)

손톱은 새 발톱과 같이 되었더라(단 4:33)

쇠요 그 발톱은 놋이니 먹고 부서뜨리고 나머지는 발로 밟았으며(단 7:19)

발톱의 옛말은 '발돕'이다. 손톱의 옛말도 '손돕'이다. '돕'은 동사 돗다(돋다)의 어근이 명사화 된 것이다. (예:짓다→집) 돕은 시간이 흐르면서 거센소리가 발전하여 '톱'으로 변하였다. 발톱은 '발에 돋은 것'이란 뜻이다.

발돕 다듬기는 다숫 난 종이라 『박통사언해』

밤

부르시고 어둠을 밤이라 부르시니라 저녁이 되고 아침이 되니 이는 첫째 날이니라(창 1:5)

삼손이 밤중까지 누워 있다가 그 밤중에 일어나 성 문짝들과 두 문설주와 문빗장을 빼어 가지고 그것을 모두 어깨에 메고 헤브론 앞산 꼭대기로 가니라(삿 16:3)

이르노니 그 밤에 둘이 한 자리에 누워 있으매 하나는 데려감을 얻고 하나는 버려둠을 당할 것이요(눅 17:34)

밤과 낮의 변화는 해에 의해 좌우된다. 그러므로 밤은 '해'와 관련된 말이라 생각할 수 있다. 밤은 '받→발→발암→바암→밤'의 과정을 거쳤다. 볕(陽)의 옛말은 '벋'인데 밤의 조어형(祖語形) '받'과 同源語이다. 해가 진 후 시간을 밤이라 부른다.

바믜 가다가 귓것과 모든 즁싱이 믜싀엽도소니 『석보상절』

방석

모서리에나 걸상의 방석에 앉은 이스라엘 자손도 건져냄을 입으리라(암 3:12)

요즘 사전에 '방석'을 한자말(方席)로 설명하고 있는 것이 많다. '방석'은 한자말이 아니다. 『석보상절』에 "世세尊존이 방석 주어 앉히시니라"고 나온다. 15세기 무렵 한자말에는 한글로 음을 다는데 방석에는 한자가 없다. 그러므로 억지로 한자를 붙일 필요가 없다.

배꼽

배꼽은 섞은 포도주를 가득히 부은 둥근 잔 같고 허리는 백합화로 두른 밀단 같구나(아 7:2)

때에 네 배꼽 줄을 자르지 아니하였고 너를 물로 씻어 정결하게 하지 아니하였고 네게 소금을 뿌리지 아니하였고 너를 강보로 싸지도 아니하였나니(겔 16:4)

배꼽의 옛말은 '빗복(15세기), 빗곱(18세기)'이다. 비(腹)는 '븓→블→블리→ㅂ이→비'의 과정을 거쳤다. 곱은 '곧→골→골옵→고옵→곱'의 과정을 거쳤는데, '골'도 배의 뜻을 지닌다. '빗복'에서 '빗곱'으로 변한 것이 아니다. '비'와 '곱'은 합성어이고, '빗복'은 '빗'와 '복'의 이음동의어이다.

빗보기 깁고 둗겁고 『월인석보』

백성

여러 나라 백성으로 나뉘어서 각기 언어와 종족과 나라대로 바닷가의 땅에 머물렀더라(창 10:5)

이튿날에 백성이 일찍이 일어나 거기에 한 제단을 쌓고 번제와 화목제를 드렸더라(삿 21:4)

위에 서서 백성에게 손짓하여 매우 조용히 한 후에 히브리 말로(행 21:40)

백성(百姓)은 국민·인민을 가리키는 옛말이다. 백성의 원래 이름은 백관(百官)이라는 벼슬이름이다. 옛날에는 큰 공을 세운 사람에게 임금이 성씨를 하사했는데 이 때 '백성'이라 불렀다. 하지만 조선시대 들어와서는 관직이 없는 보통사람을 일컫는 말이 되었다. 또 백 가지나 되는 모든 성씨[3]는 그 만큼 많은 사람이 모여 있다는 뜻도 있어 나라 안에 있는 모든 사람을 의미하기도 했다.

뱀

그런데 뱀은 여호와 하나님이 지으신 들짐승 중에 가장 간교하니라 뱀이 여자에게 물어 이르되 하나님이 참으로 너희에게 동산 모든 나무의 열매를 먹지 말

---

3) 조선에서 쓰였던 백가지 성
김, 이, 박, 최, 정(鄭), 조(趙), 강(姜), 장, 한 윤, 오, 임(林), 신(申), 안, 송, 서, 황, 홍, 전(全), 권, 류(柳), 고, 문, 백, 량, 손, 류, 허, 배, 조(曺), 노(盧), 주, 심, 차, 남, 강(康), 전(田), 임, 하, 곽, 우, 정(丁), 나, 지 원, 민, 구, 엄, 방(方), 성, 신(辛), 유, 채, 현, 진(陳), 함, 변(邊), 천, 염, 양, 공, 길, 석, 여, 노(魯), 변(卞), 추, 도, 마, 신(愼), 명, 소, 주, 설, 위, 탁, 연, 기, 표, 선, 계, 왕, 맹, 옥, 진(秦), 방(房), 동, 금, 인, 어, 반, 장(蔣), 남궁, 육, 제, 선, 우, 모, 은, 국, 용

라 하시더냐(창 3:1)

기도하여 이 뱀들을 우리에게서 떠나게 하소서 모세가 백성을 위하여 기도하매(민 21:7)

내가 너희에게 뱀과 전갈을 밟으며 원수의 모든 능력을 제어할 권능을 주었으니 너희를 해칠 자가 결코 없으리라(눅 10:19)

뱀의 옛말은 'ᄇᆞ라'이다. 'ᄇᆞ라→ᄇᆞ아→ ᄇᆞ얌→비얌→뱀'의 과정을 거쳤다. '뱀'은 '배로 기는 것'을 의미한다.

ᄇᆞ야미 가칠 므러 『용비어천가』

버금

자기에게 있는 버금 수레에 그를 태우매 무리가 그의 앞에서 소리 지르기를 엎드리라 하더라 바로가 그에게 애굽 전국을 총리로 다스리게 하였더라(창 41:43)

하고 그의 버금 병거에 태워 예루살렘에 이른 후에 그가 죽으니 그의 조상들의 묘실에 장사되니라 온 유다와 예루살렘 사람들이 요시야를 슬퍼하고(대하 35:24)

아들 하난을 버금으로 삼았나니 이는 그들이 충직한 자로 인정됨이라 그 직분은 형제들에게 분배하는 일이었느니라(느 13:13)

버금은 으뜸의 바로 다음 '두번째'라는 뜻이다.

버글 ᅀᅵ(貳)『훈몽자회』
버구매 各別히 펴사『禪宗永嘉集諺解』

버들

가지와 시내 버들을 취하여 너희의 하나님 여호와 앞에서 이레 동안 즐거워할 것이라(레 23:40)

덮으며 시내 버들이 그를 감싸는도다(욥 40:22)

솟아나기를 시냇가의 버들 같이 할 것이라(사 44:4)

버들은 나무의 본뜻을 지니는 '버+들'의 합성어다. '벋'은 바지랑대

(竿), 의 '받'과 동원어이다. 버는 '벋→벌→버'의 변화이고, 들은 '듣→들'의 변화이다.

버들(柳): 버들 爲柳 『훈민정음해례』

버릇

본래 받는 버릇이 있고 그 임자는 그로 말미암아 경고를 받았으되 단속하지 아니하여 남녀를 막론하고 받아 죽이면 그 소는 돌로 쳐죽일 것이고 임자도 죽일 것이며(출 21:29)

본래 받는 버릇이 있는 줄을 알고도 그 임자가 단속하지 아니하였으면 그는 소로 소를 갚을 것이요 죽은 것은 그가 차지할지니라(출 21:36)

이같이 하는 버릇이 있었더냐 그가 말하되 없었느니라(민 22:30)

버릇의 어근은 '벌'이고 여기에 접미사 '읏'이 붙었다.

버릇없다(無禮): 須達이 버릇 업순 주를 보고 『석보상절』

번개

아침에 우레와 번개와 빽빽한 구름이 산 위에 있고 나팔 소리가 매우 크게 들리니 진중에 있는 모든 백성이 다 떨더라(출 19:16)

그 구름의 번개로 번쩍거리게 하시는 것을 그대가 아느냐(욥 37:15)

번개가 하늘 아래 이쪽에서 번쩍이어 하늘 아래 저쪽까지 비침같이 인자도 자기 날에 그러하리라(눅 17:24)

번개의 어원은 '불(빛)'이다. '번'은 번개, 반짝, 번쩍의 '번, 반'과 같은 빛(光)의 뜻이다. '게'는 '거이'가 줄어든 말로 '걷→걸→걸이→거이→게'의 과정을 거쳤다. 빛깔의 '갈(깔)', 해거름의 '걸'등은 본래 '해'의 뜻이다. 번게는 '번+게(개)'의 합성어인 셈이다.

번게(雷) 『훈몽자회』

벌

미주 나와 벌 떼 같이 너희를 쫓아 세일 산에서 쳐서 호르마까지 이른지라(신 1:44)

사자의 몸에 벌 떼와 꿀이 있는지라(삿 14:8)

벌의 옛말은 '부얼'이다. 벌이 날 때 붕붕 소리가 난다하여, '부어리' 혹은 '부얼'이라 하였다. 이 말이 '벌'이 되었다.

벌레

아침까지 두었더니 벌레가 생기고 냄새가 난지라 모세가 그들에게 노하니라(출 16:20)

심고 가꿀지라도 벌레가 먹으므로 포도를 따지 못하고 포도주를 마시지 못할 것이며(신 28:39)

짐승과 새와 벌레와 바다의 생물은 다 사람이 길들일 수 있고 길들여 왔거니와 (약 3:7)

벌레의 옛말은 '벌애'이다. '벌'은 의태어로서 벌레가 기어 다니는 형태를 표현 한 것이다. 여기에 접미사 '애'가 붙어 이루어졌다.

모딕 벌에는 다 숨고 『월인석보』
벌레(虫):벌에 나빅 드외면 『능엄경언해』

벙어리

다 무지하며 벙어리 개들이라 짖지 못하며 다 꿈꾸는 자들이요 누워 있는 자들이요 잠자기를 좋아하는 자들이니(사 56:10)

벙어리에 대한 문헌을 먼저 살펴보면,

귀먹고 눈 멀오 입 버우며 『법화경언해』

버워리 아니드외며 『석보상절』,에서 보듯이 벙어리의 변천은 '버버리→버워리→버어리→벙어리'과정을 거쳤다. 버버리는 '버+버리'로서 같은 뜻을 가진 말이 겹친 합성어이다. '버'는 입(口)의 뜻을 지니며, '어리'는 사람의 뜻을 지닌다. 귀먹어리, 더두우리(말더듬이)의 '어리' 역시 사람을 나타낸다. 귀먹어리의 '어리'도 사람의 뜻이다.

베다

골짜기에서 밀을 베다가 눈을 들어 궤를 보고 그 본 것을 기뻐하더니(삼상 6:13)

베다의 옛말은 '바히다'이다. 어원은 '칼날'이 된다. 바늘의 '놀(刀)'도 칼날의 의미가 들어있다.

바히다: 불톄 머리와 손톱과롤 바혀 주신대 『석보상절』
肝괘 버혀 갈아 날씨라 『능엄경언해』

베풀어(베풀다)

네게 은혜를 베풀어 네 씨로 바다의 셀 수 없는 모래와 같이 많게 하리라 하셨나이다(창 32:12)

친구에게 은혜를 베풀어 당신을 다윗의 손에 내주지 아니하였거늘 당신이 오늘이 여인에게 관한 허물을 내게 돌리는도다(삼하 3:8)

우리에게 은혜 베풀어 주시기를 기다리나이다(시 123:2)

베풀다의 '베'는 빅(腹)이다. 베풀다는 배를 채우게 하다는 뜻으로 여기서 '플다'는 解(풀 해)로서 배를 풀다는 배를 음식으로 채우는 일이다. 또 '아이를 낳다'는 의미도 있다.

천지 위롤 빅ᄒᆞ야 道ㅣ그 中 에 녀거든 『월인석보』
險ᄒᆞ요몰 베펫고 『두시언해』

베틀

일곱 가닥을 베틀의 날실에 섞어 짜면 되리라 하는지라(삿 16:13)

창 자루는 베틀 채 같고 창 날은 철 육백 세겔이며 방패 든 자가 앞서 행하더

라(삼상 17:7)

나의 날은 베틀의 북보다 빠르니 희망 없이 보내는구나(욥 7:6)

베를 짜는 기계 베틀은 그 재료가 나무다. 베틀에서 '틀'의 옛말은 '듣' 이다. 다리(橋)의 '돌'이 나무의 뜻을 지니는 것처럼 베틀의 '듣'도 나무의 뜻을 지닌다. 한자어 틀 기(機)자엔 나무목 '木'변이 있다. ᄃᆞ리'(梯)에도 나무목(木) 이 있다.

틀 긔(機) 『훈몽자회』

벼룩

죽은 개나 벼룩을 좇음이니이다(삼상 24:14)

왕이 한 벼룩을 수색하러 나오셨음이니이다(삼상 26:20)

벼룩의 옛말은 '벌'이다. 빌레(虫), 빌(蜂)의 어근 '벌'과 동원이이다. 물에서 사는 벌레 거머리는 '거+머리'의 합성어인데 머리는 '벌레'의 뜻을 지닌다. 거는 개천 거(渠)머리로서 물벌레(水虫)의 의미를 지닌다.

변덕

개울과 같이 변덕스럽고 그들은 개울의 물살 같이 지나가누나(욥 6:15)

변덕(變德):이랬다 저랬다 하는 마음으로 사전에 올라있다. '뱐덕'이나 '변덕'은 순 우리말인데 한자로 적고 있다. '변'은 변모없다, 변강쇠등에 쓰이고 '덕'은 언덕, 둔덕, 천덕꾸러기'의 덕이다.

변두리

아담 성읍 변두리에 일어나 한 곳에 쌓이고 아라바의 바다 염해로 향하여 흘러가는 물은 온전히 끊어지매 백성이 여리고 앞으로 바로 건널새(수 3:16)

사울이 기브아 변두리 미그론에 있는 석류나무 아래에 머물렀고 함께 한 백성

은 육백 명 가량이며(삼상 14:2)

그 사방 변두리에 다다랐더라(대상 5:16)

변두리는 '변과 두리'의 합성어이다. 변은 한자어 '邊'이고 두리는 '野'로서 들의 뜻을 지닌다. 두리는 또 둥글다의 뜻을 지니기도 하지만. 여기서는 들을 의미한다.

門과 뜰왜 ᄒᆞ야디놋다 『두시언해』

두리놋錚盤에 『歌曲源流』

별(星)

번성하여 하늘의 별과 같고 바닷가의 모래와 같게 하리니 네 씨가 그 대적의 성문을 차지하리라(창 22:17)

발하지 못하고 별도 빛나지 못하거든(욥 25:5)

하늘의 허다한 별과 또 해변의 무수한 모래와 같이 많은 후손이 생육하였느니라(히 11:12)

별은 밝다의 옛말 '붉다'의 '붉'에서 기원하였다. 붉은 '바라하다,버려하다'인데 버러가 '버러→벌(벋)→별'의 과정을 거쳤다. 별은 우리말 '벋'으로 소급되는데 만주어:put(星), 몽고어:pot(星), 일본어:pot(星)과 비교되며, 볕(陽), 빛(光), 등 '붉'에 대한 파생어가 많다.

볕

길을 떠나 볕이 쬘 때 즈음에 이스보셋의 집에 이르니 마침 그가 침상에서 낮잠을 자는지라(삼하 4:5)

것이며 더위와 볕이 그들을 상하지 아니하리니 이는 그들을 긍휼히 여기는 이가 그들을 이끌되 샘물 근원으로 인도할 것임이라(사 49:10)

볕은 '볃, 벋'으로 소급되며 '해'의 뜻을 지닌다. 볕쬐다는 해를 쬔다는 뜻이다.

별(陽): 더본 벼티 우희 뽀니 술히 덥고 『월인석보』

보름

그는 보름달을 가리시고 자기의 구름을 그 위에 펴시며(욥 26:9)

초하루와 보름과 우리의 명절에 나팔을 불지어다(시 81:3)

주머니를 가졌은즉 보름 날에나 집에 돌아오리라 하여(잠 7:20)

보름의 어근 '볼'은 달(月)의 뜻을 지닌다. '볻→볼→볼옴→보롬→보름'의 과정을 거쳤다. 보름은 '달'이라는 말에 밀려 滿月의 의미만을 갖게 되었다. 만주어의 'pyatari'는 'pya'와 'tari'의 합성어인데 'tari'의 어근 'tar'은 국어의 달(月)과 동원어이다.

또 다른 語原說이 있다. 하나는 '밝음'에서 왔다는 설이다. '밝다'의 옛말 '볽다'에서 'ㄱ'이 탈락되어 보롬→보름으로 변하였다. 또 다른 하나는 '바라다(望)'에서 왔다는 설이다. 보름달을 望月이라 하고 보름과 보름 사이를 望間이라고 한다.

七月ㅅ 보롬애 天下애 ᄂᆞ리시니 『월인천강지곡』

보배

너를 그의 보배로운 백성이 되게 하시고 그의 모든 명령을 지키라 확언하셨느니라(신 26:18)

파고 숨긴 보배를 찾음보다 죽음을 구하는 것을 더하다가(욥 3:21)

믿는 너희에게는 보배이나 믿지 아니하는 자에게는 건축자들이 버린 그 돌이 모퉁이의 머릿돌이 되고(벧전 2:7)

보배는 중국어 '寶貝'에서 취음한 것이다. 보배의 옛말은 몇 가지로 나타나는데 『용비어천가』에는 '보빅', 『청구영언』에는 '보뵈' 『박통사언해』에는 '보븨'등으로 나타난다.

데일 보븨니 (第一寶貝) 『박통사언해』

보습

사람들이 각기 보습이나 삽이나 도끼나 괭이를 벼리려면 블레셋 사람들에게로 내려갔었는데(삼상 13:20)

칼을 쳐서 보습을 만들고 그들의 창을 쳐서 낫을 만들 것이며 이 나라와 저 나라가 다시는 칼을 들고 서로 치지 아니하며 다시는 전쟁을 연습하지 아니하리라(사 2:4)

너희는 보습을 쳐서 칼을 만들지어다 낫을 쳐서 창을 만들지어다 약한 자도 이르기를 나는 강하다 할지어다(욜 3:10)

보습은 삽에 비하여 땅을 깊이 있고 골고루 갈수 있는 농기구의 하나다. 보습의 옛말은 '보십'이다. 무엇인가를 '부수다. 갈다'의 옛말 '보시다, 부시다'의 '보시'에 받침 'ㅂ'이 붙어서 된 말이다. 그러므로 보습은 '땅을 부수는 것, 갈아 엎는 것'이란 뜻을 지닌다. 보습을 한자어 '步鍤'에서 온 것처럼 해석하려는 경향이 있지만, 아무 관계도 없는 우리말을 억지로 한자말과 관련시킬 이유가 없다

봄

나를 기다렸으며 봄비를 맞이하듯 입을 벌렸느니라(욥 29:23)

봄비가 올 때에 여호와 곧 구름을 일게 하시는 여호와께 비를 구하라 무리에게 소낙비를 내려서 밭의 채소를 각 사람에게 주시리라(슥 10:1)

봄은 '볻→볼-옴→보롬→봄'의 변천과정을 거쳤다. 봄에는 두 어원설이 있다.

첫째, '볼'은 '볻'이 먼저 말인데 여자의'성기'를 의미한다. '불(볼)'은 '불두덩, 불알'과 같이 '씨'의 의미를 가진다. 봄은 씨를 뿌리는 계절을 지니고 있다. '春'(봄 춘)자를 보아도 '日'이 있다.

둘째, 봄은 새로 본다는 뜻의 '새봄'에서 왔다는 주장이다. 그 이유로

새 봄은 있어도 새 여름, 새 가을은 없다는 근거에서다.

보믄 버드를 뵈아 여희요ᄆᆞᆯ 알오 『두시언해』

부끄럽다

사람이 벌거벗었으나 부끄러워하지 아니하니라(창 2:25)

사람들이 심히 부끄러워하므로 다윗이 그들을 맞으러 보내 왕이 이르기를 너희는 수염이 자라기까지 여리고에 머물다가 돌아오라 하니라(대상 19:5)

아무 일에든지 부끄러워하지 아니하고 지금도 전과 같이 온전히 담대하여 살든지 죽든지 내 몸에서 그리스도가 존귀하게 되게 하려 하나니(빌 1:20)

부끄럽다의 옛말은 '붓그리다'이다. 현대어 '볼'의 古形은 '볻'인데 '붇'과는 모음차이가 있으나 동원어로 보인다. 붓그리다의 '그리다'는 그림을 그리다와 같이 얼굴에 부끄러움을 그린다는 뜻이다. 부끄럽다는 의미의 한자 '恥(치)'는 부끄러울 때 귀가 빨개진다는 뜻을 가지고 있다. 이런 중국의 생각이 우리말에도 전달된 것이다.

小ᄅᆞᆯ 붓그리고 大ᄅᆞᆯ ᄉᆞ랑ᄒᆞ니라 『월인석보』

부러지다

사자의 이가 부러지며(욥 4:10)

악인의 팔은 부러지나 의인은 여호와께서 붙드시는도다(시 37:17)

뒤로 넘어져 부러지며 걸리며 붙잡히게 하시리라(사 28:13)

부러지다는 '불다+지다'의 합성어이다. 불다는 '부러지다'의 뜻을 지닌다. '팔'의 고어는 'ᄇᆞᆯ'인데 '불'과 동원어이다. 현대어 한 발, 두 발 할 때 '발'이 'ᄑᆞᆯ'의 고어 잔영이다.

부르다

빛을 낮이라 부르시고 어둠을 밤이라 부르시니라 저녁이 되고 아침이 되니 이

는 첫째 날이니라(창 1:5)

신들의 이름은 부르지도 말며 네 입에서 들리게도 하지 말지니라(출 23:13)

그리스도의 이름을 부르는 곳에는 복음을 전하지 않기를 힘썼노니 이는 남의 터 위에 건축하지 아니하려 함이라(롬 15:20)

부르다의 어근 '불'은 '붇'이 고형이다. 어원적으로는 입(口)의 뜻을 지닌다. 거짓부리의 '부리'도 말(語)의 뜻을 지닌다. 부르다의 '불'과 거짓부리의 '부리'는 어근이 일치한다. 거짓부리는 거짓말을 의미한다.

깁고 머르신 소릴 부르쇼셔 『법화경』

부엌

사방으로 돌아가며 부엌이 있고 그 사방 부엌에 삶는 기구가 설비되었는데(겔 46:23)

이는 삶는 부엌이니 성전에서 수종드는 자가 백성의 제물을 여기서 삶을 것이니라 하시더라(겔 46:24)

부엌의 '부'는 불을 의미하는 옛말 '브섭'의 '븟'이 변한 것이다. '브섭→브석→부억→부엌(불+엌)'의 과정을 거쳤다. '엌'은 장소를 나타내는 접미사다. '부엌'은 불 때는 곳을 의미한다. 현재는 음식 만드는 곳 전체를 의미하는 단어가 되었지만, 전라도 순천 방언은 부엌에서 불 피우는 곳을 '부삭'이라 부른다.

부지런히

네 자녀에게 부지런히 가르치며 집에 앉았을 때에든지 길을 갈 때에든지 누워 있을 때에든지 일어날 때에든지 이 말씀을 강론할 것이며(신 6:7)

먹을 것을 부지런히 구하니 빈 들이 그들의 자식을 위하여 그에게 음식을 내는구나(욥 24:5)

부지런하여 게으르지 말고 열심을 품고 주를 섬기라(롬 12:11)

부지런히의 옛말은 '브즈러니'이다. 브즈러니는 '브즐브즐'에서 온 말인데 그 뜻은 '얼빠진듯이'란 뜻이다. 브즐은 '부질'로 변하여 '부지런히' 뿐 아니라 '부질없이, 부전부전히' 등의 말을 파생시켰다. 부전부전히는 '자기 일에만 정신없이 몰입함'을 의미한다.

生死ㅅ 바ᄅᆞ래 ᄃᆞᆷ겨 그우러 브즐브즐 ᄃᆞ닐씨라 『南明集』

불

두루 도는 불 칼을 두어 생명 나무의 길을 지키게 하시니라(창 3:24)

우리에게 보이시매 불 가운데에서 나오는 음성을 우리가 들었고 하나님이 사람과 말씀하시되 그 사람이 생존하는 것을 오늘 우리가 보았나이다(신 5:24)

베드로가 서서 불을 쬐더니 사람들이 묻되 너도 그 제자 중 하나가 아니냐 베드로가 부인하여 이르되 나는 아니라 하니(요 18:25)

불의 옛말은 '블'이다. '붉다'는 불이 형용사한 것이다.

굳 ᄑᆞ고 블 피우니 『월인천강지곡』

붉다

피곤하니 그 붉은 것을 내가 먹게 하라 한지라 그러므로 에서의 별명은 에돔이더라(창 25:30)

메지 아니한 붉은 암송아지를 네게로 끌어오게 하고(민 19:2)

및 물과 붉은 양털과 우슬초를 취하여 그 두루마리와 온 백성에게 뿌리며(히 9:19)

붉다는 불(火)에서 형용사로 전이된 것이다. 해(日)에서 '희다', 풀에서 '푸르다'로 변한 것과 같은 이치다. '블다→븕다→붉다'의 과정을 거쳤다. 만주어에선 붉다를 'fulgyan'이라 하는데, 'ful'을 'pul'로 재구하면 우리말 '붉다'와 동원어가 된다.

비늘

중에서 지느러미와 비늘 있는 것은 너희가 먹되(레 11:9)

썼고 몸에는 비늘 갑옷을 입었으니 그 갑옷의 무게가 놋 오천 세겔이며(삼상 17:5)

사울의 눈에서 비늘 같은 것이 벗어져 다시 보게 된지라 일어나 세례를 받고(행 9:18)

비늘의 옛말은 '비놀'인데 '비+놀'의 합성어이다. 비는 '빌'의 'ㄹ' 탈락현상이다. 물이 있는 곳엔 피라미가 있었다. 피라미의 어근 '필'은 '빌'로 재구된다. '비'는 고대어에서 물고기의 뜻이었음을 알 수 있다. 놀은 '날(刃)'이다. 즉 비늘은 물고기의 날(漁刃)이란 의미다.

비놀 혀야ᄇᆞ리디 말라 『두시언해』

비단

자주 옷감과 비단과 붉은 옷감이요 각종 향목과 각종 상아 그릇이요 값진 나무와 구리와 철과 대리석으로 만든 각종 그릇이요(계 18:12)

비단(緋緞)은 한자어를 취음했을 뿐 우리말이다. 비단을 나타내는 한자어는 비단(段) 『훈몽자회』, 비단(綵) 『新增類合』에 나온다. 명주실로 윤이 나게 짠 피륙의 뜻이다.

비둘기

그가 또 비둘기를 내놓아 지면에서 물이 줄어들었는지를 알고자 하매(창 8:8)

만일 내게 비둘기 같이 날개가 있다면 날아가서 편히 쉬리로다(시 55:6)

사람들의 상과 비둘기 파는 사람들의 의자를 둘러 엎으시고(마 21:12)

비둘기는 두 가지 설이 있다. 첫째, 비둘기의 옛말은 '비다라'이다. 여기서 '다라'는 '닭'의 옛말이다. 닭을 포함하는 조류 명칭에는 '독수리(닭

+수리), 뜸닭(뜸부기), 등이 있는데 닭이 조류명칭을 만드는 중심어로 이용되었음을 알 수 있다. '비(非)는 '아니다'의 뜻을 가지고 있다. 즉 비둘기는 닭이 아니란 말이다.

둘 째, '비둘'은 새의 뜻을 지닌다는 설이다. 여기에 '기' 역시 새의 뜻을 지닌다는 설이다. 기러기, 뜸부기, 뻐꾸기의 '기'는 새를 뜻하는 접미사로 보는 견해이다. 정확한 고증(古考)이 필요한 부분이다.

비로소

때에 사람들이 비로소 여호와의 이름을 불렀더라(창 4:26)

내가 비로소 시온에게 너희는 이제 그들을 보라 하였노라 내가 기쁜 소식을 전할 자를 예루살렘에 주리라(사 41:27)

때부터 예수께서 비로소 전파하여 이르시되 회개하라 천국이 가까이 왔느니라 하시더라(마 4:17)

비로소의 어근은 '빌'이다. 여기에 접미사 '옷, 오'가 붙은 것이다. 비로소는 때(始)를 의미한다.

비르서 뎌레 드러 『석보상절』
世예 업슨 직조롤 비로소 알리로소니 『두시언해』

비슷하다

유다의 절기와 비슷하게 하고 제단에 올라가되 벧엘에서 그와 같이 행하여 그가 만든 송아지에게 제사를 드렸으며 그가 지은 산당의 제사장을 벧엘에서 세웠더라(왕상 12:32)

아니라 그와 비슷하다 하거늘 자기 말은 내가 그라 하니(요 9:9)

짐승은 표범과 비슷하고 그 발은 곰의 발 같고 그 입은 사자의 입 같은데 용이 자기의 능력과 보좌와 큰 권세를 그에게 주었더라(계 13:2)

비슷하다는 우리 고문헌에 아직까지 보이지 않는다. 같은 뜻으로 '이

ᄉᆞᆺᄒᆞ다'와 '이ᄉᆞᆨ'은 보인다.

山 졉동새ᄂᆞᆫ 이ᄉᆞᆺᄒᆞ요이다 『樂學軌範』
비스기 부들 무텨 『두시언해』

여기 '비ᄉᆞᆨ'이 비ᄉᆞᆺ으로 변했다고 볼 수 있다. 비슷하다는 원래 한쪽으로 좀 기울어졌다는 뜻이었으나, '닮았다'의 뜻으로 바뀌었다.

燭브리 비ᄉᆞᆨᄒᆞ니 『두시언해』
山象 이ᄉᆞᆺ 기ᇫ어신 눈썹에 『악학궤범, 處容』

비추다

있어 땅을 비추라 하시니 그대로 되니라(창 1:15)

등잔대 앞으로 비추도록 켰으니 여호와께서 모세에게 명령하심과 같았더라(민 8:3)

어두운 데를 비추는 등불과 같으니 날이 새어 샛별이 너희 마음에 떠오르기까지 너희가 이것을 주의하는 것이 옳으니라(벧후 1:19)

비추다는 '빛+우+다'로 분석할 수 있다. 빛의 고형은 '빋'으로 빛(光)의 뜻을 지닌다. 어원은 볕(陽)과 동원어이다.

네 心目ᄋᆞᆯ 비취ᄂᆞ다 ᄒᆞᄂᆞ니 『능엄경언해』

비파

무리가 산당에서부터 비파와 소고와 저와 수금을 앞세우고 예언하며 내려오는 것을 만날 것이요(삼상 10:5)

내가 또 비파로 주를 찬양하며 주의 성실을 찬양하리이다 이스라엘의 거룩하신 주여 내가 수금으로 주를 찬양하리이다(시 71:22)

비파 소리에 맞추어 노래를 지절거리며 다윗처럼 자기를 위하여 악기를 제조하며(암 6:5)

비파는 '비파 비(琵), 비파 파(琶)'자 한자말이 있어서, 한자말이 말의 기원이라고 하지만, 오히려 악기에서 나는 소리가 어원이라는 주장이 있다. 악기를 탈 때 나는 소리가 "삐-비" 소리가 나며, 줄을 튕기면 "빠-파"소리가 나기 때문에 이 두 소리를 합하여 '삐빠→비파'가 되었다는 것이다.

빌다

아버지여 아버지가 빌 복이 이 하나 뿐이리이까 내 아버지여 내게 축복하소서 내게도 그리하소서 하고 소리를 높여 우니(창 27:38)

위하여 복을 빌고 요압이 이르되 내 주 왕이여 종의 구함을 왕이 허락하시니 종이 왕 앞에서 은혜 입은 줄을 오늘 아나이다 하고(삼하 14:22)

위하여 하나님께 빌어(롬 15:30)

빌다의 어근 '빌'은 말(語)의 뜻을 지닌다.

비론 바볼 엇뎨 좌시는가 『월인천강지곡』
天神ㅅ긔 비더니이다 『월인천강지곡』

빠지다

그들이 거기 빠지고 그 나머지는 산으로 도망하매(창 14:10)

나를 개천에 빠지게 하시리니 내 옷이라도 나를 싫어하리이다(욥 9:31)

파멸과 멸망에 빠지게 하는 것이라(딤전 6:9)

빠지다의 옛말은 'ᄲᅡ디다'이다. 이말은 'ᄲᅡ다(溺)+디다(落)'로 구성된 합성어이다. ᄲᅡ의 고형은 '발'이고 발은 물(水)의 뜻을 지닌다.

ᄲᅡ뎌 죽거늘 『續三綱行實圖』

빨다

옷을 포도주에 빨며 그의 복장을 포도즙에 빨리로다(창 49:11)

그의 옷을 빨고 물로 몸을 씻을 것이며 저녁까지 부정하리라(레 15:5)

날에 옷을 빨아서 깨끗하게 한 후에 진영에 들어올지니라(민 31:24)

빨다의 옛말은 '섈다'인데 어근은 물의 뜻을 지니는 '발'이다. 비(雨), 바다(海)의 어근 '받'과 동원어이다. 세탁(洗濯)에는 모두 삼수변인 물(氵)이 있다.

옷 섈론 므를 먹고 『석보상절』

빼다

인장 반지를 빼어 요셉의 손에 끼우고 그에게 세마포 옷을 입히고 금 사슬을 목에 걸고(창 41:42)

금 고리를 빼어 내게로 가져오라(출 32:2)

너희의 눈이라도 빼어 나에게 주었으리라(갈 4:15)

빼다의 옛말은 'ᄲᅢ혀다'인데 손의 뜻을 지니는 'ᄲᅡ+혀'의 합성어이다. 혀다(引)의 어근 '헏'도 역시 손의 뜻을 지닌다. 현대어 '빼앗다'도 '빼+앗'의 합성어이다.

족졉개로 ᄲᅡ혀라 『구급방언해』
불휘 ᄲᅡᅘᅧ ᄶᅡ해 다 ᄫᅡ디니 『월인천강지곡』

뼈

이는 내 뼈 중의 뼈요 살 중의 살이라 이것을 남자에게서 취하였은즉 여자라 부르리라 하니라(창 2:23)

온 요셉의 뼈를 세겜에 장사하였으니 이곳은 야곱이 백 크시타를 주고 세겜의 아버지 하몰의 자손들에게서 산 밭이라 그것이 요셉 자손의 기업이 되었더라(수 24:32)

것은 그 뼈가 하나도 꺾이지 아니하리라 한 성경을 응하게 하려 함이라(요 19:36)

뼈의 옛말은 'ᄲᅧ'인데 조어형은 '벋'이다. '벋→벌→별→벼→ᄲᅧ'의 과정을 거쳤다. '갈비'는 '갈+비'인데 갈은 '배'이고 비는 '뼈'의 뜻을 지닌다.

쌰(骨) 『훈몽자회』

뽐내다

향하여 스스로 뽐내는 자들이 수치와 욕을 당하게 하소서(시 35:26)

뽐내다는 두 가지 어원설이 있다. 첫째 뽐내다의 옛말은 '봄놀다'이다. 봄놀다는 '봄놀이하다'의 뜻을 가지는데, 놀의 'ㄹ' 받침이 'ㅣ'(뇌)로 바뀐 형태다. 이런 현상은 우리말에 자주 등장한다. 시울이 '시위로, 근녈이 '그네'로 바뀐 것도 같은 형태다.

봄놀다는 시집살이 여인네들에게 1년에 한 번 자유(?)로운 날을 정하여 준 것인데, 그날은 여인들이 마음껏 노래 부르며, 마음속의 스트레스를 날려 버릴 수 있도록 허락한 여인의 날이다. 이 때 나온 노래가 '花煎歌, 春遊歌'이다.

春遊歌를 소개한다.

어화동류 부녀들아 조심이 그지없다. 말 한번 아차하면 꾸중에 거짓 없고 말 한번 아차하면 열 눈이 지목한다. 房中이 세월이요 대문 밖이 천리로다. 閨中에 묻혀 앉아 苦楚함도 그지없다...

이와 같은 한(?)을 풀면서 맘껏 외쳐 부르며 노는 일이 '봄놀이'의 출발이다.

湧은 봄뇔 씨오 『능엄경언해』
검은 龍이 봄놀오 『두시언해』

둘 째 뽐내다의 옛말은 '뽐니다'인데 뛰놀다의 뜻을 지닌다. 지금은 의기양양하여 우쭐거리는 의미로 변하였다.

瓦治ㅅ놈의 아들인지 즌 흙의 뽐니듯시 『海東歌謠』

뽑다

위하여 제비 뽑되 한 제비는 여호와를 위하고 한 제비는 아사셀을 위하여 할지며(레 16:8)

가족대로 제비 뽑은 땅의 남쪽으로 에돔 경계에 이르고 또 남쪽 끝은 신 광야까지라(수 15:1)

뽕나무더러 뿌리가 뽑혀 바다에 심기어라 하였을 것이요 그것이 너희에게 순종하였으리라(눅 17:6)

뽕나무더러 뿌리가 뽑혀 바다에 심기어라 하였을 것이요 그것이 너희에게 순종하였으리라(눅 17:6)

뽑다의 옛말은 '봅다'인데 뜻은 '손'의 의미를 지닌다. '본→볼→볿→봅→뽑'의 과정을 거쳤다. 팔의 고어 'ᄇᆞᆯ'과 동원어가 된다.

터리 쌥고 『박통사언해』

뿌리

땅에서 그 뿌리를 뽑아내고 내 이름을 위하여 거룩하게 한 이 성전을 내 앞에서 버려 모든 민족 중에 속담거리와 이야깃거리가 되게 하리니(대하 7:20)

그 뿌리가 돌무더기에 서리어서 돌 가운데로 들어갔을지라도(욥 8:17)

또 쓴 뿌리가 나서 괴롭게 하여 많은 사람이 이로 말미암아 더럽게 되지 않게 하며(히 12:15)

뿌리의 옛말은 '불휘'인데 '불+휘'로 이루어진 합성어이다. 불휘의 '불'은 나무나 풀의 뜻을 지니고 있다. 풀의 옛말은 '블'이고, 상추를 '부루'라고 하는데 '불'이 풀의 옛말이었음을 보여준다. 불휘의 '휘'는 '후이'가 줄어든 말로서 '후리→훌→훋'으로 진행되었다. '활(弓)의 할, 회초리의 회, 불휘의 휘'는 모두 나무의 뜻을 지닌다.

불휘 기픈 남ᄀᆞᆫ 『용비어천가』

ᄂᆞ물 쌸회를 너흘면 『소학언해』

ㅅ

사납다

보라 내가 사납고 성급한 백성 곧 땅이 넓은 곳으로 다니며 자기의 소유가 아닌 거처들을 점령하는 갈대아 사람을 일으켰나니(합 1:6)

사납다의 본디말은 '사오납다'이다. '사오다'와 '사호다'가 문헌에 동원어로 보인다.

사오며 어디로몰 몯내 알 거시니 『칠대만법』

뭀새 사호고 『두시언해』 사호다는 사나운 행동이라는 뜻이다.

사냥

에서는 익숙한 사냥꾼이었으므로 들사람이 되고 야곱은 조용한 사람이었으므로 장막에 거주하니(창 25:27)

산에서 메추라기를 사냥하는 자와 같이 이스라엘 왕이 한 벼룩을 수색하러 나오셨음이니이다(삼상 26:20)

사람의 영혼을 사냥하려고 손목마다 부적을 꿰어 매고 키가 큰 자나 작은 자의 머리를 위하여 수건을 만드는 여자들에게 화 있을진저 너희가 어찌하여 내 백성의 영혼은 사냥하면서 자기를 위하여는 영혼을 살리려 하느냐(겔 13:18)

사냥은 '山行'이라는 말에서 출발 되었다. 글자 그대로 산에 다닌다는 뜻을 가지고 있다. 우리의 옛 풍습은 살생을 꺼리고 있다. 꼭 짐승을 죽이려 해도 집 밖에서 잡거나, 따로 잡는 사람(백정)이 있었다. '사냥'은 짐승을 잡는 것 보다 산행(등산)한다는 가벼운 마음의 표현이다. 지금은 의미가 많이 바뀌었다.

洛水에 산힝가이셔 『용비어천가』

사내

동침하지 아니하여 사내를 알지 못하는 여자들은 다 너희를 위하여 살려둘 것이니라(민 31:18)

여로보암에게 속한 사내는 이스라엘 가운데 매인 자나 놓인 자나 다 끊어 버리되 거름 더미를 쓸어 버림 같이 여로보암의 집을 말갛게 쓸어 버릴지라(왕상 14:10)

안에 있는 사내아이를 박사들에게 자세히 알아본 그 때를 기준하여 두 살부터 그 아래로 다 죽이니(마 2:16)

사내는 '사나이'가 줄어든 말로써 '순+아희'로 구성되었다. '아희'의 '아'는 사람의 뜻을 지닌다. 아들, 우리, 어른의 '앋, 알, 울' 역시 사람의 뜻을 지닌다. '희'는 '흐이'가 줄어든 말인데 역시 사람의 뜻을 지닌다. 너희의 '희'와 같은 경우다. 가시내는 '가ᄉᆞ+나희'로 사나이와 같은 조합형이다.

사닥다리

꿈에 본즉 사닥다리가 땅 위에 서 있는데 그 꼭대기가 하늘에 닿았고 또 본즉 하나님의 사자들이 그 위에서 오르락내리락 하고(창 28:12)

사닥다리는 '삳+악+다리'로 구성되어 있다. '사이'를 의미하는 옛말은 'ᄉᆞᇫ(삳)'이다. '다리'는 '다니다'가 명사화 된 것이다. 사닥다리는 '사이(삳)를 다니는 것'이란 뜻이다. 사다리는 'ᄉᆞᇫ'에서 'ᅀ'이 빠진 것이다. '삳'은 'ᄉᆞᅀᅵ'가 변한 것이다.

그 ᄉᆞᅀᅵ에 시혹 仙人이 ᄃᆞ외시며 『월인석보』

사람

하나님의 형상대로 사람을 창조하시되 남자와 여자를 창조하시고(창 1:27)

애굽 사람이나 이방 나라 사람이나 초막절을 지키러 올라오지 아니하는 자가 받을 벌이 그러하니라(슥 14:19)

이는 다른 사람들은 평안하게 하고 너희는 곤고하게 하려는 것이 아니요 균등하게 하려 함이니(고후 8:13)

사람이란 말은 '살다+암'으로 이루어졌다. '암'은 명사를 만드는 접미사다. 사람의 옛말은 '사ᄅᆞᆷ'이다. 사람이란 살아있는 것에서 생각을 가지고 활동하는 인간만을 가리키는 말로 정착 되었다. 사람이나 삶은 모두 기본 동사인 '살다'에 그 기초를 두고 있다.

사ᄅᆞ미 무레 다니고도 『석보상절』

사랑하다

나는 네가 사랑하다가 싫어하던 자들을 충동하여 그들이 사방에서 와서 너를 치게 하리니(겔 23:22)

불의의 삯을 사랑하다가(벧후 2:15)

사랑하다는 원래 '생각하다'는 뜻이었다. 생각하다의 옛말은 'ᄉᆞ랑ᄒᆞ다'였는데 '귀중히 아끼다'라는 뜻의 '사랑하다'로 변하였다. 'ᄉᆞ랑ᄒᆞ다'는 남녀 사이에 생각한다는 원래의미가 있다.

思ᄂᆞᆫ ᄉᆞ랑ᄒᆞᆯ씨라 『월인석보』
ᄉᆞ랑ᄋᆞᆯ 미잣던 ᄃᆡᆫ ᄒᆞ오ᅀᅡ 가ᄉᆡ 남기 잇도다 『두시언해』
어즈러운 ᄉᆞ랑ᄋᆞᆯ 닐오ᄃᆡ 想이오 『능엄경언해』

사슬

노끈처럼 두 사슬을 땋고 그 땋은 사슬을 그 테에 달지니라(출 28:14)

얽은 그물과 사슬 모양으로 땋은 것을 만들었으니 이 머리에 일곱이요 저 머리

에 일곱이라(왕상 7:17)

주고 내가 사슬에 매인 것을 부끄러워하지 아니하고(딤후 1:16)

사슬의 옛말은 '사술'이다. 사슬은 '鎖'에 대한 중국어 발음 '쇄'에 고유어 '줄'이 붙어서 이루어진 단어다. 즉 鎖+술=솨술 인데 솨살이 변하여 사슬이 되었다. 지금 쓰이고 있는 것은 '쇠사슬' 정도이다.

鎖ᄂᆞᆫ 솨주리라 『법화경언해』

사위

딸들과 결혼할 사위들에게 말하여 이르기를 여호와께서 이 성을 멸하실 터이니 너희는 일어나 이 곳에서 떠나라 하되 그의 사위들은 농담으로 여겼더라(창 19:14)

다윗이 왕의 사위 되는 것을 좋게 여기므로 결혼할 날이 차기 전에(삼상 18:26)

아들 스가냐의 사위가 되었고 도비야의 아들 여호하난도 베레갸의 아들 므술람의 딸을 아내로 맞이하였으므로 유다에서 그와 동맹한 자가 많음이라(느 6:18)

사위의 옛말은 '사회'이다. 사회에서 '회'는 사람의 뜻을 지닌다. 사회, 아히, ᄉᆞ나히, 갓나히, 너희 등에서 보듯이 '회, 히, 희'는 사람의 뜻을 갖는다. 사회의 '사'는 사람의 어근 '살'에서 말음 탈락현상이다.

사흘

지금부터 사흘 안에 바로가 당신의 머리를 들고 당신의 전직을 회복시키리니 당신이 그 전에 술 맡은 자가 되었을 때에 하던 것 같이 바로의 잔을 그의 손에 드리게 되리이다(창 40:13)

사흘 전에 잃은 네 암나귀들을 염려하지 말라 찾았느니라 온 이스라엘이 사모하는 자가 누구냐 너와 네 아버지의 온 집이 아니냐 하는지라(삼상 9:20)

사흘 후에 바울이 유대인 중 높은 사람들을 청하여 그들이 모인 후에 이르되 여러분 형제들아 내가 이스라엘 백성이나 우리 조상의 관습을 배척한 일이 없는데 예루살렘에서 로마인의 손에 죄수로 내준 바 되었으니(행 28:17)

사흘의 옛말은 '사ᄒᆞᆯ'이다. '사'는 '셋'이 변한 모습이다. '셋'의 변형은 여러 가지로 나타난다. '서말', '석섬', '세마리'로 변한 것이 일반적이나, 말과 소의 '세살'을 '사릅'이라 하는데 여기의 '사'가 바로 '사흘'의 '사'와 같은 형태이다. 'ᄒᆞᆯ'은 'ᄒᆞᄅᆞ(하루)'가 변한 형태이다. '사-ᄒᆞᄅᆞ→사ᄒᆞᆯ→사흘'의 과정을 거쳤다.

삯

것이 네 삯이 되리라 하면 온 양 떼가 낳은 것이 점 있는 것이요 또 얼룩무늬 있는 것이 네 삯이 되리라 하면 온 양 떼가 낳은 것이 얼룩무늬 있는 것이니(창 31:8)

동안에 품꾼의 삯의 배나 받을 만큼 너를 섬겼은즉 너는 그를 놓아 자유하게 하기를 어렵게 여기지 말라 그리하면 네 하나님 여호와께서 네 범사에 네게 복을 주시리라(신 15:18)

그 삯을 받는 것이 마땅하니라 이 집에서 저 집으로 옮기지 말라(눅 10:7)

삯의 옛말은 '삭'인데 '산→살→삵→삭'의 과정을 거쳤다. 산은 '쇠(鐵)'의 고형인 '손'과 동원어가 된다. '삯'이란 말이 쓰인 것은 경제에 대한 문화와 개념이 발달 되었을 때, 즉 화폐라는 기능이 작용할 때라고 여겨진다. 화폐에는 여러 종류가 많지만 쇠로 된 것이 많다.

삭슬 헤아리져 『두시언해』

살다

다메섹으로 가서 살다가 거기서 왕이 되었더라(왕상 11:24)

남편과 함께 살다가(눅 2:36)

살다는 두 가지로 나누어 볼 수 있다. 죽다의 반대어로 '살다(生)'가 있고 생활의 뜻으로 살다가 있다. 전자에 나오는 살다의 어근은 '살(명사)'이고 후자는 햇살의 '살'과 동원어이다. 즉 해의 뜻을 지니고 있다. 살아가는 것은 해가 뜨고 지고 하는 생활의 연속인 것이다.

살다(生): 몃 間ㄷ 지븨 사ᄅᆞ시리잇고 『용비어천가』
살다(生活): ᄒᆡᄃᆞᆯ 겨틔 사ᄂᆞ니 『석보상절』

살림

아버지가 그 살림을 각각 나눠 주었더니(눅 15:12)

아버지의 살림을 창녀들과 함께 삼켜 버린 이 아들이 돌아오매 이를 위하여 살진 송아지를 잡으셨나이다(눅 15:30)

살림의 원래 뜻은 절의 재산을 가리키는 의미였는데, 이 말이 가정집의 재물을 관리하는 뜻을 포함하게 되었다. '살림'은 불교용어인 '산림(山林)에서 왔다.

삼경(三更)

이경에나 혹 삼경에 이르러서도 종들이 그같이 하고 있는 것을 보면 그 종들은 복이 있으리로다(눅 12:38)

옛날엔 하루 밤을 오경으로 나누었다.

초경: 밤 8~10시
이경: 밤 10~12시
삼경: 밤 12~새벽2시
사경: 새벽2시~4시
오경: 새벽4시~6시

삼경은 12시로부터 새벽 2시를 가리키는데 '한 밤중'이란 의미다. 여기에 '고칠 경(更)'자를 쓴 것은 두 시간마다 북을 쳐 시간을 다시 알리었고, 근무자들의 근무를 이 기준으로 바꾸었기 때문이다.

상수리

땅 모레 상수리나무에 이르니 그 때에 가나안 사람이 그 땅에 거주하였더라(창 12:6)

세겜에 있는 상수리나무 기둥 곁에서 아비멜렉을 왕으로 삼으니라(삿 9:6)

같고 강하기는 상수리나무 같으나 내가 그 위의 열매와 그 아래의 뿌리를 진멸하였느니라(암 2:9)

상수리 나무를 한자어로 '橡木'이라 한다. 이 나무의 열매 '橡實'에서 '상실이→상시리→상수리'의 과정을 거쳤다. 橡이 '도토리 상'자임을 보면 상수리의 원말은 '도토리 열매'라는 한자어임을 알 수 있다. 橡實에 대한 우리말이 13세기 『향약구급방』에는 '渚矣栗'이라고 나온다. 그 뜻은 '돼지의 밤'이다. 16세기 『훈몽자회』에는 '도토밤'이라고 나오는데 그 뜻은 '돝(猪)+ᄋᆡ(속격)+밤(栗)'이다.

히마다 도톨왐 주스믈 나볼 조차 돋뇨니 『두시언해』

상전

만일 상전이 그에게 아내를 주어 그의 아내가 아들이나 딸을 낳았으면 그의 아내와 그의 자식들은 상전에게 속할 것이요 그는 단신으로 나갈 것이로되(출 21:4)

종을 그의 상전에게 비방하지 말라 그가 너를 저주하겠고 너는 죄책을 당할까 두려우니라(잠 30:10)

상전들아 의와 공평을 종들에게 베풀지니 너희에게도 하늘에 상전이 계심을 알지어다(골 4:1)

상전(上典)은 종이 주인에 대하여 일컫는 말인데, 여기에 한자를 붙여 놓아 한자말로 만들어 버렸다. 『조선세종실록』에 신하가 임금을, 종이 주인을 上典이라 한다는 내용이 나온다. 그 上典을 『율곡전서』에 (俗語呼其主日上典)으로 풀이 해 놨다. 상전이란 말이 속어임을 밝힌 것이다. 당시 속어는 중국말이 아닌 우리말을 의미한다. '상전'은 한자가 필요 없는 우리말이다.

새끼

양의 첫 새끼와 그 기름으로 드렸더니 여호와께서 아벨과 그의 제물은 받으셨으나(창 4:4)

네 짐승의 새끼와 소와 양의 새끼가 복을 받을 것이며(신 28:4)

본즉 나귀 새끼가 문 앞 거리에 매여 있는지라 그것을 푸니(막 11:4)

새끼는 '시아기'가 변한 말이다. (시아기→새기→새끼) '시아기'는 남편의 아우 즉 시동생을 의미하였는데, 지금은 그 의미가 변하여 무엇인가를 낮잡아 이르는 말이 되었다. 옛말은 '삿기'이다. 흔히 짐승의 새끼를 뜻하나, 사람이 '내 새끼'할 때 새끼는 사람을 의미한다.

새벽

새벽에 여호와께서 불과 구름 기둥 가운데서 애굽 군대를 보시고 애굽 군대를 어지럽게 하시며(출 14:24)

그 때에 새벽 별들이 기뻐 노래하며 하나님의 아들들이 다 기뻐 소리를 질렀느니라(욥 38:7)

새벽에 대제사장들이 즉시 장로들과 서기관들 곧 온 공회와 더불어 의논하고 예수를 결박하여 끌고 가서 빌라도에게 넘겨주니(막 15:1)

새벽의 어원설은 두 가지다.

첫째, 새벽의 옛말은 '새배'이다. 우리는 날이 밝은 것을 '날이 샌다'로 표현하는데, 밝아오는 동쪽을 '새쪽'이라고도 했고, 동풍을 '샛바람'이라 하였으며, 밝은 날을 '새날'이라 불렀다. '새'는 다 동쪽을 가리키는 말이다. 새벽의 '벽'은 '볽'이 변한 것인데, 볽은 '밝다'의 어근이 된다. 새벽은 새해(新陽)라는 어원적 의미가 있다.

둘째, 새벽의 어원은 동쪽을 뜻하는 '싀'와 밝음을 뜻하는 '붉'의 결합어인데 한자어 영향을 받아 '싀붉'이 '새闢'으로 변한 것이다. 즉 '싀(東)+붉(明)→ 싀(東)+벽(闢)→새벽'으로 굳어진 말이다. 원래 뜻은 '동쪽이 밝아온다'는 의미로 시·공간 개념을 동시에 가지고 있다.

샘

큰 깊음의 샘들이 터지며 하늘의 창문들이 열려(창 7:11)

거하며 야곱의 샘은 곡식과 새 포도주의 땅에 홀로 있나니 곧 그의 하늘이 이슬을 내리는 곳에로다(신 33:28)

샘이 한 구멍으로 어찌 단 물과 쓴 물을 내겠느냐(약 3:11)

샘의 옛말은 '심, 싀암'이다. '심'은 '솔'에 접미사 '임'이 붙어서 '솔임→ᄉᆞ임→심'의 과정을 거쳤다. 18세기에 나오는 '싀암'은 국어에 있어 특수한 조어법인데 일반적으로 없는 현상이다. 접미사 '암/옴'은 자음하에 붙는 것이라서 어간 '싀다'에 붙었다고 보기 어렵다. 오히려 단음절인 '심'이 이음절인 '싀암'으로 늘어났다고 볼 수 있다. 샘은 돌 틈사이로 새어나오는 물이고, 우물은 움을 깊이 파서 거기에 고인물을 의미한다.

더운 싀암물 『方藥合編』
피믈 심돗 ᄒᆞ야 『구급방언해』

샛별

날이 새어 샛별이 너희 마음에 떠오르기까지 너희가 이것을 주의하는 것이 옳으니라(벧후 1:19)

샛별의 '새'는 새벽의 '새'와 같은 동쪽을 가리킨다. 즉 동쪽 별(金星)을 의미한다. 동풍을 샛바람이라 하는 것도 같은 경우다. 원래는 '새별'이었는데 우주연구 중 언제든지 새별(新星)이 나타날 수 있기 때문에 구별하기 위해 '샛별'이라 부른다.

십별지쟈 죵다리 쎳다 『청구영언』

생각

하나님이 아브라함을 생각하사 롯을 그 엎으시는 중에서 내보내셨더라(창 19:2
9)

깊이 생각하고 귀족들과 민장들을 꾸짖어 그들에게 이르기를 너희가 각기 형제에게 높은 이자를 취하는도다 하고 대회를 열고 그들을 쳐서(느 5:7)

예수께서 그 생각을 아시고 대답하여 이르시되 너희 마음에 무슨 생각을 하느냐(눅 5:22)

생각의 어원은 확실하지 않다. '생각'을 '生覺'이라고 한자어를 쓰기도 하는데 한자어임을 증명할 문헌이 아직까지 없다. 단지 한자음을 이용한 표기일 뿐이다. 그렇다고 고유어라는 근거도 희박하다. 국어학자들의 존재 이유가 남아있는 셈이다.

생기다

행하여 이를 생기게 하려 하였으나 못 하였고 이가 사람과 가축에게 생긴지라(출 8:18)

두었더니 벌레가 생기고 냄새가 난지라 모세가 그들에게 노하니라(출 16:20)

심한 것이 생기지 않게 다시는 죄를 범하지 말라 하시니(요 5:14)

생기다를 한자어 '生起다'로 보는 견해가 있지만 문헌적 근거가 약하다. 오히려 고유어로 보는 것이 바람직하다. 생기다의 옛말은 '삼기다'이다. 삼기다는 '지어내다'의 뜻이다. '삼기다→상기다→생기다'의 과정을 거쳤다.

셩품을 삼겨 낫는고로 『태평광기언해』

서까래

성전은 백향목 서까래와 널판으로 덮었고(왕상 6:9)

게으른즉 서까래가 내려앉고 손을 놓은즉 집이 새느니라(전 10:18)

들보, 잣나무 서까래로구나(아 1:17)

서까래의 '서'는 '혀'가 변한 말이다. 지역에 따라 사투리로 '혀'를 '서', '쌔'라고도 한다. 서까래는 '혀+깔(다)+애'로 구성되었다. 서까래는 지붕에 혀처럼 까는 것이란 뜻이다. '혀까래→셔까래→서까래'로 변하였다.

혓가래 지나 져르나 기둥이 욱은아튼아 『해동가요』

선비

어디 있느냐 신비가 어디 있느냐 이 세대에 변론가가 어디 있느냐 하나님께서 이 세상의 지혜를 미련하게 하신 것이 아니냐(고전 1:20)

선비는 심신을 수련하여 일정한 수준에 오른 사람을 지칭하는 고조선 시대의 말이다. 신라의 화랑도 이와 비슷하다. 학문과 인격을 갖춘 사람으로서 관직에 나가지 않는 사람을 존대 할 때도 이 말을 쓴다. 선비의 옛말은 '션비'인데 '션'은 '손(丁)'과 동원어다. '비'는 'ㅂ이'가 줄어든 말로서 '악바리, 쪽바리, 군바리'등에서 보는바와 같이 사람의 뜻을 지닌다. 선비는 사람의 뜻을 지니는 이음동의어라 하겠다.

션비롤 아ᄅᆞ실씨 『용비어천가』

섬

다시스와 섬의 왕들이 조공을 바치며 스바와 시바 왕들이 예물을 드리리로다(시 72:10)

즐거워하며 허다한 섬은 기뻐할지어다(시 97:1)

온 섬 가운데로 지나서 바보에 이르러 바예수라 하는 유대인 거짓 선지자인 마

술사를 만나니(행 13:6)

섬의 옛말은 '셤'이다. '선→설→설엄→서엄→섬'의 과정을 거쳤다. '설(선)'의 어원은 땅(土,地)의 뜻을 지닌다. ᄉᆞ래(이랑), 실(谷)과 어원이 같다.

성곽

성읍들은 크고 성곽은 하늘에 닿았으며 우리가 또 거기서 아낙 자손을 보았노라 하는도다 하기로(신 1:28)

영문의 문과 성곽과 내가 들어갈 집을 위하여 들보로 쓸 재목을 내게 주게 하옵소서 하매 내 하나님의 선한 손이 나를 도우시므로 왕이 허락하고(느 2:8)

크고 높은 성곽이 있고 열두 문이 있는데 문에 열두 천사가 있고 그 문들 위에 이름을 썼으니 이스라엘 자손 열두 지파의 이름들이라(계 21:12)

성곽(城郭)은 두 단어로 이루어진 말이다. 나라에서는 적의 침입을 대비하여 두 겹으로 성을 쌓았는데 안쪽에 쌓은 것을 '城' 바깥쪽에 쌓은 것을 '郭'이라 했다. 그러므로 '성곽'은 내성과 외성을 포함하는 단어다. 그러나 지금은 '城'으로 '곽'의 의미를 포함하고 있다. '城'의 옛 이름은 우리말 '잣'이다

셋

셋째 강의 이름은 힛데겔이라 앗수르 동쪽으로 흘렀으며 넷째 강은 유브라데더라(창 2:14)

염소 새끼 셋을 이끌었고 한 사람은 떡 세 덩이를 가졌고 한 사람은 포도주 한 가죽부대를 가진 자라(삼상 10:3)

또한 이 셋은 합하여 하나이니라(요일 5:8)

셋은 'ᄉᆞᆺ(間)'에서 온 말이다. ᄉᆞᆺ은 'ᄉᆞᅀᅵ→ᄉᆞ이→ᄉᆡ→새(사이)'의 과정을 거쳤는데, 이 샷이 두 다리가 갈라지는 사이를 뜻하는 말이 되었다. '사타구니'가 여기서 나온 말이다. 샘(泉)도 'ᄉᆞ이'에서 나온 말이고, 새

끼도 두 다리사이인 '샅'에서 나온 말 '샅기'가 그 옛말이다.

가운데 손가락을 의미하는 중지는 양쪽 두 손가락 사이에 놓여있다. 중지가 세 번째라는 의미다. 'ᄉᆞᆺ'은 서이(三), 사이(間), 샘(泉), 새끼, 고샅, 손샅, 사타구니 등 그 파생어가 많다.

소

아브람이 양과 소와 노비와 암수 나귀와 낙타를 얻었더라(창 12:16)

회목제물로 소 두 마리와 숫양 다섯 마리와 숫염소 다섯 마리와 일 년 된 어린 숫양 다섯 마리라 이는 스데울의 아들 엘리술의 헌물이었더라(민 7:35)

사람에게 쫓겨나서 소처럼 풀을 먹으며 몸이 하늘 이슬에 젖고 머리털이 독수리 털과 같이 자랐고 손톱은 새 발톱과 같이 되었더라(단 4:33)

중세 문헌에는 '소'가 '쇼'로 나온다. '쇼'의 어원은 아직 밝히지 못했다.

싸호ᄂᆞᆫ 한 쇼롤 두 소내 자ᄇᆞ시며 『용비어천가』

소금

뒤를 돌아보았으므로 소금 기둥이 되었더라(창 19:26)

모든 소제물에 소금을 치라 네 하나님의 언약의 소금을 네 소제에 빼지 못할지니 네 모든 예물에 소금을 드릴지니라(레 2:13)

소금이 좋은 것이나 소금도 만일 그 맛을 잃으면 무엇으로 짜게 하리요 (눅 14:34)

소금의 옛말은 '소곰'이다. '소+곰'으로 된 합성어이다. 일본어에서 소금을 'siho'이라 하는데 소곰의 '소'가 소금의 뜻을 가지고 있다고 보인다. 소금의 '금'에 대하여는 밝히지 못하였다.

소곰(鹽) 『훈몽자회』

소나기

산중에서 만난 소나기에 젖으며 가릴 것이 없어 바위를 안고 있느니라(욥 24:8)

하늘이 능히 소나기를 내릴 수 있으리이까 우리 하나님 여호와여 그리하는 자는 주가 아니시니이까 그러므로 우리가 주를 앙망하옵는 것은 주께서 이 모든 것을 만드셨음이니이다 하니라(렘 14:22)

곧 말하기를 소나기가 오리라 하나니 과연 그러하고(눅 12:54)

북쪽 함경도에선 소나기를 '소낙'이라 한다. 소나기가 내릴 때는 하늘이 요란하다. 일반적으로 쓰이는 '성질이 소낙 같다'는 말은 성질이 급하고 요란하다는 뜻이다. 소낙은 '손+악'으로 '손'은 날짜를 따라서 네 방위로 돌아다니며 사람의 활동을 방해한다는 귀신 이름이다. 그래서 이사할 때 손 없는 날을 택한다. 사람에게 좋지 않는 귀신이 '손'이다. 그리고 '악'은 성이 났을 때 내 뿜는 성질을 의미한다. '손+악→손악→소낙'이 되었다.

소나기가 '소내기'에서 유래 되었다는 것은 민간어원설4)이다.

---

4) 한 고을에 두 영감이 살고 있었다. 해가 쨍쨍내리쬐는 무더운 여름 날, 두 영감이 소 한 마리씩 끌고 장에 가는 길이었다. 얼마쯤 갔을 때 난데없이 먹구름이 끼기 시작하며 날씨가 흐려졌다. 한 노인이 당황하며, "이보시오 영감 곧 비가 올 것 같으니 우리집으로 돌아갑시다"고 하였다. 그러자 다른 노인은 "무슨 소리요 이 구름은 흩어질 구름이요 그냥 장으로 갑시다"고 대꾸했다. 두 영감은 다 고집이 센 영감인지라 자기 의견을 철회하지 않았다. 마침내 내기를 걸었다.
"영감 그럼 우리 소를 내기로 합시다. 비가 내리지 않으면 난 이 소를 영감에게 주겠소" 하자 다른 영감도 동의하여 "그렇게 합시다"고 약속했다. 조금 있는데 무더기 비가 쏟아졌다. 이긴 노인은 다른 노인의 소고삐를 잡아당기며 "비가 내리니 이 소는 내거요"하였다. 그러자 다른 노인이 비도 얼마오지 않고 날도 개여가니 자기가 이겼다고 하였다.
결국 이 문제로 고을 원님한테까지 가서 판결을 내려 달라고 하여 이 소문이 온 마을에 퍼졌다. 이 때부터 이 고장 사람들은 비가 갑자기 많이 오거나 몹시 내리는 비를 '소내기'비라 하였고 쓰이는 과정에 '소나기'로

속이다

눈에 속이는 자로 보일지라 복은 고사하고 저주를 받을까 하나이다(창 27:12)

전당물을 속이거나 도둑질하거나 착취하고도 사실을 부인하거나(레 6:2)

아무도 자신을 속이지 말라 너희 중에 누구든지 이 세상에서 지혜 있는 줄로 생각하거든 어리석은 자가 되라 그리하여야 지혜로운 자가 되리라(고전 3:18)

속이다의 '속'은 안(內, 裏)의 뜻으로 옛말은 '솝'이다. 속마음, 속셈, 속사정의 속과 같다. 속이다의 어근은 '속'인데 '속다'의 사동형이다.

헐어나 소겨 『능엄경언해』

소배 ᄀ초아 뒷더시니 『월인석보』

손가락

피를 네 손가락으로 제단 뿔들에 바르고 그 피 전부를 제단 밑에 쏟을지며(출 29:12)

피를 가져다가 손가락으로 그 피를 제단의 네 귀퉁이 뿔에 발라 제단을 깨끗하게 하고 그 피는 제단 밑에 쏟아 제단을 속하여 거룩하게 하고(레 8:15)

보내어 그 손가락 끝에 물을 찍어 내 혀를 서늘하게 하소서 내가 이 불꽃 가운데서 괴로워하나이다(눅 16:24)

손가락은 '손'과 '가락'의 합성어이다. 가락은 '갈+악(접미사)'으로 구성되었는데 '갈'은 손의 뜻을 지닌다. 고르다, 가리키다,의 어근 '갈, 골'은 손이라는 의미를 지닌다. 엿가락의 '가락'도 손가락에서 비롯된 말이다.

곡조의 뜻인 가락은 말(音, 語)의 뜻을 지닌다.

손가락 ᄆᆞ디를 『능엄경언해』

되었다는 민간어원설이 있다.

손님

함께 한 손님들이 먹기를 마칠 때에 다 들은지라 요압이 뿔나팔 소리를 듣고 이르되 어찌하여 성읍 중에서 소리가 요란하냐(왕상 1:41)

임금이 손님들을 보러 들어올새 거기서 예복을 입지 않은 한 사람을 (마 22:11)

손님 대접하기를 잊지 말라 이로써 부지중에 천사들을 대접한 이들이 있었느니라(히 13:2)

손님은 '손'을 높여 부르는 말로서 '손+님'이 되었다. '손'은 사람을 가리키는 말이다. 지금도 손님을 '손'으로 부르는 경우가 많다.

션비(선비)의 '션', 손 뎡(丁)은 사람의 의미를 갖는다.

손ᄀᆡᆨ(客) 『훈몽자회』

손뼉

그를 바라보며 손뼉치고 그의 처소에서 그를 비웃으리라(욥 27:23)

이르시되 너는 손뼉을 치고 발을 구르며 말할지어다 오호라 이스라엘 족속이 모든 가증한 악을 행하므로 마침내 칼과 기근과 전염병에 망하되(겔 6:11)

너를 보고 손뼉을 치나니 이는 그들이 항상 네게 행패를 당하였음이 아니더냐 하시니라(나 3:19)

손뼉의 '손'은 사람의 뜻을 지닌다. 손뼉은 '손뼉치다'에만 그 유형을 보이고 있다. 그 밖에는 대부분 '손바닥'이라 한다. 고어엔 '뼉'과 같은 경음화 발음이 없었으므로 '손벽'이었으리라 본다. 한 뼘, 두 뼘의 '뼘'의 고형이 '범'이다.

ᄉᆞᇇ바당: ᄉᆞᇇ바다ᄋᆞᆯ 드러 ᄒᆡᄃᆞᄅᆞᆯ ᄀᆞ리와ᄃᆞᆫ 『월인석보』

손톱

머리를 밀고 손톱을 베고(신 21:12)

같이 자랐고 손톱은 새 발톱과 같이 되었더라(단 4:33)

손톱은 '손+톱(돕)'의 합성어이다. 목재를 짜르는 톱은 '돕(瓜')과 동원어이다. '돖, 똡, 톱'이 문헌에 나타난다.

손똡 다듬다 『석보상절』
솏토배 다톄 『두시언해』

솔개

솔개가 그 사체 위에 내릴 때에는 아브람이 쫓았더라(창 15:11)

곧 독수리와 솔개와 물수리와(신 14:12)

그늘에 모으며 솔개들도 각각 제 짝과 함께 거기에 모이리라(사 34:15)

솔개는 매과의 새다. 옛말은 '소로기'혹은 '솔개미'라고 한다. 소로기는 '소로'와 '기'의 합성어인데 '기'는 장끼의 '기'로 새(鳥)의 뜻을 지닌다. 딱따구리, 곳고리, 왜가리등의 '가리, 구리, 고리'도 새의 뜻을 지닌다.

솜

손으로 솜뭉치를 들고 손가락으로 가락을 잡으며(잠 31:19)

목화에서 실을 뽑는 섬유물질 솜의 옛말은 '숍'이다. 숍은 '속(內)'과 같은 말이다. 'ㅂ'이 'ㄱ'으로 변한 것은 '붑'이 '북'이 된 것과 같은 현상이다. '숍→속→솜'의 과정을 거쳤는데, 속과 솜의 뜻이 원의(原義)에서 너무 멀어져 버렸다.

童子l 自然히 그 소배 이셔 『월인석보』

솜씨

하나님의 솜씨를 내가 너희에게 가르칠 것이요 전능자에게 있는 것을 내가 숨기지 아니하리라(욥 27:11)

이는 정교한 솜씨로 만든 것이거니와(렘 10:9)

솜씨의 옛말은 '손ᄡᅵ'다. '손'의 'ㄴ' 이'ᄡᅵ'의 'ㅂ'에 의해 입술소리로 변하여 '솜'이 되었다. 'ᄡᅵ'는 'ᄡᅳ다'가 명사 'ᄡᅵ'로 되어 '솜ᄡᅵ' 즉 손을 쓰는 재주를 의미하게 되었다.

그 계집의 손ᄡᅵ라 『태평광기언해』

송곳

가서 그것에다가 송곳으로 그의 귀를 뚫을 것이라 그는 종신토록 그 상전을 섬기리라(출 21:6)

송곳을 가져다가 그의 귀를 문에 대고 뚫으라 그리하면 그가 영구히 네 종이 되리라 네 여종에게도 그같이 할지니라(신 15:17)

송곳의 옛말은 '솔옷'이다. 이는 소나무에 '곶'이 결합된 합성어다. '곶'은 '장산곶'에서 쓰이는 바와 같이 뾰쪽하게 나온 것을 말한다. '송곳'이란 소나무로 만든 뾰쪽한 것을 말하는데, 지금의 의미는 쇠로 만든 뾰쪽한 것으로 변화되었다.

솔 옷 『훈몽자회』

송아지

기름지고 좋은 송아지를 잡아 하인에게 주니 그가 급히 요리한지라(창 18:7)

자기를 위하여 송아지를 부어 만들어서 여호와께서 명령하신 도를 빨리 떠났기로(신 9:16)

때에 그들이 송아지를 만들어 그 우상 앞에 제사하며 자기 손으로 만든 것을 기뻐하더니(행 7:41)

송아지의 '아지'는 작은 것을 뜻하는 옛말 '아ᅀᆞ'가 변한말이다. (앗→아ᅀᆞ→아ᄌᆞ→아지) 송아지는 어린 소, 강아지는 어린 개를 의미한다.

송이

건포도 백 송이와 무화과 뭉치 이백 개를 가져다가 나귀들에게 싣고(삼상 25:18)

것이며 꿀과 송이꿀보다 더 달도다(시 19:10)

포도원의 고벨화 송이로구나(아 1:14)

송이의 '송' 옛말은 'ᄉᆞᆸ'이다. ᄉᆞᆸ은 'ᄉᆞᆸ→ᄉᆞᆨ→송'의 과정을 거쳤다. 여기에 접미사 '이'가 붙어 '송이'가 되었다. 목화에서 뽑아 낸 솜도 같은 어원(ᄉᆞᆸ)에서 파생된 말이다. 솜과 속(裏) 그리고 송은 같은 어원을 가진다.

童子ㅣ 自然히 그 소베이셔 『월인석보』

쇠

그는 구리와 쇠로 여러 가지 기구를 만드는 자요 두발가인의 누이는 나아마였더라(창 4:22)

택하시고 너희를 쇠 풀무불 곧 애굽에서 인도하여 내사 자기 기업의 백성을 삼으신 것이 오늘과 같아도(신 4:20)

내가 이 쇠사슬에 매인 바 되었노라(행 28:20)

쇠는 '소이'가 준말로 '이'는 접미사이다. '솓→솔→솔이→소리→소이→쇠'의 과정을 거쳤다. 솥(솓)은 솓의 말음 'ㄷ'이 'ㅌ'으로 변한 것인데, 쇠의 조어형 '솓'과 동원어가 된다. 소두방 할 때 '솓'이 어근이다.

순갈은 '솓'에서 모음변이를 일으킨 경우인데, 순갈의 '순'은 '쇠', 갈은 '손(手)'의 뜻이므로 순갈의 원뜻은 '쇠로된 손'이란 뜻이다. 갈퀴의 '갈'

도 손의 뜻을 지닌다.

쇠(鐵): 쇠금(金), 쇠텰(鐵) 『훈몽자회』

수(雄)

일 년 된 수컷으로 하되 양이나 염소 중에서 취하고(출 12:5)

소로 드리려면 수컷이나 암컷이나 흠 없는 것으로 여호와 앞에 드릴지니(레 3:1)

처음 난 수컷은 구별하여 네 하나님 여호와께 드릴 것이니 네 소의 첫 새끼는 부리지 말고 네 양의 첫 새끼의 털은 깎지 말고(신 15:19)

수컷의 '수'는 사람(人) 또는 남성(男性)의 본뜻을 지닌다. 손(丁), 션비(士), 손(客)의 손,에서 션, 손, 순 등이 사람 특히 男性의 뜻을 지닌다. 수는 '숟→술→수'의 변화로서 어원적 의미는 남성의 뜻을 지닌다. '수'는 사람이나 짐승에 고루 쓰인다.

수건

말하기를 마치고 수건으로 자기 얼굴을 가렸더라(출 34:33)

선지자가 가서 수건으로 자기의 눈을 가리어 변장하고 길 가에서 왕을 기다리다가(왕상 20:38)

때에 그 수건이 벗겨지지 아니하고 있으니 그 수건은 그리스도 안에서 없어질 것이라(고후 3:14)

수건은 한자어 '手巾'(수건)에서 온 말이다. 옛말은 '슈련'이라고 했는데 원래 수건은 여자의 사용물이었다.

슈련 爲帨 『훈민정음해례』 '帨'를 옥편[5]에서는 '계집의 찰 수건 세'로 나온다.

---

5) 民衆大玉篇, 민중서원, 1993, P.162

수라

그가 왕의 수라상을 차리리로다(창 49:20)

수라는 '임금의 진지'를 의미하는 궁중말이다. 이 말의 한자어는 '水剌(수랄)'이 맞고 '水剌(수라)'가 아니다. 잘못된 말이 보편화되어 버렸다. 언어는 역사성과 사회성이 있다는 것으로 합리화 하기에는 억울(?)한 면이 있다.

수라간(水剌間): 수라를 만드는 부엌

수라상(水剌床): 수라를 차린 상. 여기서도 '랄'(剌)로 써야 한다. 랄(剌)의 중국음이 '라'이기 때문에 '수라'로 취음 한 것 뿐이다.

수레

있는 버금 수레에 그를 태우매 무리가 그의 앞에서 소리 지르기를 엎드리라 하더라 바로가 그에게 애굽 전국을 총리로 다스리게 하였더라(창 41:43)

수레가 벧세메스 사람 여호수아의 밭 큰 돌 있는 곳에 이르러 선지라 무리가 수레의 나무를 패고 그 암소들을 번제물로 여호와께 드리고(삼상 6:14)

이에 명하여 수레를 멈추고 빌립과 내시가 둘 다 물에 내려가 빌립이 세례를 베풀고(행 8:38)

수레의 옛말은 '술위'이다. 이 말의 어근은 '술'이며 '나무'라는 뜻을 지닌다. 술은 창살, 화살의 '살'과 동원어이다. '위'에 대한 論證은 아직 찾지 못하였다.

술위(車): 蜀道애 사호맷 술위 하니라 『두시언해』

수수께끼

내가 너희에게 수수께끼를 내리니 잔치하는 이레 동안에 너희가 그것을 풀어 내게 말하면 내가 베옷 삼십 벌과 겉옷 삼십 벌을 너희에게 주리라(삿 14:12)

쳐죽이고 노략하여 수수께끼 푼 자들에게 옷을 주고 심히 노하여 그의 아버지의 집으로 올라갔고(삿 14:19)

이스라엘 족속에게 수수께끼와 비유를 말하라(겔 17:2)

수수께끼의 옛말은 '수수겻기'이다. 수수의 어근은 '숫(숟)인데 말의 뜻을 지닌다.

사뢰다의 옛 표기인 'ᄉᆞᆲ'의 어근 '살', 수ᄉᆞ다(떠들다)의 어근 숫(숟)도 수수의 어근 '숫'과 일치한다. '겻기'는 겨루다의 뜻을 지닌다. 그러므로 수수께끼는 '말 겨루기'라는 본뜻을 지닌다.

수염

요셉이 곧 수염을 깎고 그의 옷을 갈아입고 바로에게 들어가니(창 41:14)

이르기를 너희는 수염이 자라기까지 여리고에서 머물다가 돌아오라 하니라(삼하 10:5)

네 머리털과 수염을 깎아서 저울로 달아 나누어 두라(겔 5:1)

수염은 입가에 난 털(鬚)과 뺨에 난 털(髥)을 총칭한다. 옛말은 '거웃' 또는 '나롯'이라 하였다. '나룻'은 '구레나룻'이란 이름으로 지금까지 쓰이고 있지만, '거웃'은 死語가 되어가고 있는 형편이다. '수염'은 입가나 뺨, 턱에 두루 난 털 전체를 의미한다. 수염은 턱수염 수(鬚)+구렛나루 염(髥)의 합성어이다.

술

노아가 술이 깨어 그의 작은 아들이 자기에게 행한 일을 알고(창 9:24)

술을 즐겨 하는 자들과 고기를 탐하는 자들과도 더불어 사귀지 말라(잠 23:20)

행하고 방탕하거나 술 취하지 말며 음란하거나 호색하지 말며 다투거나 시기하지 말고(롬 13:13)

술은 쌀을 쪄서 발효 시켜 만든 식품이다. 옛 사람들은 발효 과정에서 열을 가하지 않아도 끓어오르면서 거품이 일어나는 현상을 보고 신비롭게 여겼을 것이다. 이러한 현상을 표현하기를 물에서(水) 블(불의 옛말)이 일어난다는 의미에서 '수블'로 불리어져졌다. 'ㅂ'이 유성음 사이에선 'ㅜ'로 변하여 '수블→수울→술'로 변하였다.

숨(息)

생명의 기운의 숨이 있는 것은 다 죽었더라(창 7:22)

나를 숨 쉬지 못하게 하시며 괴로움을 내게 채우시는구나(욥 9:18)

그들을 향하사 숨을 내쉬며 이르시되 성령을 받으라(요 20:22)

숨의 조어형 '숟'은 살다의 어근 '살'과 동원어이다. 숨은 '숟→술→술움→수움→숨'의 과정을 거쳤다. 만주어에선 氣를 'suman'이라 하는데 '氣'와 '息'을 거의 같은 뜻으로 사용했다. 만주어, 우리말, 일본어는 같은 계통의 언어이기 때문에 자주 비교대상이 된다.

숨다(숨기다)

더 숨길 수 없게 되매 그를 위하여 갈대 상자를 가져다가 역청과 나무 진을 칠하고 아기를 거기 담아 나일 강 가 갈대 사이에 두고(출 2:3)

내 얼굴을 숨겨 그들에게 보이지 않게 할 것인즉 그들이 삼킴을 당하여 허다한 재앙과 환난이 그들에게 임할 그 때에 그들이 말하기를 이 재앙이 우리에게 내림은 우리 하나님이 우리 가운데에 계시지 않은 까닭이 아니냐 할 것이라(신 31:17)

그를 죽이려고 숨어서 지금 다 준비하고 당신의 허락만 기다리나이다 하니(행 23:21)

숨다의 반대되는 말은 '나타나다'인데 나타나다의 어근 '낱'은 '낟'으로 소급된다. 나타나는 것은 눈에 들어오는 것이다. 반대로 숨는 것은 눈에 들어오지 않는 것이다. 숨다의 조어형 '숟'은 눈의 뜻을 지닌다. 눈설미의 '설', 살피다의 '살'역시 '눈(眼)'의 뜻을 지닌다. '숟→술→술움→수움→숨'의 과정을 거쳤다.

뫼고래 수머 겨샤 『석보상절』

숫자

중에서 자기들의 숫자대로 붙들어 아내로 삼아 자기 기업에 돌아가서 성읍들을 건축하고 거기에 거주하였더라(삿 21:23)

관원들이 그들의 숫자대로 반이 나누이니 각 반열이 이만 사천 명씩이라 일 년 동안 달마다 들어가며 나왔으니(대상 27:1)

오늘날 세계적으로 가장 많이 쓰이는 숫자는 아라비아, 로마, 한자이다. 아라비아숫자는 인도에서 나왔다. 이것이 아라비아 숫자라고 불리었던 것은 사람들이 아라비아에서 배웠기 때문이다. 아라비아 숫자는 1,2,3,4,5,6,7,8,9,0 10개의 서로 다른 형태를 가진 기호로 모든 수를 다 표기하는 방식이다.

옛날 로마사람들이 쓰던 로마숫자는 I,V,X,L,C,D,M 7개의 기본 숫자로 덧셈, 뺄셈의 원칙에 따라 표기했다.

한자 숫자는 열 개의 서로 다른 형태를 가진 숫자들이 더하기 원칙에 따라 수를 표현한다.

숯

본즉 머리맡에 숯불에 구운 떡과 한 병 물이 있더라 이에 먹고 마시고 다시 누웠더니(왕상 19:6)

내 뼈가 숯 같이 탔음이니이다(시 102:3)

육지에 올라보니 숯불이 있는데 그 위에 생선이 놓였고 떡도 있더라(요 21:9)

숯의 옛말은 '숟'이다. 숯은 불(火)의 뜻을 가지고 있다. 일본어 'sumi'는 숯의 의미로 국어의 숯과 동원어이다.

숫 탄(炭) 『훈몽자회』

쉬다(休)

네가 평안히 쉬다가 끝날에는 네 몫을 누릴 것임이라(단 12:13)

그가 놉에서 쉬고 딸 시온 산 곧 예루살렘 산을 향하여 그 손을 흔들리로다(사 10:32)

두었으니 평안히 쉬고 먹고 마시고 즐거워하자 하리라 하되(눅 12:19)

쉬다라는 말은 '숨을 쉬다'에서 온 말이다. 힘든 일 후 잠깐 쉬는 것을 '숨 좀 돌리자'고 표현한다. 이일은 거칠어진 호흡을 정상화 시키는 일이다. 쉬다와 숨쉬다는 그 어원적 의미가 같다. '숨→쉬다, 줌→쥐다, 꿈→꾸다' 등은 같은 형태를 거친 말이다. 安息이나 休息에 나오는 한자는 숨 쉴 식(息)자를 쓰고 있다.

쉽다

분을 쉽게 내는 자는 다툼을 일으켜도 노하기를 더디 하는 자는 시비를 그치게 하느니라(잠 15:18)

겹 줄은 쉽게 끊어지지 아니하느니라(전 4:12)

이르렀다고 해서 쉽게 마음이 흔들리거나 두려워하거나 하지 말아야 한다는 것

이라(살후 2:2)

쉽다는 '쉬다'에 'ㅂ'이 첨가되어 만들어진 단어이다. 즐기다-즐겁다, 반기다-반갑다는 같은 형태를 가진 말이다.

힘 어두미 쉬ᄫᅳ니 『蒙山和尙法語略錄諺解』
쉽살ᄒᆞ다 『소학언해』

스승

작은 자나 스승이나 제자를 막론하고 다같이 제비 뽑아 직임을 얻었으니(대상 25:8)

안에서 일만 스승이 있으되 아버지는 많지 아니하니 그리스도 예수 안에서 내가 복음으로써 너희를 낳았음이라(고전 4:15)

내가 이방인의 스승이 되었노라(딤전 2:7)

스승은 'ᄉᆞ승'이란 말로서 불교가 성행했던 고려 때부터 쓰이던 한자어(師)이다. 지금도 중들을 선생이란 의미로 스님(師님)이라 부르고 있다. 스승은 ᄉᆞ승(師僧)이란 말인데 스님은 스승님의 준말이 된다. 오늘날 스승은 선생이란 뜻의 고유어로 굳어졌다.

녯 님그미 스승 ᄉᆞ로ᄆᆞᆯ 삼가시고 『두시언해』

슬기

마음이 슬기로운 모든 여인은 손수 실을 빼고 그 뺀 청색 자색 홍색 실과 가는 베 실을 가져왔으며(출 35:25)

슬기로운 자와 내 말을 듣는 지혜 있는 사람은 반드시 내게 말하기를(욥 34:34)

이것을 지혜롭고 슬기 있는 자들에게는 숨기시고 어린 아이들에게는 나타내심을 감사하나이다(마 11:25)

슬기의 '슬'은 귀(耳), 또는 언어(語)로 보는 설이 있는데, 둘 다 확실하지 않다. 다만 슬기에서 '기(긔)'는 '귿→글→글이→그이→긔'의 과정을 거쳤는데, 말의 뜻을 지닌다. 묻그리(占)는 '묻다+그리'인데 둘 다 말(語)의 뜻이다. '슬'이 귀의 뜻을 지녔다고 보는 근거는 한자 귀밝을 총(聰)에 귀이 변(耳)이 있다는 것에 근거를 둔다. 다른 설(說)은 슬기의 '슬'이 사뢰다의 '살'일 가능성을 염두에 둔 것이다.

ᄆᆞᅀᆞ미 슯슯ᄒᆞ야『법화경언해』에서 슯슬하다는 '밝다', 昭然하다는 뜻으로 슬기로운 뜻과 한 궤를 이룬다. 슬기의 옛말 슬긔는 '슬+긔'로써 합성어이다.

슬프다

왕이 이르되 슬프다 여호와께서 이 세 왕을 불러 모아 모압의 손에 넘기려 하시는도다 하니(왕하 3:10)

슬프다 나의 근심이여 어떻게 위로를 받을 수 있을까 내 마음이 병들었도다(렘 8:18)

슬프다 그 날이여 여호와의 날이 가까웠나니 곧 멸망 같이 전능자에게로부터 이르리로다(욜 1:15)

슬프다의 어원은 '셜ᄫᅳ다'이다. '셜ᄫᅳ'는 'ㅸ'이 'ㅂ'이 되고 '으'가 빠지면서 '셟다'가 되었다. (셜ᄫᅳ다→셟ᄒᆞ다→설프다→슬프다) '셟다'는 설움에 겹다는 의미를 가지고 있다.

痛ᄋᆞᆫ 셜ᄫᅳᆯ씨라 『월인석보』
여희유메 몇 버늘 슬카니오 『두시언해』
老病死ᄅᆞᆯ 슬ᄒᆞ야 ᄒᆞ거든 『석보상절』

시골

견고한 성읍에서부터 시골의 마을에까지 그리고 사람들이 여호와의 궤를 큰 돌에 이르기까지 다섯 방백들에게 속한 블레셋 사람들의 모든 성읍들의 수대로였더라 그 돌은 벧세메스 사람 여호수아의 밭에 오늘까지 있더라(삼상 6:18)

사람 시몬이 시골로부터 와서 지나가는데 그들이 그를 억지로 같이 가게 하여 예수의 십자가를 지우고(막 15:21)

구레네 사람이 시골에서 오는 것을 붙들어 그에게 십자가를 지워 예수를 따르게 하더라(눅 23:26)

시골의 옛말은 'ᄉᆞᄀᆞ볼'이다. 'ᄀᆞ볼'은 '고을'과 같은 말이다. 'ᄉᆞ'는 새(사이)의 뜻이다. '새'는 중간을 뜻 하는데, '틈새'는 '틈 사이'의 준말이다. 옛날엔 한 나라의 중간지역을 'ᄉᆞᄀᆞ볼'이라 하였는데 지금은 서울에 대하여 멀리 떨어진 곳을 가리키는 말이 되었다. 지금도 지명에 '골'이나 '실'이 들어간 곳이 있는데 모두 마을의 뜻을 지니지만 원래의미는 흙, 땅의 뜻을 지닌다.

ᄉᆞᄀᆞ뵳 軍馬ᄅᆞᆯ 이길씩 『용비어천가』

시냇물

그 시냇물을 마시라 내가 까마귀들에게 명령하여 거기서 너를 먹이게 하리라(왕상 17:4)

하나님이여 사슴이 시냇물을 찾기에 갈급함 같이 내 영혼이 주를 찾기에 갈급하니이다(시 42:1)

뒤에 개울과 시냇물이 흐를 것이며(사 30:25)

시냇물은 '실(谷)+내(川)+사이시옷+물(水)'로 구성된 단어로 '작은 내'라는 뜻이다. '실'은 곡(谷)의 뜻으로 지금도 고유지명에 실이 들어간 곳이 많다.(전라남도 보성군 득량면에는 박실, 쇠실, 강골이라는 마을이 있다)

시아버지

말하되 네 시아버지가 자기의 양털을 깎으려고 딤나에 올라왔다 한지라 (창 38:13)

것과 그의 시아버지와 남편이 죽은 소식을 듣고 갑자기 아파서 몸을 구푸려 해산하고(삼상 4:19)

빼앗겼고 그의 시아버지와 남편이 죽었기 때문이며(삼상 4:21)

시아버지의 옛말은 'ᄉᆞᆡ아비'이다. 'ᄉᆞᆡ'는 부인 쪽에서 남편 쪽을 가리키는 말이다.

엇뎨 뻐곰 ᄉᆞᆡ어미 ᄉᆞᆡ아비를 拜謁ᄒᆞ리오 『두시언해』
ᄉᆞᆡ아자비 ᄃᆡ접ᄒᆞ기를 『동국신속삼강행실도』

시집

딸들은 마음대로 시집가려니와 오직 그 조상 지파의 종족에게로만 시집갈지니(민 36:6)

타인에게 시집 가지 말 것이요 그의 남편의 형제가 그에게로 들어가서 그를 맞이하여 아내로 삼아 그의 남편의 형제 된 의무를 그에게 다 행할 것이요(신 25:5)

아니요 처녀가 시집 가도 죄 짓는 것이 아니로되 이런 이들은 육신에 고난이 있으리니 나는 너희를 아끼노라(고전 7:28)

시집의 옛말은 'ᄉᆡᆨ집'이다. 이 집은 여인이 결혼을 통하여 새로 들어가 살아야 하는 집(家門)을 의미한다. 'ᄉᆡᆨ집→ᄉᆞᆡ집→시집'의 과정을 거쳤다. 시집은 순 우리말인 반면 媤家는 우리식(?) 한자다. 즉 중국에는 없는 한자어란 뜻이다. '媤'는 여인이 늘 마음을 써서 섬겨야 한다는 뜻을 살려 만든 한국식 한자어이다.

신발

에돔에는 나의 신발을 던지리라 블레셋아 나로 말미암아 외치라 하셨도다(시 60:8)

굽혀 그의 신발끈을 풀기도 감당하지 못하겠노라(막 1:7)

전대와 배낭과 신발도 없이 보내었을 때에 부족한 것이 있더냐 이르되 없었나이다(눅 22:35)

신발은 짚신과 감발에서 온 말이다. 감발은 '발감개'를 뜻한다. 신이 벗겨지지 않도록 끈으로 발에 묶는 일을 '들메'라한다. 신을 들메는 끈을 신들메 혹은 들메끈이라 한다. 1940년대만 해도 신발이란 말은 별로 쓰이지 않았고 단지 '신'이라고만 했다. 심리적 요인에 의해 신은 발에 신는다는 것에 의해 '발'과의 합성어가 생겼다.

신발은 옷 한 벌, 두 벌 하는 '벌'에서 변한 말이다.

싸우다

속에서 서로 싸우는지라 그가 이르되 이럴 경우에는 내가 어찌할꼬 하고 가서 여호와께 묻자온대(창 25:22)

사람이 서로 싸우다가 하나가 돌이나 주먹으로 그의 상대방을 쳤으나 그가 죽지 않고 자리에 누웠다가(출 21:18)

자들과 더불어 싸우려고 바다 모래 위에 서 있더라(계 12:17)

싸우다의 옛말은 '사호다'이다. 사호다의 '사'는 '삳→살→살오다→사오다→사호다'의 과정을 거쳤다. 사오다→사호다가 된 것은 모음 충돌 회피 현상으로 'ㅎ'이 개입 된 것이다.

싸호는 한 쇼룰 두 소내 자바시며 『용비어천가』

싹

가지가 있고 싹이 나서 꽃이 피고 포도송이가 익었고(창 40:10)

뿌리에서 한 싹이 나서 만민의 기치로 설 것이요 열방이 그에게로 돌아오리니 그가 거한 곳이 영화로우리라(사 11:10)

싹이 나면 너희가 보고 여름이 가까운 줄을 자연히 아나니(눅 21:30)

싹은 하나의 잎이며 풀이다. 싹의 옛말은 '삭'이다. '삳→살→삵→삭'의 과정을 거쳤다. 댓빨(竹葉) 『두시언해』에 나오는 대는 대나무의 뜻이고 '빨'은 잎의 뜻을 지닌다. '빨'의 원음은 '살'로서 잎의 뜻이다. 고사리의 '사리' 남새의 '새'가 풀의 뜻이다.

神足은 삭 남 ᄀᆞᆮ고 『원각경언해』

쌀

그러나 밀과 쌀보리는 자라지 아니한 고로 상하지 아니하였더라(출 9:32)

쌀은 벼의 껍질을 벗긴 알맹이다. 15세기엔 'ᄡᆞᆯ'로 표기되었지만 옛말은 '살'이다. 지금도 경상도에선 '살(米)'이라 발음한다. 몽고어에선 'sali(米)', 일본어에선 'sari(흰밥)'라고 한다.

ᄒᆞᆫ 낟 ᄡᆞᆯ올 좌샤 『월인천강지곡』

쌍둥이

찬즉 태에 쌍둥이가 있었는데(창 25:24)

쌍둥이는 '쌍동(雙童)'에 그 기원을 둔다. '쌍'은 둘이며 '동'은 아이다. 그러나 두 아이만을 나타내지는 않는다. 한 어머니에게서 난 두 아이를 말하는데, 먼저 난 아이를 '선동이' 뒤에 난 아이를 '후동이'라 하였다. '동이'는 '둥이'로 변화되었다. '세쌍둥이'란 말도 있는데 이 말은 한 어머니에게서 난 세 아이를 의미한다.

썰다

기름에 적셔 썰어서 소제로 여호와께 드려 향기로운 냄새가 되게 하라(레 6:21)

채워가지고 돌아와 썰어 국 끓이는 솥에 넣되 그들은 무엇인지 알지 못한지라(왕하 4:39)

썰다의 옛말은 '사홀다'이다. '사홀'은 칼의 뜻을 지닌다. 몽고어에 칼이 'salbaho'이다. 국어의 살(sal)'이 칼의 뜻을 지닌다고 볼 수 있다.

膾 ᄂᆞᆫ 고기 ᄀᆞᄂᆞ리 사홀씨라 『법화경언해』

ᄒᆞᆫ ᄡᅡᄒᆞ라 ᄃᆞᆮᄂᆞᆫ 地獄ᄋᆞᆯ 보니 『월인석보』

쑥

염려하며 독초와 쑥의 뿌리가 너희 중에 생겨서(신 29:18)

이 백성에게 쑥을 먹이며 독한 물을 마시게 하고(렘 9:15)

내가 그들에게 쑥을 먹이며 독한 물을 마시게 하리니 이는 사악이 예루살렘 선지자들로부터 나와서 온 땅에 퍼짐이라 하시니라(렘 23:15)

쑥의 옛말은 'ᄡᅮᆨ'이다. 더 古音은 '숙'이다. 만주어에는 'suku(艾)'가 나온다. suku의 어근 'suk'과 일치한다. 고사리의 '사리'가 풀의 뜻을 지니는데 '숙'과 동원어로 보인다.

ᄡᅮ게 브ᄐᆞ듸 『능엄경언해』

쓸개

그는 내 쓸개가 땅에 흘러나오게 하시는구나(욥 16:13)

그들이 쓸개를 나의 음식물로 주며 목마를 때에는 초를 마시게 (시 69:21)

쓸개 탄 포도주를 예수께 주어 마시게 하려 하였더니 예수께서 맛보시고 마시고자 하지 아니하시더라(마 27:34)

쓸개의 옛말은 'ᄡᅳᆯ게'인데 '쓸'은 '슬'로 소급된다. '쓸개'는 고유어이며. '간'에 해당하는 고유어는 없다. 쓸개를 또 '애'라고 부른 흔적이 나타난다.

애ᄅᆞᆯ 일코 『金剛經三家解』 현대어에서 '애간장'이라는 말을 쓰고 있는 것을 보면, '애'가 '간(肝)'의 뜻을 지니고 있을 가능성도 보인다. 쓸개에 들어 있는 담즙이 매우 쓰기 때문에 'ᄡᅳ(苦)'라는 형용사를 이용한 造語가 가능했다는 주장도 있다.

씨름

새도록 야곱과 씨름하다가(창 32:24)

그 사람과 씨름할 때에 어긋났더라(창 32:25)

우리의 씨름은 혈과 육을 상대하는 것이 아니요 통치자들과 권세들과 이 어둠의 세상 주관자들과 하늘에 있는 악의 영들을 상대함이라(엡 6:12)

씨름의 옛말은 '힐훔'이다. 말씨름을 '입힐훔'이라 한다.

ᄆᆞᄉᆞᆷ호려 입힐훔ᄒᆞ고 『박통사언해』

힐훔이 '실훔으로→실음→시름'의 과정을 거쳤다. 씨름은 주로 손으로 하는 경기인지라 씨름에 해당하는 한자를 보면 대부분 손수(手)변이-拙(잡을 졸), 撲(칠 박), 抵(젖힐 저) - 들어간다. 시름의 어근 '실'은 손의 뜻을 지닌다. 손의 고이형 'ᄉᆞᆫ'에서 변한 말이다.

씨름 탁견 遊山ᄒᆞ기 『청구영언』
우리ᄃᆞᆯ히 시름호되 『박통사언해』

씨앗

곧 평강의 씨앗을 얻을 것이라 포도나무가 열매를 맺으며 땅이 산물을 내며 하늘은 이슬을 내리리니 내가 이 남은 백성으로 이 모든 것을 누리게 하리라(슥 8:12)

씨앗은 열매 속에 들어 있는 물질(알)을 말하고, '씨알'은 씨의 하나하나 알을 의미한다. '씨앗'이나 '씨알'의 어원은 같다. '씨앗'의 '앗'은 낟알의 '알'과 같은 말이다. '씨앋→씨알→씨앗'으로 변화하였다.

됴ᄒᆞᆫ ᄡᅵ 심거든 『월인석보』

씻다

들어와 발을 씻고 주무시고 일찍이 일어나 갈 길을 가소서 그들이 이르되 아니라 우리가 거리에서 밤을 새우리라(창 19:2)

갈 때에 씻었으니 여호와께서 모세에게 명령하신 대로 되니라(출 40:32)

돌아가고 돼지가 씻었다가 더러운 구덩이에 도로 누웠다 하는 말이 그들에게 응하였도다(벧후 2:22)

씻다의 옛말은 '싯다'이다. 현대어는 '씻다'속에 '씻어 없앤다'는 뜻을 포함하고 있지만, 옛말은 '씻다'와 '없애다'는 분리되었다. 옛말 없애다는 '슷다'로 표기되었다.

시스며 갓곤 거시 서르두펏도다 『두시언해』

ㅇ

아가리

갈고리로 네 아가리를 꿰고 너와 말과 기마병 곧 네 온 군대를 끌어내되 완전한 갑옷을 입고 큰 방패와 작은 방패를 가지며 칼을 잡은 큰 무리와(겔 38:4)

아가리는 '악+아리'의 합성어이다. 주둥이를 주둥아리라고 하는 것과 같은 이치다. '아리'는 '알'에 접미사 '이'가 붙은 형태이다. 항아리의 '아리'도 입의 뜻이다. 아리의 어원은 입(口)으로 입의 비속어이다.

아깝다

올라가자 아하 아깝다 날이 기울어 저녁 그늘이 길었구나(렘 6:4)

아깝다는 '아끼다'와 같은 말이다. 옛말은 '앗갑다'이다. 앗갑다란 말이 된 소리가 발달하면서 '아깝다'로 변하였다. 요즘 아깝다와 아끼다는 의미상의 변별성이 있지만 같은 어원(앗기)에서 출발하였다.

앗가ᄫᆞᆫ 뜨디 업더녀 『월인석보』

아기

진을 칠하고 아기를 거기 담아 나일 강 가 갈대 사이에 두고(출 2:3)

그 아기가 자라매 바로의 딸에게로 데려가니 그가 그의 아들이 되니라 그가 그의 이름을 모세라 하여 이르되 이는 내가 그를 물에서 건져내었음이라 하였더라(출 2:10)

이르되 헤롯이 아기를 찾아 죽이려 하니 일어나 아기와 그의 어머니를 데리고 애굽으로 피하여 내가 네게 이르기까지 거기 있으라 하시니(마 2:13)

아기의 어원은 '작다'는 뜻을 가진 '앚'이다. '앚→악→아ᄀᆞ→아기'로 변천해왔다.

'아기'는 젖먹이 아이를, '아이'는 나이가 어린 사람을, '애기'는 아기와 같은 의미로 쓰인다.

아내

떠나 그의 아내와 합하여 둘이 한 몸을 이룰지로다(창 2:24)

나발이요 그의 아내의 이름은 아비가일이라 그 여자는 총명하고 용모가 아름다우나 남자는 완고하고 행실이 악하며 그는 갈렙 족속이었더라(삼상 25:3)

아내들아 남편에게 복종하라 이는 주 안에서 마땅하니라(골 3:18)

1) 아내의 어원은 '안해'이고 '안해'는 집안의 해와 같은 존재를 의미한다. 남편과 아내 즉 부부를 가리키는 말에는 팍내, 한솔, 가시버시 같은 것이 있다. 가시는 아내를 뜻하는 말로 지금도 전라도 방언에는 여자를 '가시네'라고 한다. 아내는 안채에 사는 사람이란 뜻이다.

2) 안해는 안(內)+해(人)로 구성되었다. '안'은 쉽게 이해할 수 있는데 해(히)에 대하여는 더 설명이 필요하다. 아히(兒), 사나히(男), 갓나히(女)의 '히'와 안해의 '해'가 같은 계통의 말이다. '해'의 어원적 의미는 사람임을 알 수 있다.

아들

동침하매 그가 아들을 낳아 그의 이름을 셋이라 하였으니 이는 하나님이 내게 가인이 죽인 아벨 대신에 다른 씨를 주셨다 함이며(창 4:25)

이르되 내 아들 다윗아 네게 복이 있을지로다 네가 큰 일을 행하겠고 반드시

승리를 얻으리라 하니라 다윗은 자기 길로 가고 사울은 자기 곳으로 돌아가니라(삼상 26:25)

레위의 아들들 가운데 제사장의 직분을 받은 자들은 율법을 따라 아브라함의 허리에서 난 자라도 자기 형제인 백성에게서 십분의 일을 취하라는 명령을 받았으나(히 7:5)

아들의 옛말은 '아ᄃᆞᆯ'이라 하였다. '아ᄃᆞᆯ'의 '아'는 어른에 대한 '아이'의 의미다. '兒는 아ᄒᆡ라'고 『월인석보』에 나와 있다. '아ᄒᆡ'의 '아'에 연결되는 말이다. 아ᄒᆡ는 '아희→아이'로 변하는 고유어로 '아+ᄃᆞᆯ(접미사)'로 구성되었다.

孝道ᄒᆞᆯ 아ᄃᆞᆯ 우루믈 슬피 너겨 드르샤 『용비어천가』

아름답다

땅에서 보기에 아름답고 먹기에 좋은 나무가 나게 하시니 동산 가운데에는 생명 나무와 선악을 알게 하는 나무도 있더라(창 2:9)

빼어나고 얼굴이 아름답더라 여호와께서 이르시되 이가 그니 일어나 기름을 부으라 하시는지라(삼상 16:12)

기록된 바 아름답도다 좋은 소식을 전하는 자들의 발이여 함과 같으니라(롬 10:15)

아름답다는 '아ᄅᆞᆷ+답다(접미사)'로 구성되었다. 'ᄋᆞᄅᆞᆷ'은 나(私)의 뜻을 지니는 단어다.

그 윗門엔 아ᄅᆞ믈 容納 몯거니디 아니ᄒᆞ며 『금강경삼가해』
제 모ᄆᆞᆯ 아ᄅᆞᆷ 삼디 아니ᄒᆞ며 『능엄경언해』

몽고어에선 아름답다가 'arouhan'인데 어근 'ar'이 국어의 '알'과 비교된다. 한자어 '美'는 '양(羊)+큰 대(大)'자가 어우러졌는데, 양고기는 맛이 있어 많이 먹는다는 뜻으로 중국인은 그 일을 아름답게 보았다. 중국인의 미의식이 어디에 있음을 알 수 있다.

美ᄂᆞᆫ 아ᄅᆞᆷ다ᄫᆞᆯ씨니 『석보상절』

아빠

아이가 내 아빠, 내 엄마라 부를 줄 알기 전에 다메섹의 재물과 사마리아의 노략물이 앗수르 왕 앞에 옮겨질 것임이라 하시니라(사 8:4)

아빠 아버지여 아버지께는 모든 것이 가능하오니 이 잔을 내게서 옮기시옵소서 그러나 나의 원대로 마시옵고 아버지의 원대로 하옵소서 하시고(막 14:36)

가운데 보내사 아빠 아버지라 부르게 하셨느니라(갈 4:6)

아버지의 어근 '압'이 呼格이 되면 '압+아'가 된다. 압아(아바)가 强音化 되면서 아빠라는 말로 발전되었다. 따라서 이 말의 어원은 압(父)+아(呼格)로 된 말이며 의미는 '아버지야'가 된다. 그러므로 이 말은 아이가 존칭어를 배우기 전에 그 아버지를 부르는 말이므로 철든 사람이 '아빠'라고 부르면 어색한 소리가 된다.

아버지

고향과 친척과 아버지의 집을 떠나 내가 네게 보여 줄 땅으로 가라(창 12:1)

그 여자의 아버지가 그에게 이르되 보라 이제 날이 저물어 가니 청하건대 이 밤도 유숙하라 보라 해가 기울었느니라 그대는 여기서 유숙하여 그대의 마음을 즐겁게 하고 내일 일찍이 그대의 길을 가서 그대의 집으로 돌아가라 하니(삿 19:9)

내가 아버지께 구하겠으니 그가 또 다른 보혜사를 너희에게 주사 영원토록 너희와 함께 있게 하리니(요 14:16)

아버지는 원래 '압'이라 일컬었는데, 여기에 접미사 '어지'가 붙은 것이다. 단음절 '압'이 안정성이 없어 음절을 첨가한 것이다. 첨가한 단어에도 뜻은 있다. '지'는 사람을 가리킨다. 거지, 거러지의 '지'도 사람을 가리킨다.

아우

또 가인의 아우 아벨을 낳았는데 아벨은 양 치는 자였고 가인은 농사하는 자였더라(창 4:2)

곧 갈렙의 아우 그나스의 아들 옷니엘이라(삿 3:9)

마리아와 예수의 아우들과 더불어 마음을 같이하여 오로지 기도에 힘쓰더라(행 1:14)

아우는 '작다'는 뜻을 가진 '앗'이 그 어원인데 '앗→아ᅀᆞ→아ᄋᆞ→아으→아우'로 변천과정을 겪었다. 현대어에서 '아우'는 자기보다 작은 것, 즉 동생을 의미한다. 그러나 원래 의미는 그렇지 않다.

아ᄋᆞ와 동ᄉᆡᆼ의 ᄌᆞ식돌히 『소학언해』에서 보듯이 꼭 아우만을 의미하지는 않는다. 동생은 한자음으로 '同生' 즉 같은 배에서 난 사람을 의미한다. '同氣'라는 말과 같다. 동기라고 하면 언니, 아우, 오라비등이 모두 포함된다. 동생이 동성이든 이성이든 손아래 사람에게 제한 없이 쓰인다면, 아우는 동성의 손아래 사람에게만 쓰이는 적용상의 차이는 있다.

앗(弟)ᄋᆞᆫ ᄠᅳᆮ 다ᄅᆞ거늘 『용비어천가』
아ᅀᆞ 爲弟 『훈민정음해례』
ᄒᆞᆫ 어믜게셔 난 동ᄉᆡᆼ 『두시언해』

아이

아이가 자라매 젖을 떼고 이삭이 젖을 떼는 날에 아브라함이 큰 잔치를 베풀었더라(창 21:8)

우리의 어린 아이들과 아내와 양 떼와 모든 가축은 이곳 길르앗 성읍들에 두고(민 32:26)

이르시되 어린 아이들이 내게 오는 것을 용납하고 금하지 말라 하나님의 나라가 이런 자의 것이니라(막 10:14)

아이의 옛말은 '아ᄒᆡ'이다. '아ᄒᆡ→아희→아이'로 변화하였다. 고대 삼국시대엔 손위 누이를 '아해', 손아래 누이를 '아지'라 했는데 지금의 '아이· 아기'의 모태가 된다고 볼 수 있다. '아가'는 아기의 호격이다.

小兒ᄂᆞᆫ '아ᄒᆡ라 『월인석보』

아침

저녁이 되고 아침이 되니 이는 첫째 날이니라(창 1:5)

조금이라도 이튿날 아침까지 두지 말 것이니라(레 7:15)

아침에 다시 성전으로 들어오시니 백성이 다 나아오는지라 앉으사 그들을 가르치시더니(요 8:2)

아침의 옛말은 '아ᄎᆞᆷ'이다. 아침 조(朝)자엔 서쪽에 달이 보이고 해가 떠오를 때를 의미하는 글자다. 아침의 어근은 '앋'인데 만주어에서 해를 뜻하는 'anya'의 어근 'an'과 궤를 같이한다. '아젹'도 아침의 뜻으로 쓰이고 있다. 경상도 방언에선 '아직'이 아침의 뜻으로 쓰이고 있다. '아ᄎᆞᆷ'의 'ᄎᆞᆷ'은 '때, 무렵'을 나타내는 말이다. 지금도 '쉬는 참'이란 말이 있다.

ᄒᆞᄅᆞᆺ 아ᄎᆞ미 命終ᄒᆞ야 『석보상절』

아프다

슬프고 아프다 내 마음속이 아프고 내 마음이 답답하여 잠잠할 수 없으니 이는 나의 심령이 나팔 소리와 전쟁의 경보를 들음이로다(렘 4:19)

아프다는 '앓(다)+ᄇᆞ→알ᄑᆞ다'로 구성되었다. 알ᄑᆞ다는 '아프다'의 옛말이다. 어원은 '앓다'이다.

痛: 알ᄑᆞᆯ 통 『훈몽자회』

악수

앗수르 사람과 악수하고 양식을 얻어 배불리고자 하였나이다(애 5:6)

자들과 더불어 악수하는도다(호 7:5)

바나바에게 친교의 악수를 하였으니 우리는 이방인에게로, 그들은 할례자에게로 가게 하려 함이라(갈 2:9)

악수(握手)는 손을 잡는다는 뜻이다. 이 단에는 이런 유래가 있다. 옛날엔 살기가 힘들어 강도들이 많았는데, 강도들은 어딘가에 숨어 사람들을 괴롭혔다. 그래서 집을 나갈 때는 무장을 하고 나갔는데, 그 때 손에 쇠장갑을 끼고 병장기를 들었다. 그러나 믿을 수 있는 사람끼리는 손바닥을 내 보이며 잡는 것으로 서로 신뢰를 확인했다. 즉 내 손엔 무기가 없으니 당신을 해할 의도가 없다는 표시인 셈이다. 지금도 악수 할 때는 장갑을 벗는데 이런 신뢰를 바탕으로 한 것이다.

안개

안개만 땅에서 올라와 온 지면을 적셨더라(창 2:6)

네 죄를 안개 같이 없이하였으니 너는 내게로 돌아오라 내가 너를 구속하였음이니라(사 44:22)

밀려 가는 안개니 그들을 위하여 캄캄한 어둠이 예비되어 있나니(벧후 2:17)

안개의 조어형은 '앋'인데 그 의미는 물을 뜻한다. 얼다(凍)의 '얼' 고구려말 於乙(泉)도 물의 뜻을 지닌다. 개는 '갈→가이→개'의 변화인데 역시 물의 뜻을 지닌다. ᄀᆞᄅᆞᆷ의 'ᄀᆞᆯ' 개천의 '개' 역시 물의 뜻을 지닌다. 안개는 합성어로서 물의 의미를 갖는 이음동의어인 셈이다.

긴 수프레 안개 거두미 ᄀᆞᄌᆞᆨᄒᆞ도다 『두시언해』

암컷

드리려면 수컷이나 암컷이나 흠 없는 것으로 여호와 앞에 드릴지니(레 3:1)

양 떼의 암컷 어린 양이나 염소를 끌어다가 속죄제를 드릴 것이요 제사장은 그의 허물을 위하여 속죄할지니라(레 5:6)

안으시며 젖먹이는 암컷들을 온순히 인도하시리로다(사 40:11)

암컷은 '암+것'으로 구성 되었다. 동물의 암놈이란 뜻이다. 컷은 '것+ㅎ'으로 거센소리가 된 것이다. 암은 아내, 여자의 뜻으로도 쓰였다.

이제 겨집 업서 ᄒᆞᆫ 암호 어뎃거늘 『월인석보』, 만주어에선 암컷을 'amira'라고 하는데 동원어로 볼 수 있다. '암'은 어미의 '엄'과도 동원어이다.

암 사ᄉᆞ미 와 『석보상절』

약

싸매지도 못하였고 약을 붙여 싸매지도 못하였느니라(겔 30:21)

그 잎사귀는 약 재료가 되리라(겔 47:12)

네 상처에는 약도 없고 처방도 없도다(렘 30:13)

『설문(說文)』에 병을 고치는 풀을 '약'이라 했다. 약의 시초는 풀이었고 그래서 草의 '부수'에 사람을 즐겁게 한다는 樂이 결합되어 藥이 된 것으로 알려지고 있다.

약이 오른 고추나 채소에 약이 올랐다는 뜻은 인체에 약리작용을 할 수 있을 만큼 성장했다는 뜻으로 쓰인다.

어깨

가져다가 자기들의 어깨에 메고 뒷걸음쳐 들어가서 그들의 아버지의 하체를 덮었으며 그들이 얼굴을 돌이키고 그들의 아버지의 하체를 보지 아니하였더라(창 9:23)

앞 두 어깨받이 아래 매는 자리 가까운 쪽 곧 정교하게 짠 띠 위쪽에 달고(출 28:27)

묶어 사람의 어깨에 지우되 자기는 이것을 한 손가락으로도 움직이려 하지 아니하며(마 23:4)

어깨의 옛말은 '엇게'이다. '엇'은 안다(抱)의 조어형 '앋'과 동원어로서 팔의 뜻을 지닌다. '게'는 가지다의 뜻을 지니는데 가지다의 고형 갇(手)과 동원어이다.

왼녁 엇게에 얹고 『석보상절』

어금니

젊은 사자의 어금니를 꺾어 내시며(시 58:6)

장검 같고 어금니는 군도 같아서 가난한 자를 땅에서 삼키며 궁핍한 자를 사람 중에서 삼키는 무리가 있느니라(잠 30:14)

같고 그 어금니는 암사자의 어금니 같도다(욜 1:6)

어금니는 그 어원이 '엄'이다. 어금니의 '어금'은 '엄'에 'ㄱ'이 끼어들어 간 말이다. '몰개→모래'도 같은 현상이다. '어금니'는 '어미(母)+이(齒)'란 뜻으로 '큰 이'를 의미한다.

ㄱ는 엄 쏘리니 『훈민정음해례』

어른

따라 집의 어른은 이러하니라 이스라엘의 장자 르우벤의 아들은 하녹과 발루와 헤스론과 갈미니 이들은 르우벤의 족장이요(출 6:14)

온 백성의 어른 곧 이스라엘 모든 지파의 어른들은 하나님 백성의 총회에 섰고 칼을 빼는 보병은 사십만 명이었으며(삿 20:2)

가책을 느껴 어른으로 시작하여 젊은이까지 하나씩 하나씩 나가고 오직 예수와 그 가운데 섰는 여자만 남았더라(요 8:9)

어른은 '장가 든다'의 뜻을 가진 '어루다'와 불완전 명사'이'가 어울려 단어가 만들어졌다. 이 말은 '어룬+이→어루니→어룬→어른'으로 정착되었다. 예부터 장가든 사람을 어른으로 여기던 관념에서 '성인'을 의미하게 되었다. 여기서 '어루다'는 결혼하다의 뜻을 가지고 있다.

강원도 방언에는 '남진얼우다, 겨집얼우다'가 쓰이고 있는데 '얼은(結婚)'은 成婚을 의미한다. 결혼의 우리 옛말은 '얼다'인 셈이다. '薯童謠'[6]에 이미 그 내용이 나온다.

참고로 '어린이'라는 말은 어린 사람 즉 어리석은 사람이란 뜻이다. 어린이는 어리석은 사람→어린사람(나이가 적은)으로 변화되었지, 방정환 선생이 만든 단어가 아니다.

훈민정음에 "어린 백성이 니르고져"가 나온다. 일본어 'otona'는 국어 어른의 고어 '어든'이 바뀐 형태이다.

어루신하 허물 마ᄅᆞ쇼셔 『두시언해』

어머니

여러 민족의 어머니가 되게 하리니 민족의 여러 왕이 그에게서 나리라(창 17:1
6)

---

6) 善化公主님은
[illegible] 그[illegible]기 얼어 두고
맛동방을
밤의 몰 안고 가다
여기 '얼어 두고'는 '결혼해 놓고'라는 뜻을 지닌다.

시스라의 어머니가 창문을 통하여 바라보며 창살을 통하여 부르짖기를 그의 병거가 어찌하여 더디 오는가 그의 병거들의 걸음이 어찌하여 늦어지는가 하매(삿 5:28)

보소서 당신의 어머니와 동생들이 당신께 말하려고 밖에 서 있나이다 하니(마 12:47)

어머니는 '엄'에서 파생된 말이다. '엄'은 자웅의 암컷을 가리키는 말로 모음교체로 인해 '엄'이 되었다. 어린 새싹을 이르는 말 '움'도 같은 계통의 말이다. '엄+어니'로 구성되었는데 '줌+어니, 올압+어니, 아촌+어머니(아주머니)'도 같은 경우다.

은어로 쓰이는 심마니(산삼채취인)의 '마니'도 사람의 뜻이고, 왕초의 수하들 똘마니의 '마니'도 사람의 뜻이다. '엄지'라는 말도 엄(母)+지(指)로 이루어진 단어다. '엄'은 어머니에 해당하는 어근이 된다.

엄이 업사시거든 (母沒) 『소학언해』
어마님 드리신 말 엇디 ᄒᆞ시니 『용비어천가』

어미

이레 동안 어미와 함께 있게 하다가 여드레 만에 내게 줄지니라(출 22:30)

자기의 아비나 어미를 저주하는 자는 그의 등불이 흑암 중에 꺼짐을 당하리라(잠 20:20)

아비를 조롱하며 어미 순종하기를 싫어하는 자의 눈은 골짜기의 까마귀에게 쪼이고 독수리 새끼에게 먹히리라(잠 30:17)

어미의 옛말은 '어ᅀᅵ'이다. 오늘 시대엔 어머니를 낮추어 부르는 말이 되었다. 또한 동물의 새끼를 낳는 암컷을 말하기도 한다.

어ᅀᅵ 다 눈 멀어든 『월인석보』

어여쁘다

사랑아 너는 어여쁘고 어여쁘다 네 눈이 비둘기 같구나(아 1:15)

네 입은 어여쁘고 너울 속의 네 뺨은 석류 한 쪽 같구나(아 4:3)

디르사 같이 어여쁘고, 예루살렘 같이 곱고, 깃발을 세운 군대 같이 당당하구나(아 6:4)

15세기 어엿브다는 지금의 '예쁘다'와는 다른 의미이다. 어엿브다는 한자어로 '憐, 恤'에 대응하여 불쌍하다는 의미로 쓰였다. 그러나 지금은 어여쁘다의 축약형 '예쁘다'로 쓰이고 있다.

그 빗치 빗나고 조하 가히 어엿브ᄂᆞ니『신전자초방언해』

어제

아버지의 하나님이 어제 밤에 내게 말씀하시기를 너는 삼가 야곱에게 선악간에 말하지 말라 하셨느니라(창 31:29)

아들이 어찌하여 어제와 오늘 식사에 나오지 아니하느냐 하니(삼상 20:27)

네가 어제는 애굽 사람을 죽임과 같이 또 나를 죽이려느냐 하니(행 7:28)

어제의 어근은 '엊'이다.『훈몽자회』엔 어제 작(昨)으로 나오고,『계림유사』엔 明日曰轄載로 나온다. 轄載는 '아재'의 표기라 하겠다. 아재, 어제의 어근 '얻, 앋'은 동원어로서 태양의 뜻을 지닌다. 모음변이에 의해 어제, 아재의 분화가 이루어졌다.

억지

딸들을 내게서 억지로 빼앗으리라 하여 두려워하였음이니이다(창 31:31

누구든지 너로 억지로 오 리를 가게 하거든 그 사람과 십 리를 동행하고(마 5:41)

하는 자들이 억지로 너희에게 할례를 받게 함은 그들이 그리스도의 십자가로

말미암아 박해를 면하려 함뿐이라(갈 6:12)

억지는 '어거지'라고도 한다. 악쓰다의 '악', 아가리의 '악', 아궁이의 '악'과 함께 모두 입(口)의 뜻을 지닌다. 억지는 자기의 뜻을 억지로 내세우는 고집을 말한다. 억세다의 '억'도 억지의 '억'과 동원어이다.

언니

딸이 있으니 언니의 이름은 레아요 아우의 이름은 라헬이라(창 29:16)

이르되 내가 언니와 크게 경쟁하여 이겼다 하고 그의 이름을 납달리라 하였더라(창 30:8)

이르되 그러면 언니의 아들의 합환채 대신에 오늘 밤에 내 남편이 언니와 동침하리라 하니라(창 30:15)

언니에 해당하는 단어가 문헌상에 최초로 보인 것은 『한영자전』(1897)에 '어니'로 나온다. 그러다 조금 후 20세기 초 전래동요 「싀집간 언이」에서는 '언이'로 표기되었다. 어니의 어원에 대하여는 명확하게 설명 할 수 없지만, 형을 뜻하는 일본어' ani'와 동원어일 것이라 추측된다.

초창기의 '어니'는 남성이든 여성이든 同性의 손윗사람에게 적용되었다. 어니에서 '언니'로의 변화는 뒷 음절의 '頭音첨가현상'이다. 이런 현상은 국어에 자주 나온다. 아바→아빠도 같은 현상이다. 처음에는 성(性) 제한 없이 쓰이다가 지금은 여성으로 한정된 단어가 되었다.

언덕

돌아서 아그랍빔 언덕 남쪽에 이르고 신을 지나 가데스바네아 남쪽에 이르고 또 하살아달을 지나 아스몬에 이르고(민 34:4)

강 두 언덕 사이에서 사람의 목소리가 있어 외쳐 이르되 가브리엘아 이 환상을 이 사람에게 깨닫게 하라 하더니(단 8:16)

언덕의 '언'은 '동뚝'을 의미하는 옛말이다. 덕은 '평평하면서 높은 땅'이란 뜻이다. 언덕은 땅이 평지 보다 높은 뚝을 이르는 말이다.

얼굴

내가 형님의 얼굴을 뵈온즉 하나님의 얼굴을 본 것 같사오며 형님도 나를 기뻐하심이니이다(창 33:10)

왕 여호사밧의 얼굴을 봄이 아니면 그 앞에서 당신을 향하지도 아니하고 보지도 아니하였으리이다(왕하 3:14)

예수 그리스도의 얼굴에 있는 하나님의 영광을 아는 빛을 우리 마음에 비추셨느니라(고후 4:6)

얼굴은 본래 '얽다'에서 온 말로서 몸체나 사물의 모양을 의미한다. 그러나 지금은 그 뜻이 변하여 머리의 앞 부분만을 의미하게 되었다. 인물을 고르는 기준인'身言書判'의 '신'이 바로 얼굴을 의미한다. 『훈몽자회』엔 모양 형(形)자를 '얼굴 형'이라 하였고 모양 모(模)자를 '얼굴 모'라고 하였다.

얼구리 이제 이 곧ᄒᆞ니 『두시언해』

얼음

얼음이 녹으면 물이 검어지며 눈이 그 속에 감추어질지라도(욥 6:16)

얼음은 누구의 태에서 났느냐 공중의 서리는 누가 낳았느냐(욥 38:29)

추수하는 날에 얼음 냉수 같아서 능히 그 주인의 마음을 시원하게 하느니라(잠 25:13)

얼음은 명사 '얼'이 '얼다'로 전성되었다. '얼'은 고구려어 얼(於乙)이고, 샘의 뜻을 가지고 있다. 고드름의 어근 '골'도 물의 뜻을 가지고 있다. 물이 얼면 얼음이 되고 녹으면 물이 된다. 옛 사람들은 얼음과 물을 동질의 것으로 생각했다고 보여 진다.

여덟

그 여덟 널판에는 은 받침이 열여섯이니 이쪽 판 아래에도 두 받침이요 저쪽 판 아래에도 두 받침이니라(출 26:25)

일곱에게나 여덟에게 나눠 줄지어다 무슨 재앙이 땅에 임할는지 네가 알지 못함이니라(전 11:2)

일곱 목자와 여덟 군왕을 일으켜 그를 치리니(미 5:5)

여덟은 '열+둘+없음'=여듧'이라는 이론이다. 수는 열 손가락을 동원하여 만들어 졌다는 사실에 견주어 볼 때, 손바닥을 열어 열의 수를 세려면 둘이 모자란다는 뜻으로 '여덟'이라는 말이 생겼다.[7] 참고로 아홉은 '열+하나+없(없음)'=아홉이다

여드레

있게 하다가 여드레 만에 내게 줄지니라(출 22:30)

여드레를 지나서 제자들이 다시 집 안에 있을 때에 도마도 함께 있고 문들이 닫혔는데 예수께서 오사 가운데 서서 이르시되 너희에게 평강이 있을지어다 하시고(요 20:26)

이삭을 낳아 여드레 만에 할례를 행하고 이삭이 야곱을, 야곱이 우리 열두 조상을 낳으니라(행 7:8)

여드레는 '여덟과 에'로 구성 되었는데, 여들은 '여덟'이 변한 것이고 에는 '해'란 말이었는데 'ㅎ'이 빠진 것이다.

---

7) 손가락과 관련시켜 어원을 추적해 가는 방식은 전북대 교수이신 최창렬 님의 주장이다.
최창렬, 「어원산책」,한국학술정보, 2006.p.184.

여름

추위와 더위와 여름과 겨울과 낮과 밤이 쉬지 아니하리라(창 8:22)

먹을 것을 여름 동안에 예비하며 추수 때에 양식을 모으느니라(잠 6:8)

너희가 보고 여름이 가까운 줄을 자연히 아나니(눅 21:30)

여름의 옛말은 '녀름'이다. '너름→녀름→여름'으로 두음 'ㄴ'이 탈락하였다. 여름에 대한 평안도 방언은 '너름'이다. 계절은 태양에 의해 나누어진다. 너름의 어근 '널'은 '날(日)'과 동원어다. 여름은 열매가 열리는 것이란 뜻으로 '열매, 여물다'등은 같은 어원을 가진다.

ᄇᆞᄅᆞᆷ비 時節에 마초ᄒᆞ야 너르미 ᄃᆞ외야 『석보상절』
곶 됴코 여름 ᄒᆞᄂᆞ니 『용비어천가』

여섯

다시 임신하여 여섯째 아들을 야곱에게 낳은지라(창 30:19)

있는 수레 여섯 대와 소 열두 마리이니 지휘관 두 사람에 수레가 하나씩이요 지휘관 한 사람에 소가 한 마리씩이라 그것들을 장막 앞에 드린지라(민 7:3)

생물은 각각 여섯 날개를 가졌고 그 안과 주위에는 눈들이 가득하더라 그들이 밤낮 쉬지 않고 이르기를 거룩하다 거룩하다 거룩하다 주 하나님 곧 전능하신 이여 전에도 계셨고 이제도 계시고 장차 오실 이시라 하고(계 4:8)

여섯은 다섯의 어근 '닷'과 같은 이치에 비추어 볼 때, 어근은 '엿'이며 열다(開)의 어근 '열'과 관련 있음을 느낄 수 있다. 그러나 '엿'은 수(數) 10(十)이 있음으로 구별하기 위함이고, 또한 다섯과 인접하여 같은 형태를 유지하려는 이유도 된다. 셋·넷(서·너), 다섯·여섯(대·예)과 같은 경우다.

여우

삼손이 가서 여우 삼백 마리를 붙들어서 그 꼬리와 꼬리를 매고 홰를 가지고 그 두 꼬리 사이에 한 홰를 달고(삿 15:4)

돌 성벽은 여우가 올라가도 곧 무너지리라 하더라(느 4:3)

예수께서 이르시되 여우도 굴이 있고 공중의 새도 집이 있으되 인자는 머리 둘 곳이 없도다 하시고(눅 9:58)

여우에 대한 15세기 어형은 '여ᅀᆞ'로 나온다. '여ᅀᆞ→여ᅀᅳ→여으→여우'의 과정을 거쳐 '여우'로 정착되었다. 지역에 따라선 '여ᅀᅳ→여스→여시, 여ᅀᅳ→여스→여수' 과정을 거친 방언도 있다. 여우의 어원 '여ᅀᆞ(여ᄉᆞ)'는 '엿보다' 는 뜻을 가지고 이루어진 말이다.

여ᅀᆞ와 ᄉᆞᆰ과는 足히 議論티 몯ᄒᆞ리로다 『두시언해』

열

점점 줄어들어 열째 달 곧 그 달 초하룻날에 산들의 봉우리가 보였더라(창 8:5)

기대답하여 이르시되 열 사람이 다 깨끗함을 받지 아니하였느냐 그 아홉은 어디 있느냐(눅 17:17)

브아와 딤나니 열 성읍과 그 마을들이었으며(수 15:57)

열은 손가락을 활짝 열었다는 뜻 열다(開)의 어근 '열'에서 의미전이를 한 말이다. 다섯은 닫았다(閉)는 의미가 된다.

열회 ᄆᆞᅀᆞᄆᆞᆯ 하ᄂᆞᆯ히 달애시니 『용비어천가』

열매

씨 가진 열매 맺는 나무를 내니 하나님이 보시기에 좋았더라(창 1:12)

포도나무가 맺은 열매를 거두지 말라 이는 땅의 안식년임이니라(레 25:5)

먼저는 첫 열매인 그리스도요 다음에는 그가 강림하실 때에 그리스도에게 속한 자요(고전 15:23)

열매의 옛말은 '여름'이다. '여름+맺이'가 한 단어로 이루어진 것으로 여름에 맺히는 것이란 뜻이다.

곶 됴코 여름 ᄒᆞᄂᆞ니 『용비어천가』
녀름ᄃᆞ외다 (농사잘되다) 『석보상절』

열쇠

다윗의 집의 열쇠를 그의 어깨에 두리니 그가 열면 닫을 자가 없겠고 닫으면 열 자가 없으리라(사 22:22)

내가 천국 열쇠를 네게 주리니 네가 땅에서 무엇이든지 매면 하늘에서도 매일 것이요 네가 땅에서 무엇이든지 풀면 하늘에서도 풀리리라 하시고(마 16:19)

천사가 무저갱의 열쇠와 큰 쇠사슬을 그의 손에 가지고 하늘로부터 내려와서 (계 20:1)

자물쇠는 물건을 잠그는 '쇠'이고 열쇠는 그 자물쇠를 여는 '쇠붙이'이다. 자물쇠는 ᄌᆞ물(잠그다)+쇠(鐵)가 결합된 단어이다. 그러니 잠그는 쇠란 원래 의미가 있다. 열쇠는 옛말도 '열쇠'이다. 이 말은 '열다'의 어간 '열'에 '쇠'가 결합된 단어이다. 여는 쇠라는 의미가 분명하다.

열흘

며칠 또는 열흘을 우리와 함께 머물게 하라 그 후에 그가 갈 것이니라(창 24:55)

일곱째 달 열흘날은 속죄일이니 너는 뿔나팔 소리를 내되 전국에서 뿔나팔을 크게 불지며(레 25:9)

열흘 후에 그들의 얼굴이 더욱 아름답고 살이 더욱 윤택하여 왕의 음식을 먹는 다른 소년들보다 더 좋아 보인지라(단 1:15)

열흘의 '흘'은 사흘, 나흘과 같은 것으로 '해'의 옛말 '히'에서 온 말이

다. '해'의 파생변이는 아주 많다. '흘'로 변화 과정은 이렇다. '히→힛→흗→흘' = 사흘, 열흘

염소

염소 떼에 가서 거기서 좋은 염소 새끼 두 마리를 내게로 가져오면 내가 그것으로 네 아버지를 위하여 그가 즐기시는 별미를 만들리니(창 27:9)

드릴지며 너는 염소 새끼를 그 어미의 젖으로 삶지 말지니라(출 34:26)

그 오른편에 염소는 왼편에 두리라(마 25:33)

중세 국어엔 '염소'를 '염' 혹은 '염쇼'라 불렀다. '염'만으로도 뜻을 살릴 수 있는데 '牛'의 일종임을 밝히기 위해 '쇼'를 붙인 것이다. 아직까지는 '염'의 어원을 몽고어로 추정하고 있을 뿐이다.(안옥규)

山羊 염쇼 『譯語類解』

엿새

엿새 동안은 너희가 그것을 거두되 일곱째 날은 안식일인즉 그 날에는 없으리라 하였으나(출 16:26)

너는 엿새 동안은 무교병을 먹고 일곱째 날에 네 하나님 여호와 앞에 성회로 모이고 일하지 말지니라(신 16:8)

엿새 후에 예수께서 베드로와 야고보와 요한을 데리시고 따로 높은 산에 올라가셨더니 그들 앞에서 변형되사(막 9:2)

엿은 여섯의 변형태이다. 여섯은 '엿, 여, 예' 등 여러 형태로 변한다. '새'는 두 살, 세 살 할 때 '살'과 같은 어원이다. 사흘 나흘의 '흘'과 같이 '히'에서 갈라져 나왔는데 '엿히→엿시→엿새'의 과정을 겪었다.

옛(古)

이 성의 옛 이름은 루스더라(창 28:19)

나지 아니함이 옛적에 여호와께서 진노와 격분으로 멸하신 소돔과 고모라와 아드마와 스보임의 무너짐과 같음을 보고 물을 것이요(신 29:23)

가진 옛 계명이니 이 옛 계명은 너희가 들은 바 말씀이거니와(요일 2:7)

옛은 지나갔다는 뜻의 '녜'에 'ㅅ'이 결합하여 된 말이다. 15,6세기만 해도 이 말은 '녯'이었다. '녜'의 형성과정은 다음과 같다. 다니다의 뜻을 가진 '니다'가 '니-거다→니어다→녀다→녜다'의 과정을 거쳤다.

녯 버든 서신을 그쳐 『두시언해』

오늘

주께서 오늘 이 지면에서 나를 쫓아내시온즉 내가 주의 낯을 뵈옵지 못하리니 내가 땅에서 피하며 유리하는 자가 될지라 무릇 나를 만나는 자마다 나를 죽이겠나이다(창 4:14)

모세에게 이르되 오늘 그들이 그 속죄제와 번제를 여호와께 드렸어도 이런 일이 내게 임하였거늘 오늘 내가 속죄제물을 먹었더라면 여호와께서 어찌 좋게 여기셨으리요(레 10:19)

내 아들이라 오늘 내가 너를 낳았다 하셨으며 또 다시 나는 그에게 아버지가 되고 그는 내게 아들이 되리라 하셨느냐(히 1:5)

하루 이틀과 같은 날에 대한 말은 해(太陽)를 기준으로 한다. 오늘의 옛말은 '오ᄂᆞᆯ'인데 오ᄂᆞᆯ의 '오'는 올해의 '올'과 동원어로 해의 의미를 지닌다. 'ᄂᆞᆯ'역시 해의 의미를 지니는데, '오+ᄂᆞᆯ'로 합성어이다.

오ᄂᆞᆯ 모댓ᄂᆞᆫ 한사ᄅᆞ미 『석보상절』

오라비

그는 내 오라비라 하였사오니 나는 온전한 마음과 깨끗한 손으로 이렇게 하였나이다(창 20:5)

그들에게 그들의 오라비들처럼 기업을 주었더라(욥 42:15)

이르시되 네 오라비가 다시 살아나리라(요 11:23)

오빠의 옛말이 '오라비'다. 오라비의 어원은 '올+아비'로서, '올'은 자라거나 익은 정도가 보통 보다 조금 앞선 뜻을 가지고 있다. '올벼' '올밤'이 한 예이다. '아비'는 '아버지'를 의미한다. 그러니까 올아비는 '일찍 아버지가 될 사람'을 의미한다. '오빠'는 '올압아'가 축약된 형태다.

오르다

그 위에서 오르락내리락 하고(창 28:12)

내 제단에 오르지 말라 네 하체가 그 위에서 드러날까 함이니라(출 20:26)

예수께서 배에 오르사 건너가 본 동네에 이르시니(마 9:1)

오르다의 어근 '올'은 산의 뜻을 지닌다. 제주도에는 지금도 '오름'이 있다. 만주어에선 산을 'arin'이라하고 몽고어에선 'aula'라 하는데 어근 'ar, aul'과 동원어가 된다. 고대인들은 높다의 개념을 산에서 인식했음을 보여준다.

病이 기퍼 山背에 몯 오ᄅᆞ거늘 『용비어천가』

오른쪽

위의 기름과 오른쪽 넓적다리를 가지라 이는 위임식의 숫양이라(출 29:22)

모세가 그 오른쪽 귓부리와 그들의 손의 오른쪽 엄지 손가락과 그들의 발의 오른쪽 엄지 발가락에 그 피를 바르고 또 모세가 그 피를 제단 사방에 뿌리고(레 8:24)

기름 그릇 오른쪽에 있고 하나는 그 왼쪽에 있나이다 하고(슥 4:3)

오른의 옛말은 '올ᄒᆞᆫ'인데 어근은 '올'이다. '오른'의 반의어인 '왼'은 '오이'가 줄어든 말인데 '온→올→올이→오이→외'의 과정을 거쳤다. '왼'의 어근도 '올'인데 공통어근 '올'의 의미를 살펴보자. '올다'는 온전하다는 뜻을 가지고 있다. 오른쪽을 바른쪽이라고도 하는데 온전하다는 바르다의 뜻을 지닌다. 반대로 왼쪽은 왼손처럼 잘 쓰이지 않기 때문에 온전하지 못한 쪽이 된다.

미티 올면 道ㅣ 오ᄂᆞ니 『법화경』
왼녁 피 닫담고 올ᄒᆞᆫ녁 피 닫다마 두고 『월인석보』

온

새와 가축과 온 땅과 땅에 기는 모든 것을 다스리게 하자 하시고(창 1:26)

엘가나와 그의 온 집이 여호와께 매년제와 서원제를 드리러 올라갈 때에(삼상 1:21)

사람과 유대 온 땅과 이방인에게까지 회개하고 하나님께로 돌아와서 회개에 합당한 일을 하라 전하므로(행 26:20)

온은 '백'의 옛 말이다. 그러나 지금은 '온 세계'에서 처럼 수의 개념보다 '모든'의 의미가 더 강해졌다. 이 단어는 완전하다의 뜻을 가진 '오올다/오ᄋᆞᆯ다'의 어근 '오올'에 'ㄴ'이 붙어서 된 말이다. '오ᄋᆞᆯ-ㄴ→오ᄋᆞᆫ→온'의 과정을 거쳤다.

오ᄋᆞᆫ 글월을 『소학언해』
百 : 온 ᄇᆡᆨ 『훈몽자회』

온갖

솔로몬에게 그 온갖 소원대로 백향목과 잣나무와 금을 제공하였음이라(왕상 9:11)

우리가 온갖 보화를 얻으며 빼앗은 것으로 우리 집을 채우리니(잠 1:13)

유혹에 빠져 온갖 교훈의 풍조에 밀려 요동하지 않게 하려 함이라(엡 4:14)

온갖의 '온'은 '모든'이란 뜻을 가지고 있다. 원래는 '일백'이란 의미이다. '백성, 백화점',의 '백'은 '온' 즉 '모든 것'을 의미한다. '갖'은 물건을 나타내는 옛말이다. '가지가지'도 '갖'에서 파생된 말이다. '온갖'의 원래 의미는 '백 가지'인데 오늘날은 '모든'이란 뜻으로 쓰이고 있다.

온 사룸 ᄃᆞ리샤 기ᄅᆞ말 밧기시니 『용비어천가』

올가미

그물에 빠지고 올가미에 걸려들며(욥 18:8)

올가미는 '옭아미'에서 파생된 말이다. '올'은 씌워서 홀친다는 뜻이고, '아미'는 '아가미'(악+아미)의 아미와 같이 '작다'는 뜻이다. 올가미는 남을 옭매는 수단을 의미한다.

올빼미

올빼미와 가마우지와 부엉이와(레 11:17)

올빼미와 부엉이와 흰 올빼미와(신 14:16)

동류를 부르며 올빼미가 거기에 살면서 쉬는 처소로 삼으며(사 34:14)

올빼미의 옛말은 '옫바미'이다. 옫바미는 '옫+바미'로서 합성어이다. 몽고어에선 올빼미를 'olhorik'이라 부른다. 'ol'은 올빼미의 올과 동원어이다. 올빼미는 야행성 새이기 때문에 올바미의 '바미'는 밤(夜)이다.

올해

징조가 되리니 올해는 스스로 난 것을 먹을 것이요 둘째 해에는 또 거기에서 난 것을 먹을 것이요 셋째 해에는 심고 거두며 포도나무를 심고 그 열매를 먹을 것이니이다(사 37:30)

올해의 '올'은 사올, 나올의 '올'과 동원어로서 해(日)에 근원을 두고 있다. 오늘은 오+늘(日)의 합성어이다. 올해의 '올'은 今(지금)의 뜻을 지니지만, 원래 의미는 해의 뜻을 지닌다.

올ᄒᆡ 나ᄅᆞᆯ ᄉᆞ랑ᄒᆞ야 『두시언해』

외롭다

주여 나는 외롭고 괴로우니 내게 돌이키사 나에게 은혜를 베푸소서(시 25:16)

먹던 자들이 외롭게 거리 거리에 있으며 이전에는 붉은 옷을 입고 자라난 자들이 이제는 거름더미를 안았도다(애 4:5)

너희에게 보내 외롭게 하고 너희 가운데에 전염병과 살륙이 일어나게 하고 또 칼이 너희에게 임하게 하리라 나 여호와의 말이니라(겔 5:17)

외롭다는 사람과의 관계 중 일부를 의미한다. 외롭다의 외는 '오이'가 줄어든 말로 '올이→오이'의 변화인데 어근은 '올'이다. 사람을 뜻하는 몇 단어를 보면 '우리, 어른, 아름(私)의 어근 '울, 얼, 알'과 외롭다의 '올'은 동원어이다.

먼셔ᄆᆡ 외로오ᄆᆞᆯᅀᅡ 貧ᄒᆞ야 보노라 『두시언해』

우두머리

그들을 백성의 우두머리 곧 천부장과 백부장과 오십부장과 십부장을 삼으매(출 18:25)

세 사람의 우두머리라 그가 그의 창을 들어 삼백 명을 죽이고 세 사람 중에 이름을 얻었으니(삼하 23:18)

나사렛 이단의 우두머리라(행 24:5)

지금은 우두머리가 좋지 않는 뜻으로 쓰이지만, 원래는 비칭이 아니었다. 이 말은 웃+머리 사이에 'ㅜ' 가 끼워진 합성어다. 머리 위 제일 꼭대기를 뜻하는 말이다. 우두는 머리의 뜻을 지니는 고어다.

스므비 우두ᄀᆞ의 목 쓴 새예 『삼역총해』

우레

뭇 백성이 우레와 번개와 나팔 소리와 산의 연기를 본지라 그들이 볼 때에 떨며 멀리 서서(출 20:18)

비구름의 길과 우레의 법칙을 만드셨음이라(욥 28:26)

땅에 쏟으매 우레와 음성과 번개와 지진이 나더라(계 8:5)

요즈음 '우레'를 '우뢰'로 잘못 쓰고 있는 현상이 많다. 그것은 어원을 한자어(雨雷)에서 찾고자 했기 때문이다. 그렇지만 우레는 어원이 불확실하다. 옛 문헌 어디에도 '우뢰'라는 단어가 아직 발견되지 않고 있다. 오히려 '울다(泣)+에(접미사)'가 결합하여 '우레'가 나왔다고 보고 있다. 또 우레를 '천둥'이라고도 하는데 이 말은 '天 動'이 변한 것이다.

울에 ᄀᆞ티 소리난 님을 번게 ᄀᆞ티 번뜻 맛나 『청구영언』

우리

하나님이 이르시되 우리의 형상을 따라 우리의 모양대로 우리가 사람을 만들고 그들로 바다의 물고기와 하늘의 새와 가축과 온 땅과 땅에 기는 모든 것을 다스리게 하자 하시고(창 1:26)

대답하여 이르되 우리가 결단코 여호와를 버리고 다른 신들을 섬기기를 하지 아니하오리니(수 24:16)

이로써 우리가 진리에 속한 줄을 알고 또 우리 마음을 주 앞에서 굳세게 하리니(요1 3:19)

우리의 어근은 '울'이다. 울은 어른의 '얼', 아름의 '알'과 함께 사람의 뜻을 지닌다. 몽고에에선 친족을 'uluk'이라 하며, 사람을 'olos'라고 하는데 'ul, ol'등이 사람의 뜻을 지니며 같은 어휘군에 속한다.

우리 始祖l 慶興에 사ᄅᆞ샤 『용비어천가』

우물

다시 길으려고 우물로 달려가서 모든 낙타를 위하여 긷는지라(창 24:20)

있는 큰 우물에 도착하여 물어 이르되 사무엘과 다윗이 어디 있느냐 어떤 사람이 이르되 라마 나욧에 있나이다(삼상 19:22)

또 야곱의 우물이 있더라 예수께서 길 가시다가 피곤하여 우물곁에 그대로 앉으시니 때가 여섯 시쯤 되었더라(요 4:6)

우물을 옛날에는 '움물'이라 했다. '움(穴)'에서 나오는 물 또는 그런 샘터를 이르는 말이다. 그 후 '움'에서'ㅁ'이 떨어져 나가 '우'가 되었다. 만주어에는 강(江)을 의미하는 'ura'가 있는데 어근 'ur'이 물의 뜻을 지닌다.

울부짖다

가서 크게 울부짖으니라(삼하 13:19)

들으소서 나의 울부짖음에 주의하소서 거짓 되지 아니한 입술에서 나오는 나의 기도에 귀를 기울이소서(시 17:1)

가축이 울부짖고 소 떼가 소란하니 이는 꼴이 없음이라 양 떼도 피곤하도다(욜 1:18)

울부짖다는 '울다+불다+짖다'가 어우러진 합성어이다. 여기서 '부'는 불에서 'ㄹ'받침이 빠지고 '보조개'가 되듯 'ㅈ'앞에서 빠진 경우다. 울부짖다는 말은 몹시 세차게 운다는 뜻이다.

울타리

모든 소유물을 울타리로 두르심 때문이 아니니이까 주께서 그의 손으로 하는 바를 복되게 하사 그의 소유물이 땅에 넘치게 하셨음이니이다(욥 1:10)

심는 날에 울타리를 두르고 아침에 네 씨가 잘 발육하도록 하였으나 근심과 심한 슬픔의 날에 농작물이 없어지리라(사 17:11)

추운 날에는 울타리에 깃들였다가 해가 뜨면 날아감과 같으니 그 있는 곳을 알 수 없도다(나 3:17)

울은 돼지우리의 '우리'와 어원이 같다. '우리'는 '울+이'로 되어 있는데 속이 비고 위가 터진 두름막을 의미한다. '타리'는 물건을 일정하게 '묶은 것'을 의미 한다.옛날엔 나무 같은 것으로 '울타리'를 만들었다. 그래서 울타리 리(籬)자엔 대죽(竹)이 들어있다.

니명이 다 거두치니 울잣신들 셩홀소냐 『청구영언』

원숭이

은과 상아와 원숭이와 공작을 실어 왔음이더라(왕상 10:22)

은과 상아와 원숭이와 공작을 실어옴이더라(대하 9:21)

원숭이의 15세기 말은 '납'이다. 원숭이를 '진나비'라고도 하였다. 원숭이의 '원'은 한자어 猿이며 숭이의 '숭'은 猩이고 '이'는 접미사이다. 숭이는 '성, 선→숭'으로의 변화 때문이다. 한자어 鳳仙花가 봉숭아로 쓰이는 것과 같은 경우다. 참고로 봉선화와 봉숭아는 둘 다 표준어이다.

으뜸

아말렉은 민족들의 으뜸이나 그의 종말은 멸망에 이르리로다 하고(민 24:20)

여러 민족의 으뜸으로 삼으셨으니 내가 알지 못하는 백성이 나를 섬기리이다(시 18:43)

중에 누구든지 으뜸이 되고자 하는 자는 모든 사람의 종이 되어야 하리라(막 10:44)

으뜸의 옛말은 '으뜸'이다. '읃'은 우두머리의 어근 '운'과 동원어이다.

큰 으ᄯᅳᆷ를 나토시며 『법화경』

이끌다

그 사람을 이끌어 에덴 동산에 두어 그것을 경작하며 지키게 하시고(창 2:15)

강 저쪽에서 이끌어 내어 가나안 온 땅에 두루 행하게 하고 그의 씨를 번성하게 하려고 그에게 이삭을 주었으며(수 24:3)

그가 낙원으로 이끌려 가서 말로 표현할 수 없는 말을 들었으니 사람이 가히 이르지 못할 말이로다(고후 12:4)

이끌다는 '앞에서 잡고 끌고 가다'는 뜻인데, '잇다(續)+끌다(引)'의 합성어로 '잇끌다'가 '이끌다'로 바뀐 것이다.

스승을 곧 닛긔ᄒᆞ니 『월인천강지곡』
신명을 ᄺᅳ으려 『敬信錄諺解』

이랑

매어 들소가 이랑을 갈게 하겠느냐 그것이 어찌 골짜기에서 너를 따라 써레를 끌겠느냐(욥 39:10)

대사 그 이랑을 평평하게 하시며 또 단비로 부드럽게 하시고 그 싹에 복을 주시나이다(시 65:10)

이랑은 '일(다)+앙(접미사)'으로 구성 되었는데 옛말은 '이럼'이다. 이럼은 '일(다)+엄'으로 되어있다. 무덤(묻+엄), 주검(죽+엄)과 같은 접미사 '엄'이 붙은 말이다. 이랑은 '일어 놓은 것'을 말한다.

밭 이러미 東西l 업게 가랫도다 『두시언해』

이레

너희는 이레 동안 무교병을 먹을지니 그 첫날에 누룩을 너희 집에서 제하라 무릇 첫날부터 일곱째 날까지 유교병을 먹는 자는 이스라엘에서 끊어지리라(출 12:15)

이레 만에 제사장은 그 환부를 진찰할지니 그 옴이 퍼지지 아니하고 그 자리에

누르스름한 털이 없고 피부보다 우묵하지 아니하면(레 13:32)

찾아 거기서 이레를 머물더니 그 제자들이 성령의 감동으로 바울더러 예루살렘에 들어가지 말라 하더라(행 21:4)

이레는 '일곱+에'로 이루어진 단어이다. 일곱의 변형종인 '일'에 접미사 에(해)가 결합 되었다.

이름

첫째의 이름은 비손이라 금이 있는 하윌라 온 땅을 둘렀으며(창 2:11)

미디안 여인의 이름은 고스비이니 수르의 딸이라 수르는 미디안 백성의 한 조상의 가문의 수령이었더라(민 25:15)

이후로 그 이름이 생명책에 기록되지 못한 자들이 이전에 있었다가 지금은 없으나 장차 나올 짐승을 보고 놀랍게 여기리라(계 17:8)

이름의 옛말은 '일훔'이다. 일훔은 '이르다'에서 'ㅁ'이 붙은 것으로서 '이르는 것, 부르는 것'이란 뜻이다. 이런 說도 있다. 이름 명(名)자는 저녁 석(夕)+입 구(口)로 형성되었는데 저녁이 되면 상대방이 잘 보이지 않아 이름을 부르게 되었다는 유래도 있다.

아바님 지으신 일훔 엇더ᄒᆞ시니 『용비어천가』

이리(狼)

베냐민은 물어뜯는 이리라 아침에는 빼앗은 것을 먹고 저녁에는 움킨 것을 나누리로다(창 49:27)

나는 이리의 형제요 타조의 벗이로구나(욥 30:29)

그 때에 이리가 어린 양과 함께 살며 표범이 어린 염소와 함께 누우며 송아지와 어린 사자와 살진 짐승이 함께 있어 어린 아이에게 끌리며(사 11:6)

이리의 옛 이름은 '일희, 일히'이다. 이리는 개과에 속하고 개와 비슷하게 생겼다. 일본어에선 'inu'(狗), 터어키어에선 'it'(狗)라 하는데 이리의 어근 '일(읻)'과 일치한다.

범과 일히와 혈인 뎔 고튜디『救急簡易方』

이마

패를 아론의 이마에 두어 그가 이스라엘 자손이 거룩하게 드리는 성물과 관련된 죄책을 담당하게 하라 그 패가 아론의 이마에 늘 있으므로 그 성물을 여호와께서 받으시게 되리라(출 28:38)

다 죽이되 이마에 표 있는 자에게는 가까이 하지 말라 내 성소에서 시작할지니라 하시매 그들이 성전 앞에 있는 늙은 자들로부터 시작하더라(겔 9:6)

말고 오직 이마에 하나님의 인침을 받지 아니한 사람들만 해하라 하시더라(계 9:4)

이마는 머리의 앞부분으로 옛말은 '니마'이다. 니마의 '니'는 앞(前)을 의미한다. 뱃머리를 '이믈(니믈)'이라하고, 어느 노래가사에 나오는 님븨 곰븨에서 '님븨'는 앞이고 곰븨는 뒤(後)의 뜻이다. 니마의 '마'는 마리(頭)의 어근 '말'에서 'ㄹ'탈락현상이다. 니마는 '니+마'의 합성어인 셈이다.

니마히 넙고 『석보상절』

이빨

많으며 그 이빨은 사자의 이빨 같고 그 어금니는 암사자의 어금니 같도다(욜 1:6)

있고 그 이빨은 사자의 이빨 같으며(계 9:8)

이빨은 원래 '이발'인데 사이시옷(ㅅ)이 들어가서 뒤이어오는 '발'의 'ㅂ'과 부딪쳐 '빨'이 된 것이다. 닛므윰(잇몸), 닛병(잇병),에서 보듯이 'ㅅ'은 사이시옷임을 알 수 있다.

이불

들어가니 야엘이 이불로 그를 덮으니라(삿 4:18)

이튿날에 하사엘이 이불을 물에 적시어 왕의 얼굴에 덮으매 왕이 죽은지라 그가 대신하여 왕이 되니라(왕하 8:15)

펴지 못하며 이불이 좁아서 능히 몸을 싸지 못함 같으리라 하셨느니라(사 28:20)

이불의 옛말은 '니블'이다. 니블은 입다의 옛말 '닙다'의 어근 '닙'+'으'+'ㄹ'이 결합된 형태다. 니브리가 줄어서 '니블'이 된 것이다. 니블이란 원래 의미는 '입는 것'이란 뜻이다. 닙다가 입다로, 니마가 이마로, 블이 불로, 믈이 물로 변한 것과 같은 현상이다.

이슬

하나님은 하늘의 이슬과 땅의 기름짐이며 풍성한 곡식과 포도주를 네게 주시기를 원하노라(창 27:28)

밤에 이슬이 진영에 내릴 때에 만나도 함께 내렸더라(민 11:9)

그것이 하늘 이슬에 젖고 땅의 풀 가운데에서 짐승과 더불어 제 몫을 얻으리라(단 4:15)

이슬은 물의 변형체이다. 『계림유사』엔 이슬과 서리가 모두 솔(率)이라고 나온다. (霜露皆曰率) 『훈민정음해례』에는 서리 霜, 『월인천강지곡』에는 이슬 露, 이렇게 나와 있다. 단음절인 '슬'에 관형어 '이'가 붙었다고 보여 진다. 일본어에서 'ido'는 (井)이고, 'izumi'(泉)인데 'i'는 물과 관련된 어휘라는 것을 알 수 있다.

곶 이슬 저즈리라 『월인천강지곡』

이야기

가운데에서 속담거리와 이야기거리가 될 것이며(왕상 9:7)

되지 아니하는 이야기, 무익한 말로 변론하겠느냐(욥 15:3)

그들이 서로 이야기하며 문의할 때에 예수께서 가까이 이르러 그들과 동행하시나(눅 24:15)

이야기의 옛말은 '니야기'다 17세기 문헌『역어유해』(23장)에 '故話 니야기'라는 말이 나온다. 옛 이야기란 뜻이다. 니야기→이야기의 변천 과정을 겪었다.

경상도 방언 '이바구'에서 왔다는 설도 있으나 근거가 희박하다. 이바구는 '입+아귀'의 합성어인데, 둘 다 입의 뜻을 지니는 이음동의어로서 지역 방언에 불과하다.

이웃

모두 그 이웃 사람과 및 자기 집에 거류하는 여인에게 은 패물과 금 패물과 의복을 구하여 너희의 자녀를 꾸미라 너희는 애굽 사람들의 물품을 취하리라(출 3:22)

그의 이웃 여인들이 그에게 이름을 지어 주되 나오미에게 아들이 태어났다 하여 그의 이름을 오벳이라 하였는데 그는 다윗의 아버지인 이새의 아버지였더라(룻 4:17)

대로 네 이웃 사랑하기를 네 몸과 같이 하라 하신 최고의 법을 지키면 잘하는 것이거니와(약 2:8)

이웃은 '이붇→이웆→이웃'의 과정을 거쳤다. 이붇의 '붇'은 벗(友)의 조어형 '벋', 악바리(惡人)의 '바리(받)'과 동원어로서 사람을 의미한다. 이붇의 '이'는 是(이 시)의 뜻을 지닌다.

이웆 ᄒᆞ오ᅀᅢ면 이우지 업거니『능엄경언해』

이태

압살롬이 이태 동안 예루살렘에 있으되 왕의 얼굴을 보지 못하였으므로(삼하 14:28)

이태가 지난 후 보르기오 베스도가 벨릭스의 소임을 이어받으니 벨릭스가 유대인의 마음을 얻고자 하여 바울을 구류하여 두니라(행 24:27)

바울이 온 이태를 자기 셋집에 머물면서 자기에게 오는 사람을 다 영접하고(행 28:30)

이태의 본디말은 '읻+해'인데 'ㄷ'과 'ㅎ'이 어우러져 'ㅌ'이 되었다. 읻해는 '이듬해', 읻ᄒᆞᆯ은 '이틀'과 같은 어원을 가진 형태이다. 이태의 '태'는 해의 옛말 'ᄒᆡ'가 변한 말이다.

이틀

여섯째 날에는 이틀 양식을 너희에게 주는 것이니 너희는 각기 처소에 있고 일곱째 날에는 아무도 그의 처소에서 나오지 말지니라(출 16:29)

하루나 이틀이나 닷새나 열흘이나 스무 날만 먹을 뿐 아니라(민 11:19)

이틀이 지나면 유월절과 무교절이라 대제사장들과 서기관들이 예수를 흉계로 잡아 죽일 방도를 구하며(막 14:1)

이틀은 '읻+을(ᄒᆞᆯ)'으로 구성된 합성어인데, 어근은 이듬해 (翌年)의 어근 '읻'과 같다. 이태(二 年)는 '읻+해'의 합성어이다. 사ᄋᆞᆯ, 나ᄋᆞᆯ도 사흘, 나흘로 변하는데 모음이 이어나기 때문에 피하기 위해 'ㅎ'이 개입된 것이다.

ᄒᆞᄅᆞ ᄉᆞ이 두락 잇틀 ᄉᆞ이 두락 왕니ᄒᆞ니 『捷解新語』

익숙하다

장성하매 에서는 익숙한 사냥꾼이었으므로 들사람이 되고 야곱은 조용한 사람이었으므로 장막에 거주하니(창 25:27)

곧 바다에 익숙한 사공들을 솔로몬의 종과 함께 그 배로 보내매(왕상 9:27)

징벌하시매 멍에에 익숙하지 못한 송아지 같은 내가 징벌을 받았나이다 주는 나의 하나님 여호와이시니 나를 이끌어 돌이키소서 그리하시면 내가 돌아오겠나이다(렘 31:18)

손에 익었다는 뜻의 '익숙'은 우리말 '닉'과 한자어 '熟'의 결합어이다. 굳建하다, 맑淑하다와 같은 동의중첩어(同意重疊語)인 셈이다.

닉수거 瓶이 소내 잇도다 『두시언해』

인간

인간의 모든 제도를 주를 위하여 순종하되 혹은 위에 있는 왕이나(벧전 2:13)

인간은 人生世間이 줄어든 말이다. 인간의 원래 뜻은 인간이 사는 세상이 된다. 이런 의미가 世間이라는 의미보다, 세상에 사는 주체인 사람만을 의미하게 되었다. 같은 의미인 사람보다 요즘은 인간이 많이 쓰이고 있는 실정이다. 인간 쓰레기나 인간 문화재를 사람 쓰레기나 사람 문화재로 대체하기는 어렵다. 이것은 인간이라는 쓰임새가 확대되고 있다는 뜻이다.

人間은 사름서리라 『월인석보』

많은 사람들이 교장선생님(?)의 훈화를 통해 "사람은 사회적인 동물이라 서로 도와가며 의지하며 사는 것이다. 그것은 사람 인(人)자가 그것을 잘 보여주고 있다"들어보았을 것이다. 이런 내용은 꼭 교장선생님이 아니라도 다른 사람에게서 들어보았거나 아니면 그렇게 말해 보았을 것이다. 그런데 어원은 그렇지 않은걸 어떡하랴. 상고시대 갑골문자 사람 인(人)자의 출발은 이렇다. 'ㄨ'(이와 비슷함 컴퓨터에서 고 문자를 찾지 못했음)으로 그려져 있다. 두 사람이 아닌 한 사람이 서 있는 모습을 그려놓은 상형문자이다. 결코 두 사람이 붙들고 의지하는 모습이 아니란 뜻이다.

일곱

짐승은 암수 일곱씩, 부정한 것은 암수 둘씩을 네게로 데려오며(창 7:2)

켤 때에는 일곱 등잔을 등잔대 앞으로 비추게 할지니라 하시매(민 8:2)

네게 이르노니 일곱 번뿐 아니라 일곱 번을 일흔 번까지라도 할지니라(마 18:22)

일곱을 셀 때 손가락 모양을 보면, 두 손가락은 펴 있고 세 손가락은 굽혀져 있다. 일곱의 옛 말은 '닐곱'인데 '닐(起)+굽(曲)=닐굽(七)'의 과정을 거친 말이다. 즉 일곱은 손 모양을 두고 지어진 이름이다.

七日一急 『鷄林類事』

솔비올 닐굽괴 『용비어천가』

일찍이

씻고 주무시고 일찍이 일어나 갈 길을 가소서 그들이 이르되 아니라 우리가 거리에서 밤을 새우리라(창 19:2)

압살롬이 일찍이 일어나 성문 길 곁에 서서 어떤 사람이든지 송사가 있어 왕에게 재판을 청하러 올 때에 그 사람을 불러 이르되 너는 어느 성읍 사람이냐 하니 그 사람의 대답이 종은 이스라엘 아무 지파에 속하였나이다 하면(삼하 15:2)

하더라 바울이 일찍이 서원이 있었으므로 겐그레아에서 머리를 깎았더라(행 18:18)

일찍이의 '일'은 해의 본뜻을 지닌다. 시간과 관련된 어휘에는 해가 자주 등장한다. 찍이'의 '찍'은 올 적, 갈 적할 때 '적'과 동원어이다.

先生이 일 昏蒙호몰 텨ㅂ리니라 『두시언해』

일컫다

라헬의 묘비라 일컫더라(창 35:20)

내 이름으로 일컫는 내 백성이 그들의 악한 길에서 떠나 스스로 낮추고 기도하여 내 얼굴을 찾으면 내가 하늘에서 듣고 그들의 죄를 사하고 그들의 땅을 고칠지라(대하 7:14)

어떤 형제라 일컫는 자가 음행하거나 탐욕을 부리거나 우상 숭배를 하거나 모욕하거나 술 취하거나 속여 빼앗거든 사귀지도 말고 그런 자와는 함께 먹지도 말라 함이라(고전 5:11)

일컫다는 '일+컫'의 합성어인데, 일은 '닐'에서 두음'ㄴ'이 떨어진 형태다. 니ᄅᆞ다의 어근 '닐'은 말의 뜻을 지닌다. 노래의 어근 '놀'과 동원어이다. 일본어'nor'은 말(語)의 뜻을 지닌다. 일컫다의 '컫'은 고형이 '걷'인데 잠꼬대의 '꼬대' 어근 '곧', 가라사대의 어근 '갇'과 동원어로서 말의 뜻을 지닌다.

龍王아 더 如來ㅅ名號를 일ᄏᆞᄌᆞᄫᆞ사 ᄒᆞ리라 『월인석보』

잃다

어떤 잃은 물건 즉 소나 나귀나 양이나 의복이나 또는 다른 잃은 물건에 대하여 어떤 사람이 이르기를 이것이 그것이라 하면 양편이 재판장 앞에 나아갈 것이요 재판장이 죄 있다고 하는 자가 그 상대편에게 갑절을 배상할지니라(출 22:9)

기스가 암나귀들을 잃고 그의 아들 사울에게 이르되 너는 일어나 한 사환을 데리고 가서 암나귀들을 찾으라 하매(삼상 9:3)

있는데 하나를 잃으면 등불을 켜고 집을 쓸며 찾아내기까지 부지런히 찾지 아니하겠느냐(눅 15:8)

잃다는 '잃'은, 안다(抱)의 어근 '안(앋)'과 동원어로서 손의 뜻을 지닌다. 잃을 실(失)자는 손수(手)+새을(乙)로써 손에서 무엇인가 떨어져 나간 것을 의미한다.

님근 德 일ᄒᆞ시면 親戚도 叛ᄒᆞᄂᆞ니 『용비어천가』

임금

세울 네 임금을 너와 네 조상들이 알지 못하던 나라로 끌어 가시리니 네가 거기서 목석으로 만든 다른 신들을 섬길 것이며(신 28:36)

덕이 있으므로 임금이 그의 친구가 되느니라(잠 22:11)

이름을 이방인과 임금들과 이스라엘 자손들에게 전하기 위하여 택한 나의 그릇이라(행 9:15)

임금은 '니사금'에서 유래된 말이다. 16세기 이전 까지는 임금을 '님굼'으로 씌였다. '니사금→닛금→님굼→님금→임금'의 과정을 거쳤다.

황: 님굼 皇, 뎨: 님굼 帝 재, 군: 님군 君 『훈몽자회』

입술

만일 누구든지 입술로 맹세하여 악한 일이든지 선한 일이든지 하리라고 함부로 말하면 그 사람이 함부로 말하여 맹세한 것이 무엇이든지 그가 깨닫지 못하다가 그것을 깨닫게 되었을 때에는 그 중 하나에 그에게 허물이 있을 것이니(레 5:4)

속으로 말하매 입술만 움직이고 음성은 들리지 아니하므로 엘리는 그가 취한 줄로 생각한지라(삼상 1:13)

자와 다른 입술로 이 백성에게 말할지라도 그들이 여전히 듣지 아니하리라 하였으니(고전 14:21)

입술의 '술'은 눈시울의 '시울'과 같은 뜻이다. 시울은 '가장자리'란 뜻인데, 입술의 옛말은 '닙(입)시울'이다. '울'은 주둥아리, 아가리의 어근 '알'과 동원어로서 입(口)의 뜻을 지닌다. '닙시울→입시울→입술'의 과정을 거쳤다.

ㅂ는 입시울쏘리니 『훈민정음언해』
입시우리 므르며 『두시언해』

ㅈ

자루(柄)

때에 도끼가 자루에서 빠져 그의 이웃을 맞춰 그를 죽게 함과 같은 것이라 이런 사람은 그 성읍 중 하나로 도피하여 생명을 보존할 것이니라(신 19:5)

그 창 자루는 베틀 채 같고 창 날은 철 육백 세겔이며 방패 든 자가 앞서 행하더라(삼상 17:7)

자의 창 자루는 베틀 채 같았더라(삼하 21:19)

자루의 옛말은 'ᄌᆞᄅᆞ'이다. 'ᄌᆞᄅᆞ'는 잡는다는 뜻을 가지고 있는데, 'ᄌᆞᇫ다'에서 'ㅿ'이 'ㄹ'로 변하고, 접미사가 붙어 이루어진 말이다. 'ᄌᆞᄅᆞ(ᄌᆞᆯ+ᄋᆞ)→ᄌᆞᄅᆞ(ᄌᆞᆯ+으)→자루(잘+우)'의 변천과정을 겪었다.

柄 : ᄌᆞᄅᆞ 병 『훈몽자회』

자물쇠

문짝을 달고 자물쇠와 빗장을 갖추었고(느 3:3)

문짝을 달고 자물쇠와 빗장을 갖추고 또 분문까지 성벽 천 규빗을 중수하였고(느 3:13)

문짝을 달고 자물쇠와 빗장을 갖추고 또 왕의 동산 근처 셀라 못 가의 성벽을 중수하여 다윗 성에서 내려오는 층계까지 이르렀고(느 3:15)

자물은 '단아맨다'는 뜻의 '자므다'에서 온 말이다. '자므다'가 '잠그다'로 소리형태가 바뀌었다. '자물쇠'는 '단아매는 쇠'라는 뜻이다.

자주

자주 경책하지 아니하시며 노를 영원히 품지 아니하시리로다(시 103:9)

자주 책망을 받으면서도 목이 곧은 사람은 갑자기 패망을 당하고 피하지 못하리라(잠 29:1)

그가 나를 자주 격려해 주고 내가 사슬에 매인 것을 부끄러워하지 아니하고(딤후 1:16)

자주의 옛말은 '자조'이다. 이 말은 거듭된다는 뜻을 가진 '잦다'의 어근 '잦'에 '오'가 결합되어 '자조'가 되었다가 자주로 변화된 말이다. '가로→가루, 하로→하루, 자로→자루'와 같은 현상이다.

자취

멸망한 그들의 자취를 밟아 올무에 걸리지 말라 또 그들의 신을 탐구하여 이르기를 이 민족들은 그 신들을 어떻게 섬겼는고 나도 그와 같이 하겠다 하지 말라(신 12:30)

향하사 그들의 자취를 땅에서 끊으려 하시는도다(시 34:16)

가졌던 믿음의 자취를 따르는 자들에게도 그러하니라(롬 4:12)

옛사람들이 자취를 인식한 것은 달리 발자국이었음을 알 수 있다. 자취 적(跡)자를 보면 발 족(足)이 들어 있다. 자취의 옛 말은 '자최'인데 조어형 '잗, 닫'은 '다리(足)'의 뜻을 지닌다.

쉽길이 ᄌᆞ최 업스믜 그를 슬허 ᄒᆞ노라 『청구영언』

잠

아담을 깊이 잠들게 하시니 잠들매 그가 그 갈빗대 하나를 취하고 살로 대신 채우시고(창 2:21)

여종이 내가 잠든 사이에 내 아들을 내 곁에서 가져다가 자기의 품에 누이고 자기의 죽은 아들을 내 품에 뉘었나이다(왕상 3:20)

다시 살아나사 잠자는 자들의 첫 열매가 되셨도다(고전 15:20)

잠의 옛말은 '좀'이다. 잠은 '자다'의 명사형으로 이루어진 말이다. 잠은 또 '졸다'와도 관계가 있는데, 호남지역에선 지금도 '졸다'를 '자올다, 자블다'로 쓰고 있다. 졸다는 '잠오려 한다'는 뜻의 '잠+올다'가 '자블다→자올다→졸다'의 변화를 거쳤다. 잠과 졸다, 자다는 한 어원에서 나온 말이다.

장가

또 그가 장가 든 바로의 딸을 위하여 집을 지었는데 이 주랑과 같더라(왕상 7:8)

이혼한 여인에게 장가들지 말고 오직 이스라엘 족속의 처녀나 혹시 제사장의 과부에게 장가 들 것이며(겔 44:22)

부활 때에는 장가도 아니 가고 시집도 아니 가고 하늘에 있는 천사들과 같으니라(마 22:30)

장가는 남자가 혼인하다의 뜻으로 장인 장모의 집(杖家)에 들어간다는 말이다. 옛 방식 결혼 후에, 신랑이 사흘 동안 신부 집에 묵는 습관도 장가간다는 의미의 표현이다.

재(灰)

너희는 화덕의 재 두 움큼을 가지고 모세가 바로의 목전에서 하늘을 향하여 날리라(출 9:8)

는 티끌이나 재와 같사오나 감히 주께 아뢰나이다(창 18:27)

입고 그 재를 진영 바깥 정결한 곳으로 가져갈 것이요(레 6:11)

재는 불과 관계된 단어로 한자어 '灰'에는 불 화(火)가 들어가 있다. 만주어에선 불붙다가 'fulgyəmbi'인데 어근 'ful'과 국어 '불'과 동원어가 된다. 재의 어원적 의미는 '불'이다.

道士ᄋᆡ 經 은 다 ᄉᆞ라 ᄌᆡ ᄃᆞ외오 『월인석보』

재미

내게 무슨 재미가 있으리이까(창 27:46)

우리가 같이 재미있게 의논하며 무리와 함께 하여 하나님의 집 안에서 다녔도다(시 55:14)

재미는 양분이 많고 좋은 맛을 의미하는 '자미(滋味)'에서 나온 말이다. 자미가 우리말의 'ㅣ'모음동화 현상으로 재미로 변하면서 말뜻도 바뀌게 되었다. 우리말에는 이렇게 노력경제의 법칙이 많이 작용한다.

잿물

일곱째 날에 잿물로 자신을 정결하게 할 것이라 그리하면 정하려니와 셋째 날과 일곱째 날에 자신을 정결하게 하지 아니하면 그냥 부정하니(민 19:12)

몸을 씻고 잿물로 손을 깨끗하게 할지라도(욥 9:30)

말씀이니라 네가 잿물로 스스로 씻으며 네가 많은 비누를 쓸지라도 네 죄악이 내 앞에 그대로 있으리니(렘 2:22)

잿물은 '재를 우려낸 물'이란 뜻이다. 재는 빨래의 때를 빼는데 쓰이는 전통 재료였는데, 후에 '가성소다'가 나타나 잿물과 같은 기능을 하게 되자 그것을 '양잿물'이라 부르게 되었다. 양잿물은 '서양잿물'이 줄어든 말이다.

저녁

밤이라 부르시니라 저녁이 되고 아침이 되니 이는 첫째 날이니라(창 1:5)

옷을 빨지니 저녁까지 부정하리라 그것들이 네게 부정하니라(레 11:28)

바울이 아침부터 저녁까지 강론하여 하나님의 나라를 증언하고 모세의 율법과 선지자의 말을 가지고 예수에 대하여 권하더라(행 28:23)

저녁은 '떨어진다'의 뜻을 가진 '지(다)'+무렵의 뜻을 가지고 있는 '녁'으로 구성되었다. 즉 '해가 진 무렵'이란 뜻이다. 저녁이란 말이 『훈몽자회』에서는 '나죄'라 나와 있다.

夕: 나죄 석 『훈몽자회』

나죄는 날이 진 것을 의미한다. 죄는 '지다'의 어근에 접미사 '오'가 붙은 것이다. 저녁은 '해가 진 무렵'이고 나죄는 '날이 진 것'을 말하므로 다 같은 의미를 가졌다. 지금도 함경도 방언에는 저녁을 '나조'라 한다.

저자

유대인들은 시기하여 저자의 어떤 불량한 사람들을 데리고 떼를 지어 성을 소동하게 하여 야손의 집에 침입하여 그들을 백성에게 끌어내려고 찾았으나(행 17:5)

저자는 물건을 사고파는 곳이다. 저자의 옛말은 '져재, 저진'이다. 져재의 어근은 '졎'이고 조어형은 '덛'인데 흙, 땅의 의미를 지닌다. 장터의 '터'는 '덛'이 조어형이며 흙의 뜻을 지닌다. 마당 장(場)에는 흙토 변(土)이 있다.

八字보ᄂᆞᆫ 저직 『역어유해』

적다

가증한 일을 적다 하겠느냐 그들이 그 땅을 폭행으로 채우고 또 다시 내 노여움을 일으키며 심지어 나뭇가지를 그 코에 두었느니라(겔 8:17)

식구가 너무 적으면 그 집의 이웃과 함께 사람 수를 따라서 하나를 잡고 각 사람이 먹을 수 있는 분량에 따라서 너희 어린 양을 계산할 것이며(출 12:4)

뿌릴지라도 수확이 적으며 먹을지라도 배부르지 못하며 마실지라도 흡족하지 못하며 입어도 따뜻하지 못하며 일꾼이 삯을 받아도 그것을 구멍 뚫어진 전대에 넣음이 되느니라(학 1:6)

옛 문헌에는 '적다(少)와 작다(小)'의 구분이 표기상에는 발견되지 않는다. 적다는 많다(多)의 반의어로 양을 나타내며, 작다는 크다(大)의 반의어로 크기를 나타낸다.

量ᄋᆞᆫ 하며 져구믈 되ᄂᆞᆫ 거시라 『월인석보』
ᄒᆞᆫ 모미 크락 져그락ᄒᆞ야 『월인석보』

절

땅에 엎드려 절하며(창 19:1)

별이 내게 절하더이다 하니라(창 37:9)

이것은 너희가 절하고자 하여 만든 형상이로다 내가 너희를 바벨론 밖으로 옮기리라 함과 같으니라(행 7:43)

절은 사람의 행위이기에 어원적 의미는 사람이다. 절의 옛말은 '덜'인데 또래의 어근 '돌', 둘(等)도 사람의 본뜻을 지닌다. 拜(절 배) 한자는 양손을 아래에 모으고 몸을 구부린 모양을 의미한다.

아바님 命엣 절을 『월인천강지곡』

절기

내 앞에 절기를 지킬 것이니라 하셨나이다(출 5:1)

여호와 앞에서 절기를 지키고 네 하나님 여호와께서 네 모든 소출과 네 손으로 행한 모든 일에 복 주실 것이니 너는 온전히 즐거워할지니라(신 16:15)

걸려 금식하는 절기가 이미 지났으므로 항해하기가 위태한지라 바울이 그들을 권하여(행 27:9)

절기는 지구의 공전길을 24로 나누어 그 매개점을 절기라 부른다. 우리나라엔 24절기가 있는데, 동지로부터 다음 해 동지까지(1년)를 24로 나눈 분기점이 절기가 된다. 성경의 절기와는 관련이 없지만 한국의 문화 이해를 위해 소개한다.

입춘(立春)-2월4 혹은 5일인데, 봄철에 들어선다는 의미다. 이날은 팥죽을 쑤어먹는 풍습이 있다.

우수(雨水)-2월19일이나 20일인데, 빗물이 떨어져 만물이 생동한다는 뜻이다.

경칩(驚蟄)-3월5일이나 6일인데, 개구리 입이 열린다는 의미다. 얼음이 풀리고 벌레들이 깨어난다는 날이다.

춘분(春分)- 3월21일이나 22일인데, 봄갈이가 시작된다는 의미고 밤과 낮의 길이가 같다.

청명(淸明)-4월5일이나 6일인데, 맑은 날씨란 뜻으로, 바로 다음날이 '한식'이다. 청명, 한식에는 조상의 무덤에 찾아가 겨우내 지낸 무덤을 손질하는 풍습이 있다.

곡우(穀雨)-4월20일이나 21일인데, 곡식에 유익한 비가 내린다는 의미다.

입하(立夏)-5월6일이나 7일인데, 여름철에 들어선다는 의미이고, 모내기가 시작된다.

소만(小滿)-5월21일이나 22일인데, 보리이삭이 패기 시작한다는 뜻으로 이때부터 더위가 시작된다.

망종(芒種)-6월6일이나 7일인데, 보리마당질을 한다는 뜻이다.

하지(夏至)-6월21일이나 22일인데, 극도에 이르는 여름이라는 뜻이다.

소서(小暑)-7월7일이나 8일인데, 더위가 시작된다는 뜻이다.

대서(大暑)- 7월23일이나 24일인데, 가장 더운 날이란 뜻이다.

입추(立秋)-8월8일이나 9일인데, 가을에 들어선다는 뜻이다.

처서(處暑)-8월23일이나 24일인데, 더위가 떠나가기 시작한다는 뜻으로 이때부터 아침저녁으로 서늘한 기운이 돈다.

백로(白露)-9월8일이나 9일인데, 흰 이슬이 내리기 시작한다는 뜻이다.

추분(秋分)-9월23일이나 24일인데, 가을갈이가 시작된다는 뜻이다.

한로(寒露)-10월8일이나 9일인데, 찬 이슬이 내리기 시작하는 가을철이라는 뜻이다. 이때부터 단풍이 들기 시작한다.

상강(霜降)-10월23일이나 24일인데, 서리가 내리기 시작한다는 뜻으로 마지막 가을을 의미한다.

입동(立冬)-11월7일이나 8일인데, 겨울에 들어선다는 뜻이다. 이 때 김장을 준비한다.

소설(小雪)-11월23일이나 24일인데, 첫 눈이 내리기 시작한다는 뜻이다.

대설(大雪)-12월7일이나 8일인데, 큰 눈이 내리기 시작한다는 뜻이다.

동지(冬至)-12월22일이나 23일인데, 극도의 겨울이라는 뜻이다. 이날에는 팥죽을 쑤어 먹으며 나이를 한살 더 먹는다고 했다.

소한(小寒)-1월6일이나 7일인데, 겨울추위가 시작된다는 뜻이다. 춥지 않는 소한이 없다는 말이 있다.

대한(大寒)-1월20일이나 21일인데, 가장 추운 겨울이란 뜻이다.

젊다

오직 젊은이들이 먹은 것과 나와 동행한 아넬과 에스골과 마므레의 분깃을 제할지니 그들이 그 분깃을 가질 것이니라(창 14:24)

이는 그가 젊고 붉고 용모가 아름다움이라(삼상 17:42)

젊은 자들아 이와 같이 장로들에게 순종하고 다 서로 겸손으로 허리를 동이라 하나님은 교만한 자를 대적하시되 겸손한 자들에게는 은혜를 주시느니라(벧전 5:5)

졂다의 15세기말은 '졈다'인데 『譯語類解補』(1775년)에는 '졂다'로 나온다. '졈다→졂다'의 과정이었음을 알 수 있다. 幼(어릴 유)자는 작을 요(幺)+力 (힘 력)으로 되어있다. 즉 힘이 약한 어린이를 뜻한다. 반대로 老(늙을 노)자는 허리 굽은 늙은이가 지팡이를 짚고 있는 모양을 본뜬 글자다. 모두 사람과 관련되었음을 알 수 있다. 이로 보아 어리다, 젊다, 늙다의 어원은 사람의 뜻을 지닌다고 하겠다.

羅雲이 져머 노ᄅᆞᄉᆞᆯ 즐겨 『석보상절』

점심

자기와 함께 점심 잡수시기를 청하므로 들어가 앉으셨더니(눅 11:37)

이르시되 네가 점심이나 저녁이나 베풀거든 벗이나 형제나 친척이나 부한 이웃을 청하지 말라 두렵건대 그 사람들이 너를 도로 청하여 네게 갚음이 될까 하노

라(눅 14:12)

점심은 선승(禪僧)들이 수도를 하다가 시장기가 있을 때, 마음에 점을 찍듯 아주 조금 먹는 음식이다. 흔히 중식이라 하는데 이는 일본식 한자다. 아침과 저녁이 순 우리말이다 보니 점심도 우리말일 것이라 생각되기 쉬운데, 점심(點心)은 한자어다.

정수리

하여 발바닥에서부터 정수리까지 이르게 하시리라(신 28:35)

죄악이 많아 정수리에 넘치고 우리 허물이 커서 하늘에 미침이니이다(스 9:6)

그의 발바닥에서 정수리까지 종기가 나게 한지라(욥 2:7)

정수리는 이마를 나타내는 한자어 '頂'에 높은 부분을 나타내는 순 우리말 '수리'가 붙은 합성어이다. 지금도 주변 봉우리중 제일 높은 산봉우리를 '수리봉'이라고 하며 높이 나는 새를 '수리'라고 하는데 수리의 의미가 지금도 유지되고 있다. 정수리는 사람 신체의 높은 부분을 의미하는데 그 의미가 확대된 것이다.

제비

집을 얻고 제비도 새끼 둘 보금자리를 얻었나이다(시 84:3)

떠도는 것과 제비가 날아가는 것 같이 이루어지지 아니하느니라(잠 26:2)

나는 제비 같이, 학 같이 지저귀며 비둘기 같이 슬피 울며 내 눈이 쇠하도록 앙망하나이다 여호와여 내가 압제를 받사오니 나의 중보가 되옵소서(사 38:14)

제비의 옛말은 '져비'이다. 져비는 '졉+이'로 구성되었는데 '졉'은 '졉-졉-'우는 제비의 울음소리를 나타낸 의성어다. '이'는 명사를 만드는 접미사다. '져비'가 '제비'로 된 것은 벼를 '베'라고 하는 것처럼 '여'가 '에'로 변한 것이다. 제비소리를 '지지배배'라 하는데 이 소리 역시 '졉졉비비'가 변한 말이다.

져비ᄂᆞᆫ 나ᄂᆞᆫ 고촐박차 『두시언해』

조약돌

조약돌로 내 이들을 꺾으시고 재로 나를 덮으셨도다(애 3:16)

조약돌의 옛말은 'ᄌᆞ악'이다. 작은 것이란 뜻을 가진 'ᄌᆞ악'은 '두 가지 형태로 분화되었다.

ᄌᆞ악 ---- 1) ᄌᆞ역 →조약 →조약

2) ᄌᆞᆨ →작 →작+알 →자갈

자갈을 '자개돌' 이라고도 하는데, 자개는 '작+애'로 이루어진 것으로 '작은 것'이란 뜻을 가지고 있다.

조용

되고 야곱은 조용한 사람이었으므로 장막에 거주하니(창 25:27)

매복하고 밤새도록 조용히 하며 이르기를 새벽이 되거든 그를 죽이리라 하였더라(삿 16:2)

것 같이 조용히 자기 일을 하고 너희 손으로 일하기를 힘쓰라(살전 4:11)

조용의 옛말은 '죵용, 둉용'이다. '죵용→종용→조용'의 과정을 거쳤다. 한자어 '從容'에서 온 말이다.

從容ᄒᆞ다 이 氣像 濶遠ᄒᆞ다 뎌 境界 『關東別曲』

조카

아내 사래와 조카 롯과 하란에서 모은 모든 소유와 얻은 사람들을 이끌고 가나안 땅으로 가려고 떠나서 마침내 가나안 땅에 들어갔더라(창 12:5)

거주하는 아브람의 조카 롯도 사로잡고 그 재물까지 노략하여 갔더라(창 14:12)

재물과 자기의 조카 롯과 그의 재물과 또 부녀와 친척을 다 찾아왔더라(창 14:16)

조카는 한자어 '族下'에서 온 말이다. 이 말은 나를 기준으로 했을 때 형제자매의 아들을 의미하는데 '族下→족하→조카'로 변하였다.

어와저 族下야 『청구영언』

졸다

사람이 침상에서 졸며 깊이 잠들 때에나 꿈에나 밤에 환상을 볼 때에(욥 33:15)

자자, 좀더 졸자, 손을 모으고 좀더 누워 있자 하니(잠 24:33)

자들이 깊이 졸다가 온전히 깨어나 예수의 영광과 및 함께 선 두 사람을 보더니(눅 9:32)

졸다의 옛말은 '자올다'인데 지금도 호남 방언에는 '자울다'가 쓰인다. 졸음의 옛말은 'ᄌᆞ오롬'이다. ᄌᆞ올다의 어근은 'ᄌᆞ올'인데 ᄌᆞ와 올의 합성어이다. ᄌᆞ와 올은 '졸'로 유추된다. 졸은 졷으로 소급되는데 눈자위의 '졷'과 한 어휘이다.

몃 디위롤 ᄌᆞ오ᄂᆞ뇨 『두시언해』

종

애굽 땅, 종 되었던 집에서 인도하여 낸 네 하나님 여호와라(신 5:6)

담대하여 나의 종 모세가 네게 명령한 그 율법을 다 지켜 행하고 우로나 좌로나 치우치지 말라 그리하면 어디로 가든지 형통하리니(수 1:7)

내가 너희에게 종이 주인보다 더 크지 못하다 한 말을 기억하라 사람들이 나를 박해하였은즉 너희도 박해할 것이요 내 말을 지켰은즉 너희 말도 지킬 것이라(요 15:20)

종은 사람에 대한 말이므로 그 어원은 사람이다. 터키어에서 종은 'kul'인데 우리말 멍텅구리(人)의 '구리'와 같은 어휘다. 종은 '돌→됼→죨→죵→죵'의 변화인데 '돋(돌)'은 키다리의 '다리(달)', 꾀돌이의 '돌'과 동원어로서 사람의 뜻을 지닌다.

종아리

그 종아리는 철이요 그 발은 얼마는 철이요 얼마는 진흙이었나이다(단 2:33)

종아리는 '종+아리'의 합성어이다. 아리는 다리(脚)의 뜻을 지닌다. 쇠고기 부위에 '아롱사태'가 있는데 뒷다리 윗부분을 말한다. 아롱의 어근 '알'은 다리를 말한다. 종아리의 '종', 장딴지의 '장', 정강이의 '정'은 모두 동원어로서 발을 의미한다.

좋다

하나님이 보시기에 좋았더라 하나님이 빛과 어둠을 나누사(창 1:4)

본즉 매우 좋더라 너희는 가만히 있느냐 나아가서 그 땅 얻기를 게을리 하지 말라(삿 18:9)

생명을 사랑하고 좋은 날 보기를 원하는 자는 혀를 금하여 악한 말을 그치며 그 입술로 거짓을 말하지 말고(벧전 3:10)

좋다의 옛말은 '둏다, 됴ᄒᆞ다'이다. 좋다는 사람과 사람의 관계에 그 어원을 둔다. 좋을 호(好)자는 아기를 안고 좋아한다는 뜻과, 여자와 남자가 좋아한다는 뜻을 지닌다. '좋다'는 고어에서 깨끗하다(淨)는 의미도 있었다.

淫慾ᄋᆞᆫ 더럽고 佛道ᄂᆞᆫ 조커시니 『월인석보』
둏다(好) 『훈몽자회』

주머니

너는 네 주머니에 두 종류의 저울추 곧 큰 것과 작은 것을 넣지 말 것이며(신 25:13)

제구 곧 주머니에 넣고 손에 물매를 가지고 블레셋 사람에게로 나아가니라(삼상 17:40)

저울을 썼거나 주머니에 거짓 저울추를 두었으면 깨끗하겠느냐(미 6:11)

주머니의 어근은 '줌'인데 한 줌, 두 줌의 '줌'과 동원어이다. 만주어에선 작은 주머니를 'jumanggi'라 하는데 어근 'jum'과 비교된다. 주머니의 원래 의미는 자질구레한 물건을 넣어 허리에 차거나 들고 다니는 것이었으나, 요즘은 주머니가 옷에 붙어서 나온다.

藥 ㅅ느므촐 더러ㅂ리노라 『두시언해』 '느뭊'이 주머니를 의미한다. 호주머니는 중국에서 건너오거나 유래 되었다는 말로 '호'자를 붙였다. 호콩, 호밀, 호고추등이 여기에 속한다.

주먹

하나가 돌이나 주먹으로 그의 상대방을 쳤으나 그가 죽지 않고 자리에 누웠다가(출 21:18)

다투며 악한 주먹으로 치는도다 너희가 오늘 금식하는 것은 너희의 목소리를 상달하게 하려는 것이 아니니라(사 58:4)

얼굴을 가리고 주먹으로 치며 이르되 선지자 노릇을 하라 하고 하인들은 손바닥으로 치더라(막 14:65)

주먹의 옛말은 '주머귀'인데 '줌+억'으로 구성되었다. '줌'은 '잡는다'의 뜻을 가지고 있는데, '줏다'의 '줏'에서 'ㅿ'이 'ㅁ'으로 바뀐 형태다. '억'은 '어구'가 변한 접미사다. '죽+억'(주걱)과 구성요소가 같다. 주먹은 '집는 것'이란 뜻이었는데 지금의 손을 모아 쥔 형태로 그 의미가 변화하였다. 아이를 어를 때 하는 소리 '잠잠, 잼잼'과 동원어이다.

주무시다

발을 씻고 주무시고 일찍이 일어나 갈 길을 가소서 그들이 이르되 아니라 우리가 거리에서 밤을 새우리라(창 19:2)

졸지도 아니하시고 주무시지도 아니하시리로다(시 121:4)

베개를 베고 주무시더니 제자들이 깨우며 이르되 선생님이여 우리가 죽게 된 것을 돌보지 아니하시나이까 하니(막 4:38)

주무시다는 원래 '줌으시다'인데 '줌→잠'으로 모음변이가 일어났다. 그래서 자시다를 주무시다로 표현한 것이다.

세손이 주무시다가 문부를 ᄒᆞ시고 『한중록』

죽음

그리하여 너희가 죽음을 면하고 여호와의 진노가 온 회중에게 미침을 면하게 하라 오직 너희 형제 이스라엘 온 족속은 여호와께서 치신 불로 말미암아 슬퍼할 것이니라(레 10:6)

자가 사울이 죽음을 보고 자기도 자기 칼 위에 엎드러져 그와 함께 죽으니라(삼상 31:5)

예수를 위하여 죽음에 넘겨짐은 예수의 생명이 또한 우리 죽을 육체에 나타나게 하려 함이라(고후 4:11)

죽음은 목숨을 다하는 것을 의미하는데, 그 어원을 한자어에서 찾을 수밖에 없다. 죽을 사(死)자를 보면 '歹(부서진 뼈 알)+匕(죽을 화)'가 결합된 의미로 사람이 죽어 뼈만 남았다는 뜻이다. 또 주검 시(屍)자도 사람이 죽어 쓰러진 모양을 본 뜬 글자이다.

지기

달려오는지라 파수꾼이 문지기에게 외쳐 이르되 보라 한 사람이 또 혼자 달려온다 하니 왕이 이르되 그도 소식을 가져오느니라(삼하 18:26)

문지기는 살룸과 악굽과 달몬과 아히만과 그의 형제들이니 살룸은 그 우두머리라(대상 9:17)

사무를 맡기며 문지기에게 깨어 있으라 명함과 같으니(막 13:34)

지기의 옛말은 '직이'인데 지키다의 옛말 '직히다'에서 온 말이다. 이 말은 '직+이'로 구성 되었다. 그러므로 직이는 지키는 사람이란 뜻이다. 지금은 지기라는 말이 접미사로 되어버렸다. 문지기, 등대지기, 창고지기 등이 있다.

지렁이

아래에 깔림이여 지렁이가 너를 덮었도다(사 14:11)

지렁이는 한자어 '地龍'에서 온 말로 '디룡이, 지룡이'등으로 불리었다. 지렁이에 대한 한자어 이전에는 고유어가 있었는데 '겂위, 거위'로 나타난다. 지역에 따라 '꺼생이, 거시, 거시랑(치)등으로 불린다.

지름길

길이요 그의 지름길은 다 평강이니라(잠 3:17)

알지 못하는 지름길로 인도하며 암흑이 그 앞에서 광명이 되게 하며 굽은 데를 곧게 할 것이라 내가 이 일을 행하여 그들을 버리지 아니하리니(사 42:16)

물 가운데에 지름길을 내고(사 43:16)

지름길의 옛말은 '즈름길'인데, 즈름의 어근 '줄'은 주리다(縮)의 어근 '줄'과 동원어이다. 지름길은 가깝게 질러서 가는 縮路의 의미다.

ᄆᆞᄎᆞ매 즐어 죽고 『두시언해』

지붕

지을 때에 지붕에 난간을 만들어 사람이 떨어지지 않게 하라 그 피가 네 집에 돌아갈까 하노라(신 22:8)

전에 라합이 지붕에 올라가서 그들에게 이르러(수 2:8)

만일 사람이 지붕 위에 있고 그의 세간이 그 집 안에 있으면 그것을 가지러 내려가지 말 것이요 밭에 있는 자도 그와 같이 뒤로 돌이키지 말 것이니라(눅 17:31)

지붕은 '집'에 접미사'웅'이 붙어서 이루어진 말이다. 지붕은 짚으로 만들었기에 생긴 말이다. '집'은 '짓다'의 어근 '짓'이 'ㅅ'→'ㅂ' 으로 교체 현상이 일어났다.

'집우→집우희→집우의→집웅에→집웅→지붕' 의 과정을 거쳤다. 지붕은 '집 위의 것'이란 뜻이다

지아비

여인은 그 지아비의 면류관이나 욕을 끼치는 여인은 그 지아비의 뼈가 썩음 같게 하느니라(잠 12:4)

'짓'은 집, '아비'는 아버지의 옛말이다. '집'은 본래 '짓다'에서 생긴 말로서 '지은 것'이란 뜻이다. 지아비란 집의 아버지란 뜻인데, 오늘날 남편을 낮추어 이르는 말이 되었다.

어즈러온 짓 ᄋᆞᄃᆞ롤 取티 말며 『內訓』

지저귀다

나뭇가지 사이에서 지저귀는도다(시 104:12)

입을 벌리거나 지저귀는 것이 하나도 없었다 하는도다(사 10:14)

학 같이 지저귀며 비둘기 같이 슬피 울며 내 눈이 쇠하도록 앙망하나이다 여호와여 내가 압제를 받사오니 나의 중보가 되옵소서(사 38:14)

새가 우는 것을 '지저귀다'고 한다. 지저귀다는 '지지다+괴다'의 합성어로 '지지괴다'에서 변한 말이다. 지지는 새 소리에 대한 의성어이고, 괴다는 '고이'가 줄어든 말로 '골→골이→고이→괴'의 과정을 거쳤다. 고래고래 소리 지르다의 어근 '골'과 같은 뜻으로 '말, 소리' 의미를 지닌다. 평안도 방언에 '고다'는 떠들다의 의미를 갖는다.

諠ᄋᆞᆫ 모다 짓괼씨라 『능엄경언해』
지저귀는 춤새들아 『청구영언 珍書刊行會』

지키다

그것을 경작하며 지키게 하시고(창 2:15)

안에서 오벧에돔이 지키는 모든 금은과 그릇과 왕궁의 재물을 빼앗고 또 사람들을 볼모로 잡아 가지고 사마리아로 돌아갔더라(대하 25:24)

중에 율법을 지키는 자가 없도다 너희가 어찌하여 나를 죽이려 하느냐(요 7:19)

지키다는 어떤 침해로부터 보호하는 것이다. 지키다의 옛말은 '딕ᄒᆞ다'이며 어근은 한자 '直(딕)'이다.

房ᄋᆞᆯ 딕ᄒᆞ라 ᄒᆞ시니 『월인천강지곡』

지팡이

내가 내 지팡이만 가지고 이 요단을 건넜더니 지금은 두 떼나 이루었나이다(창 32:10)

지팡이를 들고 손을 바다 위로 내밀어 그것이 갈라지게 하라 이스라엘 자손이 바다 가운데서 마른 땅으로 행하리라(출 14:16)

아론의 싹 난 지팡이와 언약의 돌판 들이 있고(히 9:4)

지팡이는 짚다의 어근 '짚'에 접미사 '앙, 이'로 구성되었다. '앙'은 '도랑', '이랑'과 그 형태가 같다. '짚+앙→짚+앙+이→지팡이'의 과정을 거쳤다. 짚은 '딮(딥)'으로 소급된다.

도ᄑᆞ랏 막대ᄅᆞᆯ 디펴와 『두시언해』

쥐

곧 두더지와 쥐와 큰 도마뱀 종류와(레 11:29)

해롭게 하는 쥐의 형상을 만들어 이스라엘 신께 영광을 돌리라 그가 혹 그의 손을 너희와 너희의 신들과 너희 땅에서 가볍게 하실까 하노라(삼상 6:5)

가증한 물건과 쥐를 먹는 자가 다 함께 망하리라 여호와의 말씀이니라(사 66:17)

쥐는 '주이'가 줄어든 말로서 '줄→주이→주→쥐'의 과정을 거쳤다. 주는 '즐→듈→둗'으로 소급되는데, 고슴도치의 '돋'이 쥐의 본뜻을 지니는 말이다. 다람쥐의 옛말은 'ᄃᆞ라미'인데 어근 'ᄃᆞᆯ(ᄃᆞᆮ)'은 쥐와 동원어이다.

遮陽ㄱ 세 쥐녀도 잇더신가 『용비어천가』

진펄

왕골이 진펄 아닌 데서 크게 자라겠으며 갈대가 물 없는 데서 크게 자라겠느냐(욥 8:11)

그 진펄과 개펄은 되살아나지 못하고 소금 땅이 될 것이며(겔 47:11)

진펄의 옛말은 '즌퍼리'이다. '즌'은 물기가 많다는 '즐다'의 원형이다. '퍼리'는 넓은 들이란 뜻을 가진 '벌'의 뜻이다. '펄'은 '퍼리'가 줄어든 말인데 '벌'과 같은 의미로서 '버리'가 줄어든 형태다. '버리→ 퍼리→펄(진펄)'의 과정을 거쳤다.

질그릇

침상과 대야와 질그릇과 밀과 보리와 밀가루와 볶은 곡식과 콩과 팥과 볶은 녹두와(삼하 17:28)

그들을 깨뜨림이여 질그릇 같이 부수리라 하시도다(시 2:9)

나무 그릇과 질그릇도 있어 귀하게 쓰는 것도 있고 천하게 쓰는 것도 있나니(딤후 2:20)

질그릇의 옛말은 '딜, 딜엇, 딜것'이라 했다. 딜은 '짓다'와 같은 어원으로 '구운 것'이란 뜻을 가지고 있다.

陶師 는 딜엇 굽는 사ᄅᆞ미라 『월인석보』

짐승

큰 바다 짐승들과 물에서 번성하여 움직이는 모든 생물을 그 종류대로, 날개 있는 모든 새를 그 종류대로 창조하시니 하나님이 보시기에 좋았더라(창 1:21)

먹을 만한 짐승이 죽은 때에 그 주검을 만지는 자는 저녁까지 부정할 것이며(레 11:39)

거짓말쟁이며 악한 짐승이며 배만 위하는 게으름뱅이라 하니(딛 1:12)

짐승의 옛말은 '즁싱'인데 한자어 '衆生'에서 온 말이다. 즁싱은 고어에서 짐승과 중생의 두 가지로 쓰이다가 짐승으로만 쓰이게 되었다. '즁싱→즘싱→즘승→짐승'의 변화 과정을 거쳤다.

즁싱이 머리예 『월인석보』

짚(지푸라기)

이르되 우리에게 짚과 사료가 족하며 유숙할 곳도 있나이다(창 24:25)

나귀들에게 먹일 짚과 여물이 있고 나와 당신의 여종과 당신의 종인 우리들과 함께 한 청년에게 먹을 양식과 포도주가 있어 무엇이든지 부족함이 없나이다 하는지라(삿 19:19)

나무나 풀이나 짚으로 이 터 위에 세우면(고전 3:12)

짚은 풀의 이름을 말한다. 보릿짚, 밀짚과 같이 쓰인다. 짚의 옛말은 '딮'이다.

禾ᄂᆞᆫ 딮 조ᄎᆞᆫ 穀食이라 『법화경』

딥동 세 무슬 어더 쯰로 어울워 믜야 『월인석보』

찔레

내가 들가시와 찔레로 너희 살을 찢으리라 하고(삿 8:7)

온 땅에 찔레와 가시가 있으므로 화살과 활을 가지고 그리로 갈 것이요(사 7:2
4)

무화과를, 또는 찔레에서 포도를 따지 못하느니라(눅 6:44)

찔레나무는 가시나무라고도 하며, 들장미라고도 한다. 찔레는 '찌르다'는 동사에 접미사 '에'가 붙어 이루어졌다. 결국 '찔레는 찌르는 것'이란 뜻이다.

ㅊ

차례

처녀마다 차례대로 아하수에로 왕에게 나아가기 전에 여자에 대하여 정한 규례대로 열두 달 동안을 행하되 여섯 달은 몰약 기름을 쓰고 여섯 달은 향품과 여자에게 쓰는 다른 물품을 써서 몸을 정결하게 하는 기한을 마치며(에 2:12)

그 반열의 차례대로 하나님 앞에서 제사장의 직무를 행할새(눅 1:8)

각각 자기 차례대로 되리니 먼저는 첫 열매인 그리스도요 다음에는 그가 강림하실 때에 그리스도에게 속한 자요(고전 15:23)

차례는 한자어 '次第'에서 온 말이다. 옛말은 '차뎨'라 하였는데 'ㄷ→ㄹ'화 현상을 거쳤다. '목단→모란, 보뎨→보리, 도장→도량(道場)'도 같은 현상이다. 1880년에 나온 『한불ᄌᆞ뎐』에는 ᄎᆞ례를 '次例'로 표기하였다.

次第 혜여 글왈 ᄆᆡᆼᄀᆞᆯ씨라 『석보상절』

참외

생선과 오이와 참외와 부추와 파와 마늘들을 먹은 것이 생각나거늘(민 11:5)

망대 같이, 참외밭의 원두막 같이, 에워싸인 성읍 같이 겨우 남았도다(사 1:8)

참외의 '참'은 '좋은'이라는 뜻이다. 외는 '오이'가 줄어든 말이다. 물외(물오이)도 참외와 대비할 만하다.

처녀

하지 아니한 처녀더라 그가 우물로 내려가서 물을 그 물동이에 채워가지고 올라오는지라(창 24:16)

이스라엘 처녀에게 누명을 씌움으로 말미암아 그에게서 은 일백 세겔을 벌금으로 받아 여자의 아버지에게 주고 그 여자는 그 남자가 평생에 버릴 수 없는 아내가 되게 하려니와(신 22:19)

것이 아니요 처녀가 시집 가도 죄 짓는 것이 아니로되 이런 이들은 육신에 고난이 있으리니 나는 너희를 아끼노라(고전 7:28)

처녀는 한자어 '處女'에서 그대로 왔다. 집에 있는(處) 여자(女)란 뜻이다. 이 뜻을 조선시대에는 '낭ᄌ(娘子)'라했다. 지금은 서양어 'lady'의 번역어 '淑女'라는 말이 많이 쓰이면서 '처녀'에 대한 사용 빈도가 줄어들고 있다. 그러나 '처녀출전, 처녀지(處女地)'등에는 여전히 처녀를 쓰고 숙녀를 쓰지 못한다. 처녀는 시집가기 전 성적경험이 없는 성숙한(adult) 여자를 의미한다.

총각

총각과 처녀와 노인과 아이들아(시 148:12)

혼인 할 수 있는 성인을 이름하여 '處女, 總角'이라한다. 처녀는 '女'가 있어서 그 뜻을 짐작할 수 있지만, 총각의 總은 모두란 뜻이고 角은 뿔이란 뜻이다. 옛날엔 머리를 양쪽으로 뿔처럼 갈라 동여맨 머리를 '총각'이라 했다. 이런 머리는 장가가기 전 남자머리 스타일이었다. 그래서 이러한 머리스타일 남자를 향하여 '총각'이라 불렀다. 참고로 가랑머리는 여자아이들이 두 가닥으로 땋아 양쪽으로 늘인 머리다.

총독

총독 닷드내와 스달보스내와 그들의 동관들이 다 나아와 그들에게 이르되 누가 너희에게 명령하여 이 성전을 건축하고 이 성곽을 마치게 하였느냐 하기로(스 5:3)

총독 스룹바벨에게 말하여 이르라 내가 하늘과 땅을 진동시킬 것이요(학 2:21)

이에 총독의 군병들이 예수를 데리고 관정 안으로 들어가서 온 군대를 그에게로 모으고(마 27:27)

총독은 중국의 명나라와 그 후 봉건국가에서 지방장관을 이르는 말이다. 한자로 다 총(總), 감독할 독(督)자를 쓴다. 식민지에서 모든 분야를 장악한 제국주의적 식민통치의 모습을 보여주는 단어다.

춤(舞踊)

송아지와 그 춤 추는 것들을 보고 크게 노하여 손에서 그 판들을 산 아래로 던져 깨뜨리니라(출 32:19)

나와서 노래하며 춤추며 소고와 경쇠를 가지고 왕 사울을 환영하는데(삼상 18:6)

불어도 너희가 춤추지 않고 우리가 곡하여도 너희가 울지 아니하였다 함과 같도다(눅 7:32)

춤에는 두 가지가 있다. 상체 즉 손을 중심으로 하는 '舞'와 하체(발) 중심으로 하는 '踊'이 있다. 북방의 춤은 하체 중심이고, 남방의 춤은 상체 중심이다. 고대의 춤이 종교적인 것임을 생각하면, 우리나라 무당이 신이 오르면 모둠발로 뛰는 게 특징의 하나다. 그리고 신들이 대접을 받고 기쁘다는 표정으로 추는 춤은 양 어깨를 들썩이는 어깨춤 역시 우리나라 춤의 특이성이다. 신이 들어올 때는 어깨를 통해서 들어온다고 믿기 때문이다. 그래도 알타이어족인 북방 춤의 그 어원적 의미는 하체인 발의 뜻을 지니고 있다.

如意를 자바셔 춤 추고 『두시언해』

치마

잎을 엮어 치마로 삼았더라(창 3:7)

너울을 벗으며 치마를 걷어 다리를 드러내고 강을 건너라(사 47:2)

내가 네 치마를 네 얼굴에까지 들춰서 네 수치를 드러내리라(렘 13:26)

치마는 여자들이 입는 하의(下衣)를 의미하지만, 옛날엔 남자도 치마를 입었기에 남자의 하의를 포함한 뜻을 지닌다. 옛말은 '쵸마'이다.

옷과 치마 왜 짜디거든 『內訓』 여기 치마는 남자치마를 말한다.

츄마 상(裳):男服 『훈몽자회』 여기 치마는 남복(男服)이라고 되어있다. 남자도 치마형태를 입은 것이 나타난다.

ㅋ

칼

자기는 불과 칼을 손에 들고 두 사람이 동행하더니(창 22:6)

좌우에 날선 칼을 만들어 그의 오른쪽 허벅지 옷 속에 차고(삿 3:16)

멸하기도 하며 칼날을 피하기도 하며 연약한 가운데서 강하게 되기도 하며 전쟁에 용감하게 되어 이방 사람들의 진을 물리치기도 하며(히 11:34)

칼의 옛말은 '갈'이다. 옛 조선말에는 거센소리가 없었다. 무엇인가를 '갈다'에서 생긴 말이 '갈'이다. 이 말이 거센소리가 생기면서 '칼'로 변하였다. '갈치'는 칼처럼 길게 생겨서 지어진 이름인데 '칼치'의 '칼'로 변하지 않은 형태가 지금까지 존재하고 있는 모습이다.

갈 爲刀 『훈민정음언해』
칼 ᄀᆞᆫ 지거미 믈로 『註解胎産集要』

캐다

사람이 채소를 캐러 들에 나가 들포도덩굴을 만나 그것에서 들호박을 따서 옷자락에 채워가지고 돌아와 썰어 국 끓이는 솥에 넣되 그들은 무엇인지 알지 못한지라(왕하 4:39)

철은 흙에서 캐내고 동은 돌에서 녹여 얻느니라(욥 28:2)

무엇인가를 캐는 것은 손으로 하기 때문에 '캐다'의 어원적 의미는 손이 된다. 캐다의 어근은 'ᄏᆡ다'인데 'ᄏᆞᆯ이→ᄏᆞ이→ᄏᆡ'의 과정을 거쳤다. ᄏᆞᆯ이의 'ᄏᆞᆯ'은 'ᄀᆞᆯ'로 소급되는데, 가르다의 어근 '갈', 고르다의 어근 '골'

과 같은 어원으로 손(手)의 뜻을 지닌다. 가락지, 골무의 '갈, 골'도 손의 뜻을 지닌다.

釋迦 菩薩이 藥 킈라 가 보ᅀᆞᄫᆞ시고 『월인석보』

켜다

불 켜는 등잔대와 그 기구와 그 등잔과 등유와(출 35:14)

저녁마다 불을 켜나니 우리는 우리 하나님 여호와의 계명을 지키나 너희는 그를 배반하였느니라(대하 13:11)

잃으면 등불을 켜고 집을 쓸며 찾아내기까지 부지런히 찾지 아니하겠느냐(눅 15:8)

켜다의 옛말은 '혀다, ᅘᅧ다'이다. 혀는 불의 의미를 지닌다. 불이 활활 탄다에서 '활활'의 '활'과 동원어로서 의태부사이다.

블현 알퓌셔 춤츠던 이롤 내 웃노니 『두시언해』
燈 ᅘᅧ 블고뫌 닛ᄉᆞ오며 『법화경』

켤레

신 한 켤레를 받고 가난한 자를 팔며(암 2:6)

신 한 켤레로 가난한 자를 사며 찌꺼기 밀을 팔자 하는도다(암 8:6)

켤레의 어근은 '켤'로서 컨, 건으로 소급된다. 걷다(步)의 '걷'이 발의 뜻이며 켤레의 '걷'과 동원어이다. 신 한 짝인 두 개를 한 벌로 세는 단위로서 한자어로는 '一足, 二足이라 한다.

코

생기를 그 코에 불어넣으시니 사람이 생령이 되니라(창 2:7)

갈고리를 네 코에 꿰고 재갈을 네 입에 물려 너를 오던 길로 끌어 돌이키리라 하셨나이다(왕하 19:28)

진영의 악취로 코를 찌르게 하였으나 너희가 내게로 돌아오지 아니하였느니라 여호와의 말씀이니라(암 4:10)

코는 골다의 '골'이 코의 옛말이다. '골→고→코의 과정을 거쳤다. 감기를 의미하는 고뿔은 호남 지역 방언으로 남아 있다.

뎌 코히셔 코흐르니 『노걸대언해』

콩

볶은 곡식과 콩과 팥과 볶은 녹두와(삼하 17:28)

밀과 보리와 콩과 팥과 조와 귀리를 가져다가 한 그릇에 담고 너를 위하여 떡을 만들어 네가 옆으로 눕는 날수 곧 삼백구십 일 동안 먹되(겔 4:9)

콩은 원래 '大豆'였고 팥이(小豆) 콩의 의미를 지녔다. 콩비지는 콩과 비지의 합성어인데, 비지의 어근 '빋'이 팥의 고형 '볻'과 동원어이다. 비지는 콩의 뜻을 지닌다.

콩은 '고+히'로 이루어진 말이다. '따+히(땅), 조+히(종이)'와 같은 구조이다. '고'는 동그란 것을 가리켰다. 지금도 '단추코, 그물코'에서와 같이 동그랗게 매듭지어 놓은 것이나 뭉쳐 놓은 것을 코(고)라 한다. 사람의 코도 옛날에는 '고'라 하였다. 농작물의 콩은 '동그란 것, 돋아난 것'을 가리키는 뜻으로 '고'에서 유래하였다.

콩(大豆): 콩 爲大豆『훈민정음해례』

크다

당신의 지혜가 크다 한 말이 그 절반도 못 되니 당신은 내가 들은 소문보다 더하도다(대하 9:6)

나무는 키가 크다고 교만하지 못하게 하며 그 꼭대기가 구름에 닿지 못하게 하며 또 물을 마시는 모든 나무가 스스로 높아 서지 못하게 함이니 그들을 다 죽음에 넘겨 주어 사람들 가운데에서 구덩이로 내려가는 자와 함께 지하로 내려가게 하였음이라(겔 31:14)

나는 지극히 크다는 사도들보다 부족한 것이 조금도 없는 줄로 생각하노라(고후 11:5)

한자어 큰 대(大)자를 보면 사람이 양팔을 벌리고 있는 것을 본 뜬 글자이다. 옛 사람들은 크고 작은 개념을 사람을 통해 인식했음을 보여준다. 우리는 사람이 누웠을 때 큰대자로(大) 누웠다는 말을 종종 쓴다. 크다는 '귿→글→그→크'의 과정을 거쳤다. 끼리끼리, 멍텅구리의 '길, 굴'과 동원어로서 어원적 의미는 사람의 뜻을 지닌다.

크게 그리현 허므리 기리 기렛ᄂᆞ니라 『두시언해』

키

강하고 많고 키가 컸으나 여호와께서 암몬 족속 앞에서 그들을 멸하셨으므로 암몬 족속이 대신하여 그 땅에 거주하였으니(신 2:21)

사람이라 그의 키는 여섯 규빗 한 뼘이요(삼상 17:4)

보고자 하되 키가 작고 사람이 많아 할 수 없어(눅 19:3)

키는 크다의 어근 '크'와 접미사 '이'가 결합 된 단어다. 『훈몽자회』엔 키를 '킈'라고 나와 있다. 키는 '크+이'로 큰 것이란 뜻이다.

ㅌ

타다(燃)

산들의 터도 불타게 하는도다(신 32:22)

그 사방에서 불타오르나 깨닫지 못하며 몸이 타나 마음에 두지 아니하는도다(사 42:25)

그 공적이 불타면 해를 받으리니 그러나 자신은 구원을 받되 불 가운데서 받은 것 같으리라(고전 3:15)

타다의 조어형 'ᄃᆞᆮ(닫)'은 불의 뜻을지닌다. 만주어에선 불을 'thuwa(火)'라 한다

다리다(煎) 『구급방언해』
잢간도 ᄐᆞ디 아니ᄒᆞ며 『능엄경언해』

타작

너희의 타작은 포도 딸 때까지 미치며 너희의 포도 따는 것은 파종할 때까지 미치리니 너희가 음식을 배불리 먹고 너희의 땅에 안전하게 거주하리라(레 26:5)

한 뭉치를 타작 마당에 두리니 만일 이슬이 양털에만 있고 주변 땅은 마르면 주께서 이미 말씀하심 같이 내 손으로 이스라엘을 구원하실 줄을 내가 알겠나이다 하였더니(삿 6:37)

들고 자기의 타작 마당을 정하게 하사 알곡은 모아 곳간에 들이고 쭉정이는 꺼지지 않는 불에 태우시리라(마 3:12)

타작은 우리말이다. 『농사직설』에 輾: 연자매, 수레바퀴로 갊을 '타작' 이라한다고 나온다. (輾 鄕名打作) 향명(鄕名)이나 속칭(俗稱)은 한자말이 아니고 우리말이라는 뜻이다.

털

붉고 전신이 털옷 같아서 이름을 에서라 하였고(창 25:25)

색점에 흰 털이 없으며 그 자리가 피부보다 얕지 아니하고 빛이 엷으면 그는 그를 이레 동안 가두어둘 것이며(레 13:26)

같이 끌려갔고 털 깎는 자 앞에 있는 어린 양이 조용함과 같이 그의 입을 열지 아니하였도다(행 8:32)

털의 옛말은 '덜'이다. '터럭'이라고도 부르지만 어근은 '털'이다. 털의 의미를 가지는 다른 단어도 있다. 말의 목털을 뜻하는 갈기의 '갈(鬣)'이다. 만주어에선 갈기를 'dərun'이라하고 만주어에선 수염을 'dorora'라고 하는데, 어근 'dar, dər'은 국어 '덜'과 동원어이다.

토끼

토끼도 새김질은 하되 굽이 갈라지지 아니하였으므로 너희에게 부정하고(레 11:6)

곧 낙타와 토끼와 사반, 그것들은 새김질은 하나 굽이 갈라지지 아니하였으니 너희에게 부정하고(신 14:7)

토끼의 옛말은 '톳기'이고 어근은 '톳'이다. 몽고어에선 토끼를 'tulai'라고 하는데 어근'tul'은 국어 '돌'과 비교가 된다. 한편 한자어 토끼 토(兎)자에 접미사 '기'가 붙었다고 볼 수도 있다.

여ᅀᆞ 톳긔 이우지 ᄃᆞ외얏도다 『두시언해』

토막

그 나무 토막 앞에 굴복하리요 말하지 아니하니(사 44:19)

생선 한 토막을 드리니(눅 24:42)

토막은 '토+막'의 합성어이다. 토는 '돋→돌→도→토'의 과정을 거쳤다. 막은 막대기의 '막'인데 '칼도마'의 造語形 과 같다.

퉁소

그는 수금과 퉁소를 잡는 모든 자의 조상이 되었으며(창 4:21)

찬양하며 현악과 퉁소로 찬양할지어다(시 150:4)

풍류하는 자와 퉁소 부는 자와 나팔 부는 자들의 소리가 결코 다시 네 안에서 들리지 아니하고 어떠한 세공업자든지 결코 다시 네 안에서 보이지 아니하고 또 맷돌 소리가 결코 다시 네 안에서 들리지 아니하고(계 18:22)

퉁소는 민족 악기인 '소'가 개량된 것인데, 소는 관의 밑 부분을 밀랍으로 막아 붙였으나, 퉁소는 밑바닥이 트였다는 차이가 있다. 옛말은 '통소'이다.

트집

잡는 자가 전능자와 다투겠느냐 하나님을 탓하는 자는 대답할지니라(욥 40:2)

트집은 원래 벌어진 틈, 또는 일이 벌어진 틈을 의미한다. 트집은 '틈(隙)+집(家)'의 합성어인데, '틈집→트집'이 되었다. 집에 틈이 났으니 일이 벌어졌다는 뜻이다. 트집을 잡다는 상대방의 흠(틈)을 잡는다는 뜻이다.

틈집ᄒᆞ야 긔별 드러디라 『계축일기』

틀리다

말씀이 하나도 틀리지 아니하고 다 너희에게 응하여 그 중에 하나도 어김이 없음을 너희 모든 사람은 마음과 뜻으로 아는 바라(수 23:14)

틀리다는 잘못되다의 뜻이다. 옛말은 '탈'인데 '病, 사고, 트집'의 뜻을 지닌다. 틀리다의 '틀'은 '탈'에서 모음변이현상으로 나타난 말이다.

後 긋 病탈ᄒᆞ고 아니 닐어늘 『삼강행실도』
또 탈ᄒᆞ더 됴뎡이 하 막으니 못 가시리이다 『계축일기』

틈

너를 반석 틈에 두고 내가 지나도록 내 손으로 너를 덮었다가(출 33:22)

너희는 바위 틈에 들어가며 진토에 숨어 여호와의 위엄과 그 광대하심의 영광을 피하라(사 2:10)

속였도다 바위 틈에 거주하며 높은 곳에 사는 자여 네가 마음에 이르기를 누가 능히 나를 땅에 끌어내리겠느냐 하니(옵 1:3)

틈의 옛말은 'ᄣᅳᆷ'인데 '떨어져 있는 사이'를 의미한다. 'ᄣᅳᆷ'은 떨어지다의 옛말 'ᄠᅥ디다'가 명사화된 말이다. 'ᄠᅥ미→ᄣᅳᆷ→ᄠᅳᆷ→틈'의 과정을 거쳤다.

閣애셔 ᄣᅳᆷ이 언매나 머뇨 『노걸대언해』
ᄃᆞ리예 ᄠᅥ딜 마ᄅᆞᆯ 『용비어천가』

티끌

자손이 땅의 티끌 같게 하리니 사람이 땅의 티끌을 능히 셀 수 있을진대 네 자손도 세리라(창 13:16)

자기의 머리에 티끌을 덮어쓰고 실로에 이르니라(삼상 4:12)

향하여 발의 티끌을 떨어 버리고 이고니온으로 가거늘(행 13:51)

티끌의 옛말은 '듣글, 드틀'이다. 듣글의 '듣'은 흙의 뜻을 지닌다. '돌, 들, 딜(土)'과 동원어이다. 듣글의 '글'도 역시 흙의 뜻을 지닌다. '골(谷) 고랑, 길'과 동원어이다. 듣글은 흙의 뜻을 지니는 이음동의어인 셈이다.
옛 사람들은 바람에 날리는 흙가루를 먼지로 인식했던 것이다. 그래서 티끌 진(塵)자에는 흙토(土)변이 있다.

드틀에 소사나시니 『월인천강지곡』

ㅍ

팔

므낫세는 장자라도 팔을 엇바꾸어 얹었더라(창 48:14)

손과 편 팔로 거기서 너를 인도하여 내었나니 그러므로 네 하나님 여호와가 네게 명령하여 안식일을 지키라 하느니라(신 5:15)

늙어서는 네 팔을 벌리리니 남이 네게 띠 띠우고 원하지 아니하는 곳으로 데려가리라(요 21:18)

팔의 옛말은 '볼'이다. 무엇을 '팔다(賣)'의 '팔'도 볼(풀)에서 온 말이다. 팔고 받는 것(受)은 주로 손으로 하는 일이기에 손의 뜻을 지닌다. 팔 벌리다의 '벌, 한 뼘 두 뼘의 '범'도 팔의 조어형 '볻'과 동원어이다.

팔다(賣買)

이스마엘 사람들에게 팔매 그 상인들이 요셉을 데리고 애굽으로 갔더라(창 37:28)

이 곳에 팔았다고 해서 근심하지 마소서 한탄하지 마소서 하나님이 생명을 구원하시려고 나를 당신들보다 먼저 보내셨나이다(창 45:5)

네 소유를 팔아 가난한 자들에게 주라 그리하면 하늘에서 보화가 네게 있으리라 그리고 와서 나를 따르라 하시니(마 19:21)

팔다의 옛말은 '풀다'이다. 지금은 팔다가 물건을 내주고 돈을 받는 일로만 쓰이지만, 옛날엔 '매매하다, 흥정하다'의 뜻으로 팔고 사고(賣買)를 함께 아우르는 말이었다. 지금도 시장에서 쌀을 살 때엔 '쌀을 판다'

고 한다. 쌀을 사 들인다 보다는 쌀을 팔아 들인다로 쓰고 있다.

金地國에 가 돈올 프라 불어 三千貫올 가져오더니 『월인석보』
빌 프라 드리다 『역어유해』

팔짱

우매자는 팔짱을 끼고 있으면서 자기의 몸만 축내는도다(전 4:5)

팔짱의 옛말은 '풀뎡'이다. '풀뎡→풀댱→팔장'의 과정을 거쳤다.

풀댱 디르는 거시 므슴 법고 『어록해』

편지

아합의 이름으로 편지들을 쓰고 그 인을 치고 봉하여 그의 성읍에서 나봇과 함께 사는 장로와 귀족들에게 보내니(왕상 21:8)

산헤립이 또 편지를 써 보내어 이스라엘 하나님 여호와를 욕하고 비방하여 이르기를 모든 나라의 신들이 그들의 백성을 내 손에서 구원하여 내지 못한 것 같이 히스기야의 신들도 그의 백성을 내 손에서 구원하여 내지 못하리라 하고(대하 32:17)

그의 자녀들에게 편지하노니 내가 참으로 사랑하는 자요 나뿐 아니라 진리를 아는 모든 자도 그리하는 것은(요2 1:1)

편지의 옛말은 '유무, 이무, 뎍은것, 긔별, 글발, 글왈, 글월'등이다. 이 중 '글월' 정도가 지금 쓰일 뿐 거의 死語가 되버렸다. 편지(便紙,片紙)가 이젠 표준어가 돼 버렸다.

푸르다

집 벽에 푸르거나 붉은 무늬의 색점이 있어 벽보다 우묵하면(레 14:37)

모르드개가 푸르고 흰 조복을 입고 큰 금관을 쓰고 자색 가는 베 겉옷을 입고 왕 앞에서 나오니 수산 성이 즐거이 부르며 기뻐하고(에 8:15)

그의 가지가 푸르지 못하리니(욥 15:32)

푸르다는 풀(草)에서 왔다. 우리나라 색채어는 명사에서 전성된 것이 많다. 붉다는 불(火)에서, 희다는 해(太陽)에서 온 말이다. 상치의 고어는 '부루'인데 어근 '불'은 풀의 옛말이다.

越國엣 象ᄋᆞᆫ 다 프르고 『월인석보』

풀무

너희를 쇠 풀무불 곧 애굽에서 인도하여 내사 자기 기업의 백성을 삼으신 것이 오늘과 같아도(신 4:20)

주석이나 모아서 풀무 불 속에 넣고 불을 불어 녹이는 것 같이 내가 노여움과 분으로 너희를 모아 거기에 두고 녹이리라(겔 22:20)

풀무 불에 던져 넣으리니 거기서 울며 이를 갈게 되리라(마 13:42)

풀무의 옛말은 '불무'다. '코'는 '고', '칼'은 '갈'과 같은 현상인데 '불'이 '풀'로 변하였다. '무'는 '움직이게 하다'의 의미를 가지는 '무우다', '뮈다'의 어근이다. 즉 풀무는 '불을 움직이는 것'이란 뜻이다. 풀무는 바람을 일으키는 도구로 '허풍선(虛風扇)이라고도 한다. 풀무질 하는 사람을 '풀무아치'라 한다. 풀무질은 쇠를 단련하는 일이기 때문에 바람을 일으키는 도구와 쇠를 녹이는 화로를 동시에 가리킨다. 한자어 화로 爐에 대하여 붊: 爐ᄂᆞᆫ 붊기라 『金剛經三家解』 라고 나온다.

微妙한 불무로 한 像ᄋᆞᆯ 노기며 『원각경언해』
첫 어으르매 큰 불무를 부는듯 하도다 『두시언해』

피리

앉아서 목자의 피리 부는 소리를 들음은 어찌 됨이냐 르우벤 시냇가에서 큰 결심이 있었도다(삿 5:16)

비파와 소고와 피리와 포도주를 갖추었어도 여호와께서 행하시는 일에 관심을 두지 아니하며 그의 손으로 하신 일을 보지 아니하는도다(사 5:12)

너희를 향하여 피리를 불어도 너희가 춤추지 않고 우리가 곡하여도 너희가 울지 아니하였다 함과 같도다(눅 7:32)

피리의 어근은 '필'이고 '빌'로 소급된다. 일본어에선 피리를 'hue'라고 하는데 'pure'로 소급되며 어근은 'pul'이다. 피리의 우리말 어근은 플(草)에서 비롯되었음을 알 수 있다. 피리 적(笛)자엔 대나무 죽(竹)이 들어있다.

또 다른 어원설은 한자어 '대평수 觱(필)+쨍쨍한 대 篥(률)'에서 왔다는 설이 있다. 『훈몽자회』에선 이 한자를 '피리 필, 피리 률'로 적고 있다. 이 한자를 우리말로 훈독(訓讀)했다고 보는데, 필률을 피리로 읽을 까닭이 아직 밝혀지지 않고 있다.

피우다(燃)

처소에서 불도 피우지 말지니라(출 35:3)

아버지들은 불을 피우며 부녀들은 가루를 반죽하여 하늘의 여왕을 위하여 과자를 만들며 그들이 또 다른 신들에게 전제를 부음으로 나의 노를 일으키느니라(렘 7:18)

가운데 불을 피우고 함께 앉았는지라 베드로도 그 가운데 앉았더니(눅 22:55)

불을 피우다는 불을 만든다는 뜻이다. 옛말은 '퓌(오)다'이다. 어근은 '퓌'로서 '풀이→푸이→퓌'의 변화고 조어형은 '붇'이다.

이브로 블 吐ᄒᆞ니 비늘와 터럭마다 블와 닉왜 퓌며 『월인석보』

ㅎ

하나

함께 전대 하나만 두자 할지라도(잠 1:14)

그 중의 하나가 길을 잃었으면 그 아흔아홉 마리를 산에 두고 가서 길 잃은 양을 찾지 않겠느냐(마 18:12)

무리 중의 하나가 대답하되 선생님 말 못하게 귀신 들린 내 아들을 선생님께 데려왔나이다(막 9:17)

무엇이든 셈(數)에서 처음이 하나다. 옛말은 'ᄒᆞ나, ᄒᆞᆫ나'이다. ᄒᆞ나는 'ᄒᆞᆮ'의 말음 'ㄷ'이 'ㄴ'화하고 여기에 '아'접미사가 붙었다는 설과, 'ᄒᆞᆫ나→ᄒᆞ나'로 변화 했다는 설이 있다. 지금도 경상도에선 '하나, 두나, 시나, 니나'가 쓰이고 있다. 이 이론에 따르면 하나의 '나'는 낱(箇)에서 말음이 탈락한 형이 된다. 아직까지 어느 것이 정확한 설이라고 고집할 수 없다. 참고로 짐승의 한 살(一歲)은 '하릅'이라 하는데 '할'에 접미사 '읍'이 붙은 형태이다.

하나의 어근 'ᄒᆞᆮ'은 '홑, 홀'로 파생되어 '홑이불, 홀아비' 등으로 나타나기도 한다.

'ᄒᆞᆮ(一)+낟(粒穀)→ᄒᆞ나→하나→한'의 과정을 거쳤다.

엇뎨 몸 아ᄂᆞᆫ ᄒᆞᆫ나ᄒᆞᆯ 기들우리오 『두시언해』

하나님

태초에 하나님이 천지를 창조하시니라(창 1:1)

마음을 우리 하나님 여호와께 온전히 바쳐 완전하게 하여 오늘과 같이 그의 법도를 행하며 그의 계명을 지킬지어다(왕상 8:61)

일을 보고 하나님께 영광을 돌려 이르되 이 사람은 정녕 의인이었도다 하고(눅 23:47)

하나님에 대해선 우선 하ᄂᆞ님과 하나님의 관계를 살펴보고자 한다. '하ᄂᆞᆯ(天)+님→하ᄂᆞ님→하느님'과 'ᄒᆞ나(一)님→하나님'으로 나누어 본다. 이 문제는 아래아 (・)의 변천을 이해하는 것이 중요하다. 일반적인 (・)의 변천은 다음과 같다.

1) 제 1음절에서(・) → ㅏ 로

예) ᄃᆞᆯ(月)→달, ᄉᆞ랑(愛)→사랑

2) 제 2음절에서는 (・) → ㅡ 로

예) ᄀᆞᄅᆞ치다 → ᄀᆞ르치다, 하ᄂᆞᆯ → 하늘

이러한 변화는 15세기 말부터 17세기에 걸쳐 이루어졌다. 한국어에선 수사(數詞)가 파생 결합할 땐 그 독립성을 상실하고 체언에 종속되는 관형형 접두사로 바뀌게 된다. (예: 하나 → 한) 명사인 하ᄂᆞᆯ(天)의 존칭어는 있어도 수사인 ᄒᆞ나(一)의 존칭어는 성립되지 않는다. 만약 하나의 존칭어가 성립되려면 둘님, 셋님도 있어야 한다. 그러나 우리 국어의 모습은 그렇지 못하다. 그렇다면 왜 하느님이 아닌 하나님으로 쓰이고 있을까. 그것은 기독교가 우리나라에 유입될 때 성경을 한국어로 번역하면서 선교사를 도왔던 사람들이 대부분 西北 사람들이기 때문이다. (백홍준, 김진기, 서상륜등이 성경 번역에 참여했는데 대부분 평북 의주 사람이다. 평북 방언은(·)에 대한 변이가 서울지역을 중심으로 한 변이와는 차이가 있다) 우리 국어사는 중부지방 서울말을 표준어로 삼았으나 성경언어는 서북 방언의 영향을 많이 받았다.

다시 국어학적 입장을 보면 (·)가 1음절에 있을 땐 (ㅏ)로 변하기 때문에 ᄃᆞᆯ이 '달'로, ᄉᆞ랑이 '사랑'으로 ᄒᆞ나가 '하나'가 되었다.(·)가 2음절에 있을 땐 (ㅡ)로 변하기 때문에 하ᄂᆞᆯ이 '하늘'로 말ᄊᆞᆷ이 '말씀'으로 ᄀᆞᄅᆞ치다가 '가르치다'로 변화되었다. 이 원칙에 따라 하ᄂᆞ님이 하느님으로 변화된 것이다. 그러므로 여기엔 하나(一)의 뜻은 없다. 하나의 고어는 ᄒᆞ나이지 '하ᄂᆞ'가 아니다. 다시 말하자면 명사존칭어 '선생+님'은 있어도, 수사존칭어 '둘+님'은 한국어에선 불가능하다. 만약 하나님의 하나가 하늘을 뜻하는 말이 아니고 수를 뜻하는 말이었다면 처음부터 'ᄒᆞ나님'이었을 것이지 '하ᄂᆞ님'으로 되지는 않았을 것이다. 천주교에선 왜 하느님이라고 할까를 고민해 볼 필요가 있다. 신학적인 견해가 독자들마다 다를 수 있으므로 여기서 설명을 맺어야 할 것 같다.

하늘

하나님이 궁창을 하늘이라 부르시니라 저녁이 되고 아침이 되니 이는 둘째 날이니라(창 1:8)

이르되 하늘의 하나님 여호와 크고 두려우신 하나님이여 주를 사랑하고 주의 계명을 지키는 자에게 언약을 지키시며 긍휼을 베푸시는 주여 간구하나이다(느 1:5)

눈을 들어 하늘을 쳐다보지도 못하고 다만 가슴을 치며 이르되 하나님이여 불쌍히 여기소서 나는 죄인이로소이다 하였느니라(눅 18:13)

하늘의 옛말은 '하ᄂᆞᆯ'이다. '하ᄂᆞᆯ'은 천(天)의 뜻을 지니고 있는데, '하ᄂᆞᆯ'의 어근은 '한'이고 접미사'ᄋᆞᆯ'이 붙었다. '한'은 해의 본말이다. 그러므로 천주는 곧 해의 옛말 한(陽)이 된다. '한'은 '크다'의 뜻을 가지고 있고, 'ᄋᆞᆯ'은 '덮다'의 뜻을 가지고 있다. 하늘은 '큰 덮개'란 뜻이다.

太子를 하늘히 골히샤 『용비어천가』

하루

불러오리라 어찌 하루에 너희 둘을 잃으랴(창 27:45)

하루나 이틀이나 닷새나 열흘이나 스무 날만 먹을 뿐 아니라(민 11:19)

하루는 예수께서 성전에서 백성을 가르치시며 복음을 전하실새 대제사장들과 서기관들이 장로들과 함께 가까이 와서(눅 20:1)

하루는 날짜를 세는 말인데 날짜와 시간은 해와 관련된다. 『계림유사』에 '一日河屯'이 나오는데 하둔(河屯)은 하루를 의미한다. ᄒᆞᄅᆞ의 고형은 'ᄒᆞᄅᆞᆯ'이다. '이틀, 사흘, 나올'에서 보여주듯 '을, 올'은 날(日)을 의미한다. 하루는 ᄒᆞᆯ(ᄒᆞᆫ)+올(日)의 합성어이며 'ᄒᆞᄅᆞᆯ→ᄒᆞᄅᆞ→하루'의 과정을 거쳤다.

ᄒᆞᄅᆞ 五百 디위를 『월인석보』

한숨

그 땅에서 한숨을 지으리라 여호와의 말씀이니라(렘 51:52)

한숨의 옛말은 '한숨'이다. 한숨의 '한'은 '큰'이란 뜻이고, '숨'은 '소리'란 뜻이다.

삭풍은 나무 끝에 불고 명월은 눈속에 찬듸

만리변성에 일장검 짚고서서

긴 파람 큰 한소래애 그칠 것이 없에라 (김종서의 시조)

여기 '한소래'는 '한숨'을 의미한다.

할아버지

내가 네 할아버지 사울의 모든 밭을 다 네게 도로 주겠고 또 너는 항상 내 상에서 떡을 먹을지니라 하니(삼하 9:7)

할아버지는 '한+아버지'로 이루어졌는데, 옛말은 '한아비'였다. '할'은 크다는 뜻의 '한'이 변한 형태다.

늘근 한아비는 다뫼 너머 돋거늘 『두시언해』

함께

따먹고 자기와 함께 있는 남편에게도 주매 그도 먹은지라(창 3:6)

남녀와 유아와 함께 하나도 남기지 아니하고 진멸하였고(신 2:34)

사람들은 육체와 함께 그 정욕과 탐심을 십자가에 못 박았느니라(갈 5:24)

함께는 '하나'라는 뜻을 가진 '한'+시간을 의미하는 '께'로 구성되었다. 옛말은 'ᄒᆞᆫᄢᅴ'이며 한때(같은 때)라는 의미다. 함께는 시간적으로 같은 때(一時)를 의미하다가 공간적인 개념으로 의미가 확대되었다. ᄒᆞᆫ은 한 일(一)의 뜻이고 ᄢᅴ는 때(時)의 뜻이다. 함께는 원래 '같은 때'라는 의미였지만, 지금은 의미가 더욱 넓어져 '같은 곳'이라는 뜻까지 포함하고 있다.

모딘 즁ᄉᆡᆼ이 ᄒᆞᆫᄢᅴ 慈心을 가지며 『월인석보』

항아리

아론에게 이르되 항아리를 가져다가 그 속에 만나 한 오멜을 담아 여호와 앞에 두어 너희 대대로 간수하라(출 16:33)

그릇이 깨지고 항아리가 샘 곁에서 깨지고 바퀴가 우물 위에서 깨지고(전 12:6)

그들에게 이르시되 항아리에 물을 채우라 하신즉 아귀까지 채우니(요 2:7)

항아리는 '항아리 항(缸)+아리(접미사)'로 이루어져있다. '아리'는 '작다'는 뜻이다. 병아리의 '아리'도 같은 형태다. 항아리는 缸가운데서 비교적 작은 것을 가리키는 말이다.

항을 가져나가 『소학언해』

해(太陽)

해 질 때에 아브람에게 깊은 잠이 임하고 큰 흑암과 두려움이 그에게 임하였더니(창 15:12)

이르기를 너희가 해 질 때에는 고기를 먹고 아침에는 떡으로 배부르리니 내가 여호와 너희의 하나님인 줄 알리라 하라 하시니라(출 16:12)

해가 돋은 후에 타서 뿌리가 없으므로 말랐고(마 13:6)

해는 'ᄒᆞ이'가 줄어든 말로서 'ᄒᆞᆯ→ᄒᆞᆯ이→ᄒᆞ이→ᄒᆡ'의 과정을 거쳤다. 해는 시간과 관련된 용어에 자주 나온다. ᄒᆡ다(白)는 'ᄒᆡ'에서 전성되었다. ᄒᆡ는 해(年. 歲)의 뜻으로도 쓰이는데, 이는 시간에 대한 관념어가 해에서 비롯된 것임을 보여준다.

普光天子ᄂᆞᆫ ᄒᆡ라 『석보상절』

헐뜯다

이웃을 은근히 헐뜯는 자를 내가 멸할 것이요 눈이 높고 마음이 교만한 자를 내가 용납하지 아니하리로다(시 101:5)

헐뜯다는 '헐다+뜯다'의 합성어이다. 헐다의 옛말은 '할다'인데 할다의 어근 '할'은 말의 뜻을 지닌다. 핥다의 '핥'은 '할'이 고형이고 혀의 고형도 '할'이다. 남을 헐뜯는 것은 주로 말로 한다. 여기에 해당하는 한자 '謗(방), 誹(비), 讒(참)'모두 말씀 언(言)이 들어있다.

겨지비 하ᄅᆞᆯ 尼樓ㅣ 나가시니 『월인천강지곡』

헝겊

들어가서 거기에서 헝겊과 낡은 옷을 가져다가 그것을 구덩이에 있는 예레미야에게 밧줄로 내리며(렘 38:11)

당신은 이 헝겊과 낡은 옷을 당신의 겨드랑이에 대고 줄을 그 아래에 대시오 예레미야가 그대로 하매(렘 38:12)

헝겊은 '헝+겊'으로 이루어진 합성어이다. '헌것→헝것→헝겊'으로 변한 말이다. 헌것의 '헌'은 헐다의 관형사형이고 '것'이 명사가 된다.

헌것(故帛): 눌근 헌거스로 『구급간이방』

헤아리다(數)

수도 없고 헤아리기도 어려운 일을 말하였나이다(욥 42:3)

그가 스스로 헤아리고 그 행한 모든 죄악에서 돌이켜 떠났으니 반드시 살고 죽지 아니하리라(겔 18:28)

주리라 너희가 헤아리는 그 헤아림으로 너희도 헤아림을 도로 받을 것이니라(눅 6:38)

헤아리다의 옛말 '혜다'는 생각하다, 계산하다는 뜻이다. 혜아리다는 '혜다+가리다'로 된 말이다. 아리다는 '가리다→아리다'로 변한 말로 혜아리다는 '생각하고 가리다'(推測)는 의미를 지닌다. 또한 '하나, 둘' 수를 센다고 할 때의 '세다'의 원말이 '혜다'이다.

혜아려 執着올 曲盡히 ᄒᆞ시니 『능엄경언해』

윤동주의 시 「별 헤는 밤」이라는 제목에도 나오고 시에도 나온다.

계절이 지나가는 하늘에는

가을로 가득차 있습니다.

나는 아무 걱정도 없이

가을 속의 별들을 다 헤일 듯합니다.

가슴 속에 하나 둘 새겨지는 별을

…

혀

입이 뻣뻣하고 혀가 둔한 자니이다(출 4:10)
아니하며 내 혀가 거짓을 말하지 아니하리라(욥 27:4)
무덤이요 그 혀로는 속임을 일삼으며 그 입술에는 독사의 독이 있고(롬 3:13)

혀는 '끌다, 뽑다, 당기다'는 의미를 나타내는 동사 '혀다'의 어근 '혀'에서 온 말이다. 15,6세기만 해도 '혀다'란 말은 '끌어당기다, 뽑다'란 의미로 많이 쓰였다. 6.25 동란시기 북한에서는 '혀'를 포로의 의미로 사용하였다.

혼자

이르시되 사람이 혼자 사는 것이 좋지 아니하니 내가 그를 위하여 돕는 배필을 지으리라 하시니라(창 2:18)
그가 만일 혼자면 그의 입에 소식이 있으리라 할 때에 그가 점점 가까이 오니라(삼하 18:25)
흩어지고 나를 혼자 둘 때가 오나니 벌써 왔도다 그러나 내가 혼자 있는 것이 아니라 아버지께서 나와 함께 계시느니라(요 16:32)

혼자는 '홑'이란 뜻인데 옛말은 'ᄒᆞᄫᅀᅡ'가 어원이다. 함경도에선 혼자를 '혼븐자'라 하고 전라도에선 호자란 말이 아직까지 쓰이고 있다. 옛말의 흔적이 아직까지 유지되고 있는 모습이다. 'ᄒᆞᄫᆞᅀᅡ→ᄒᆞ오ᅀᅡ→ᄒᆞ온자→호자→ᄒᆞᆫ자→혼자'의 과정을 거쳤다. 'ᄒᆞᄫᆞᅀᅡ'의 변형 '호블'이 있는데 호블아비(홀아비)가 여기에 해당한다.

ᄒᆞᄫᆞᅀᅡ 나ᅀᅡ가샤 『용비어천가』
ᄒᆞ오아 아비ᄅᆞᆯ 孝道ᄒᆞ야 『삼강행실도』

황새

황새와 백로 종류와 오디새와 박쥐니라(레 11:19)

학과 황새 종류와 대승과 박쥐며(신 14:18)

황새의 옛말은 '한새'이다. '황'은 '한'이 변한 것으로 '크다'의 의미를 가지고 있다. 황새는 '큰새'란 뜻이다. '한새→황새, 한쇼→황소' 같은 현상으로 이중모음화이다.

황소

암소가 사십이요 황소가 열이요 암나귀가 이십이요 그 새끼 나귀가 열이라(창 32:15)

굽이 있는 황소를 드림보다 여호와를 더욱 기쁘시게 함이 될 것이라(시 69:31)

이는 황소와 염소의 피가 능히 죄를 없이 하지 못함이라(히 10:4)

황소의 옛말은 '한쇼'이다. 황소는 '누런 소'가 아닌 '큰 소'를 말한다. 황은 '큰(大)'을 나타내는 접두사이다.

싸호는 한쇼ᄅᆞᆯ 두소내 자ᄇᆞ시며 『용비어천가』

황제

디베료 황제가 통치한 지 열다섯 해 곧 본디오 빌라도가 유대의 총독으로, 헤롯이 갈릴리의 분봉 왕으로, 그 동생 빌립이 이두래와 드라고닛 지방의 분봉 왕으로, 루사니아가 아빌레네의 분봉 왕으로, (눅 3:1)

바울은 황제의 판결을 받도록 자기를 지켜 주기를 호소하므로 내가 그를 가이사에게 보내기까지 지켜 두라 명하였노라 하니(행 25:21)

그에 대하여 황제께 확실한 사실을 아뢸 것이 없으므로 심문한 후 상소할 자료가 있을까 하여 당신들 앞 특히 아그립바 왕 당신 앞에 그를 내세웠나이다(행 5:26)

황제는 일부 나라에서 군주에게 적용한 칭호이다. 중국에선 기원전 221년 진제국의 시황제가 처음으로 사용하였다. '황'은 주나라 조상들의 덕을 칭송한 형용사이고 '제'는 하늘의 최고신을 가리키는데 두 단어가 결합되어 최고 군주에 대한 칭호로 쓰였다.

서양에서도 황제가 사용되었는데, 고대 로마의 황제는 '임페라로르 또는 케사르'라 하였다. 이는 영어식과 독일식 발음의 차이일 뿐이다. '앙푸뜨르(프랑스), 짜르(러시아)'등도 황제를 가리킨다. 한국역사에는 대왕(광개토, 세종)은 있어도 황제는 없다. 19세기말 우리나라도 왕을 황제라 부르게 되었는데, 일제의 강점으로 더 이상 부를 수 없었다.

회초리

내가 회초리로 그들의 죄를 다스리며 채찍으로 그들의 죄악을 벌하리로다(시 89:32)

회초리는 '회+초리'로 구성되었다. '회'는 빙빙 돌거나 휘어져 휘청휘청 하는 것을 의미한다. '휘돌다, 회오리바람, 휘두르다'와 같은 말로 파생된다. '초리'는 짐승의 꼬리를 의미한다. 지금도 말꼬리를 '말초리'라고 한다. 회초리는 버드나무나 싸리나무의 가지가 휘휘도는 말의 꼬리와 비슷하여 이름지었다. 학교생활 때 누구나(?) 손바닥을 대나무 가지로 만든 매(회초리)로 맞았던 기억이 있을 것이다.

은 같은 무지개 옥 같은 용의 초리 『송강가사』

흐르다(流)

젖과 꿀이 흐르는 땅 곧 가나안 족속, 헷 족속, 아모리 족속, 브리스 족속, 히위 족속, 여부스 족속의 지방에 데려가려 하노라(출 3:8)

물이 항상 흐르고 갈지도 않고 씨를 뿌린 일도 없는 골짜기로 그 송아지를 끌고 가서 그 골짜기에서 그 송아지의 목을 꺾을 것이요(신 21:4)

물이 합하여 흐르는 곳을 만나 배를 걸매 이물은 부딪쳐 움직일 수 없이 붙고 고물은 큰 물결에 깨어져 가니(행 27:41)

흐르다의 어근 '흘'은 물의 뜻을 지닌 명사다. 흐리다(濁)의 어근 '흘'도 역시 물의 뜻을 지닌다. 흐리다는 물이 맑지 않다는데서 생겨난 말이다.

흔하다

돌 같이 흔하게 하고 백향목을 평지의 뽕나무 같이 많게 하였더라(왕상 10:27)

돌 같이 흔하게 하고 백향목을 평지의 뽕나무 같이 많게 하였더라(대하 9:27)

흔하다는 매우 많다는 뜻으로 '흔과 하다(多)'가 결합된 단어이다. 흔하다의 '흔'은 하다(多)의 어근 '하'와 동원어이다.

구스리 흔커늘 『내훈』

힘

알거니와 내가 힘을 다하여 그대들의 아버지를 섬겼거늘(창 31:6)

그는 힘이 미치는 대로 산비둘기 한 마리나 집비둘기 새끼 한 마리를 드리되(레 14:30)

각각 그 힘대로 유대에 사는 형제들에게 부조를 보내기로 작정하고(행 11:29)

힘의 원래 뜻은 '힘줄'을 의미한다. 이 말이 16세기 이후에는 힘줄과 관련된 보다 추상적인 뜻을 의미하게 되었다. 결국 힘은 '힘+줄'이라는 말로 힘과 구별된 단어로 정착 되었다.

고기와 힘과 뼈 『원각경언해』
筋: 힘 근 『훈몽자회』

참고문헌

권오운 「알 만한 사람들이 잘못 쓰고 있는 우리말 1234가지」, (2003), 문학수첩

김인호 『조선어어원편람 상·하』, (2001), 박이정

김일렬 「古典小說新論」, (1998), 새문사

나채운 「우리말 성경연구」, (1990), 기독교문사

남기심외 공편 「표준국어문법론」, (1989), 탑출판사

박갑수 「아름다운 우리말 가꾸기」, (1999), 집문당

박갑천 「재미있는 어원(語源)여행」, (1995), 을유문화사
「재미있는 어원이야기」, (1995), 을유문화사

박계홍 「韓國民俗學槪論」, (1992), 형설출판사

박숙희 「뜻도 모르고 자주 쓰는 우리말 500가지」, (1994), 서운관

박영수 「만물유래사전」, (1997), 프레스빌

박용수 「우리말갈래사전」, (2005), 서울대학교출판부

박일환 「우리말유래사전」, (1994), 우리교육

심재기 「國語 語彙의 基盤과 歷史」, (1998), 태학사

안옥규 「우리말의 뿌리」, (1995), 학민사
『어원사전』, (1996), 동북조선민족교육출판사

이강연 외 공편 「국어학습용어사전」, (2000), 태학사

이기갑 외 공편 「전남방언사전」, (1998), 태학사

이기문 「國語史槪說」, (1991), 탑출판사

이기용 외 공편 「意味論序說」, (1991), 집문당

이광호외 공편 「中世國語文法論」, (1990), 학연사

이돈주 「漢字學總論」, (1991), 박영사

이익섭 「國語學槪說」, (1990), 학연사

장승욱 「토박이말 일곱마당」, (1998) 지식산업사

정재도 「국어사전 바로잡기」, (2001), 한글학회

조항범 「다시 쓴 우리말 어원 이야기」, (1997), 한국문원

서정범 『國語語源辭典』, (2000), 보고사
「語源別曲」, (1987), 범호사

최창렬 「우리말 語源硏究」, (1993), 일지사
「어원산책」, (2006), 한국학술정보

한국국문학회편 「中世語文選」, (1991), 형설출판사

허 웅 「국어음운학」, (1989), 샘문화사

저자: 박기환

전남대학교 사범대학 국어교육과

호남신학대학교

호남신학대학교 신학대학원

순천대학교대학원 국어국문학과(석)

한려대학교 사회복지대학원(석)

보성안심촌교회

벌교고등학교 교목

고흥마륜교회 담임(현)

*
성경속의 우리말 語原을 찾아서
*
초판1쇄 - 2009년 2월 28일

*
지은이 - 박기환
펴낸이 - 채 주 희
펴낸곳 - 해피 & 북스
*
서울시 마포구 망원동 397-41
출판등록 - 제10-1562호(1985.10.29)
*
Tel. / 02-323-4060, 322-4477.
Fax / 02-323-6416
e-mail / elman1985@hanmail.net
*

*
값 12,000원